海洋发展研究丛书

教育部人文社会科学重点研究基地、国家哲学社会科学创新基地、
中国海洋大学海洋发展研究院资助出版

海洋生物多样性保护的法律思考

马英杰　胡增祥　著

中国海洋大学出版社
·青岛·

图书在版编目(CIP)数据

海洋生物多样性保护的法律思考/马英杰等著. —青岛:中国海洋大学出版社,2006.10
(海洋发展研究丛书)
ISBN 7-81067-709-8

Ⅰ.海… Ⅱ.马… Ⅲ.海洋生物－多样性－环境保护法－研究－中国 Ⅳ.D922.684

中国版本图书馆 CIP 数据核字(2005)第 022496 号

出版发行	中国海洋大学出版社			
社　　址	青岛市鱼山路5号	邮政编码	266003
网　　址	http://www2.ouc.edu.cn/cbs		
电子信箱	xianlimeng@qingdaonews.com		
订购电话	0532—82032573　82032644(传真)		
责任编辑	孟显丽	电　　话	13964215865
印　　制	日照报业印刷有限公司		
版　　次	2006年10月第1版		
印　　次	2006年10月第1次印刷		
成品尺寸	170 mm×230 mm		
印　　张	13.625		
字　　数	237千字		
定　　价	24.00元		

"海洋发展研究丛书"编审专家

(按姓氏笔画为序)

李凤岐　　李永祺　　李学伦

杨自俭　　张　克　　徐祥民

魏世江

总　序

海洋是生命的摇篮,她孕育了人类的文明。海洋有丰富的自然资源,是人类赖以生存和持续发展的第二疆土。人口膨胀、环境恶化、资源短缺的今日世界,使人们将生存、发展的目光移向了海洋。21世纪是海洋的世纪已越来越成为大家的共识。

海洋的世纪首先是认识海洋的世纪。尽管人类与海洋打交道的历史十分悠久,整个人类历史从古至今每个时期都有人类海洋文明的记录,然而,一直到今天,我们仍然不能说已经完全了解海洋,已经掌握了海洋的全部秘密。不管是利用海洋、开发海洋资源,还是要管理海洋、保护海洋,我们首先面临的都是进一步认识海洋的任务。海洋世纪一定是开发海洋、利用海洋的各路队伍向海洋大进军的世纪,然而,用科学的眼光看待海洋开发和利用,用可持续发展的观点对待海洋发展,我们现在更需要做的是认识海洋。

海洋的世纪意味着国家、社会乃至个人将从海洋里和与海洋有关的领域中获得更多的利益,而要实现这样的目标,解决利益的合理取得和公平分配是必要的前提。不管是在个人与个人之间、地区与地区之间、还是国家与国家之间,如果不能很好地解决这些问题,有关的个人、地区、国家就难以实现他们的利益追求,至少无法充分实现这种利益追求。这是为人类历史的经验所反复证明了的真理。不管是劳动分工、所有权制度的确立和各项保障制度的完善,还是生产关系的变革,抑或是可持续发展原则的建立,最终所要解决的都是与利益取得和利益分配有关的问题。在海洋世纪里,为了实现人类对海洋的经济、社会、军事、文化等价值的期望,我们应该认真地研究与海洋有关的利益取得与利益分配的问题,包括在个人与个人之间、地区与地区之间、国家与国家之间关系意义上的利益取得与分配的问题。

海洋的世纪应该是加强海洋管理与保护的世纪。不管是对海洋的开发，还是对与这种开发相关的利益取得方式和分配关系的处理，都不能不对海洋的自然特性产生这样或那样的影响，而且，开发的强度越大，影响的程度就越高；海洋利益取得和分配问题的解决可以使人类活动对海洋的影响更趋合理，但无法真正使之消除，可以使人类活动对海洋的局部的影响在强度上有所减弱，但另一方面却可能使这种影响的范围更加广泛。人类活动对海洋在强度和广度上都将不断施加的影响要求我们加强对海洋的管理，采取更加有力的措施保护海洋。而从实践方面来看，上个世纪和本世纪初，人类在开发与利用海洋的活动中已经给海洋带来了极大的且多具消极特性的影响。可以不夸张地说，人类活动已经给海洋带来了难以承受的压力，在我们充满希望地走进海洋世纪的时候，海洋环境污染不断加剧、海洋资源日趋减少、海洋生态环境恶化难以逆转等严重问题就立刻摆在我们面前。人类只有有效地解决了这些问题，才能拥有繁荣的海洋世纪。我们要建设美好的海洋世纪，就必须把海洋管理好、保护好。

　　为此，中国海洋大学于 2000 年启动了编撰"海洋发展研究丛书"（当时叫"迎接海洋世纪丛书"）工程。经过五年多的工作之后，这项工程即将告竣。作为一个海洋科技工作者，我对工程所取得的成就感到由衷的高兴，对参与这项工程的我的同事们充满敬佩之情。希望即将呈献给广大读者的这套"海洋发展研究丛书"能够在认识海洋、正确处理海洋利益取得与分配问题、管理海洋和保护海洋等方面，在推进相关领域的研究上，发挥应有的作用。

中国工程院院士

2006 年 7 月 1 日

# 前　言

　　根据地史年龄推算,大约 45 亿年前形成地球,40 亿年前形成海洋,32 亿年前出现原始生命,4 亿年前总鳍鱼上陆,300 万年前出现人类,50 万年前有了北京猿人。最早的地球没有空气,没有水,因而没有生命,也就不存在生物的多样性。如果把地球生成以来的地球年代,压缩到一年之内的 12 个月,那么,地球在 1 月里形成,地壳 2 月里凝结,原始海洋在 3 月里产生,最早的生命在 4 月里出现,最早的化石在 5 月里形成,恐龙在 12 月中旬称霸地球,最早的灵长类在 12 月下旬出现,而人是在一年的最后一天才开始出现。事实上灵长类真正脱离动物界演变成人,应是在 12 月 31 日夜晚 10 点钟左右。这说明人类的历史在整个生命进化的长河中是多么短暂！纵观生命的发展历史,也可以清楚地看出,生物是沿着从简单到复杂,从低级到高级,从水生到陆生这条进化规律循序渐进的。人类作为最高等的动物,只有在物种丰富到一定程度后才开始出现。人类自身生存与发展需要以丰富的生物多样性作为支持,而原始人类的出现又使生命世界更加缤纷多姿,丰富多彩,并进一步促进了生物多样性的进化。

　　人类的出现是生命经过 32 亿年进化的结果。人类源于自然,生活于大自然中,依赖于自然界其他生物的存在而生存和发展。然而人类的快速发展却为其他物种带来了前所未有的灾难。科学研究表明,远古时代 200 年才有一种鸟类灭绝,60 万年才有一种兽类灭绝;但到了现代,在 10 年前,发展成为 4 天就有一种脊椎动物灭绝;如今,每 4 小时就有一种脊椎动物灭绝,而且生灵灭绝的速度还在加快。据科学家统计,目前地球上有 5 205 种野生动物正处于濒临灭绝的边缘,其中我国已达 370 种。每个物种在自然界当中都有它自己特殊的地位,物种灭绝的损失是不可逆转的。某些关键物种灭绝或数量大幅度减少,整个生态系统就有崩溃的可能,随之而来的将有更多的物种陆续消失。人们可以想像,当物种灭绝的多米诺骨牌依次倒下时,人类还能够幸免吗？

　　物种的灭绝曾经被作为一种自然现象看待,但物种灭绝的步伐却由于人类活动而急剧地加快了,人类正在制造自 6 500 万年前恐龙灭绝的自然灾难以来最大的灭绝危机,这种灭绝是不可逆转的,并且正降临在粮食作物、药品和其他生物资源上,给人类健康带来威胁。要解决这个问题也只有靠人类自己,人类只有规范自身的行为,与其他生物和平共处,才不至于使大自然历经数亿年进化的结果毁于一旦。令人欣慰的是人类在自身的发展中逐渐认识到人类活动与大自然之间的相互依存性,开始以实际行动来协调和保护人类活动与生物圈之间的相互依存关系。

1972年,联合国在斯德哥尔摩召开了关于人类环境的大会,决定建立联合国环境规划署,各国政府签署了若干地区性和国际协议以处理诸如保护湿地、管理国际濒危物种贸易等问题。这些协议与管制有毒化学品污染的有关协议在减慢破坏环境的方面起了一定的作用。例如,关于捕猎、滥挖和倒卖某些动物和植物的国际禁令和限制已经减少了滥猎、滥挖和偷猎行为。1987年,世界环境和发展委员会得出了发展经济必须减少破坏环境的结论,这份划时代的报告题为"我们共同的未来"。它指出,人类已经具备实现自身需要并且不以牺牲后代需要为代价的可持续发展的能力;报告同时呼吁"一个健康的、绿色的经济发展新纪元"。1992年,在巴西里约热内卢召开了由各国首脑参加的最大规模的联合国环境与发展大会,在此次"地球峰会"上签署的《生物多样性公约》获得快速而广泛的接纳,150多个国家在里约大会上签署了该公约,目前已达175个国家。生物多样性公约作为一项国际公约,认同了共同的困难,设定完整的目标、政策和普遍的义务,同时组织开展技术和财政上的合作,但是,达到这个目标的主要责任在缔约方自己。

中国既是生物物种特别丰富的国家之一,又是生态环境受到严重威胁的国家之一。因此,保护生物多样性自然被提到议事日程上。为了控制生物多样性锐减的趋势,中国已经制定和颁布了有关生物多样性保护的法律、法规20多项,基本上形成了保护生物多样性的法律体系。各有关部门和地方政府每年都联合或分别组织一系列执法检查,严厉打击和查处破坏生物多样性的违法活动,使中国生物多样性保护初步走上了有法可依、依法管理的轨道。保护生物多样性最重要的是保护野生生物的栖息地,我国目前已经建立起了一大批自然保护区,使绝大多数国家重点保护的珍稀濒危野生动植物得到了较好的保护。

尽管中国已经采取了一系列的生物多样性保护和恢复措施,部分地区的生态环境有所改善,但是由于气候变化以及人口增多等原因,目前我国生物多样性丧失的趋势还没有得到有效的控制,尤其是海洋生物多样性所受到的威胁更应当引起人们的注意。例如原来在我国南海海域广泛分布的海龟,由于产卵地遭到破坏,海龟数量锐减;原来广泛分布于我国南方近岸海域的中华白海豚的数量也在不断减少;儒艮、白鲟、达氏鲟等物种现在也难觅踪迹;再加上人们盲目引进的外来海洋物种也会给海洋生态带来不可挽回的灾难。本书作者对此深感忧虑,为此曾发表多篇有关我国海洋生物多样性立法和自然保护区建设的文章,希望能够唤起社会各界的重视。

本书由中国海洋大学从事海洋生物多样性研究的学者马英杰教授和从事海洋法学研究的胡增祥、华敬炘研究员以及法学院的徐祥民教授合作编著。

本书所收集的文章绝大部分曾发表在《中国海洋大学学报(社科版)》、《海洋开发与管理》等刊物上,有几篇文章是编著本书时的新作。全书内容涉及海洋生物多样性及其法律保护、海洋特殊区域保护、渔业资源保护、海洋环境保护和海洋环境监督管理等。随着科学技术的发展和人们的法制观念、环境保护意识的不断提高,这些已发表多年的文章,有些观点可能已经过时,有的建议也可能已经实施,加之作者水平所限,书中难免有不妥之处。但我们希望本书能成为引玉之砖,愿更多的人能够参与到保护海洋生物多样性的活动中来。

目　次

总　序 ……………………………………………………………………（1）
前　言 ……………………………………………………………………（1）

上篇　海洋生物多样性的法律保护

试论我国海洋生物多样性保护的法律制度 …………………………（3）
我国红树林保护的立法研究 …………………………………………（11）
生物多样性保护是中国环境保护的重要任务 ………………………（21）
论中国的海洋法律制度 ………………………………………………（33）
《生物多样性公约》与中国海洋生物多样性保护 ……………………（39）
《濒危野生动植物种国际贸易公约》与中国海洋生物多样性保护 …（45）
国际生物多样性保护法的发展 ………………………………………（54）
The Harmonization of Environmental Legislation in China with Related
　International Treaties …………………………………………（60）
The Reliance on Public Participation to Protect the Marine Environment
　in China …………………………………………………………（76）

中篇　海洋特殊区域的法律保护

滨海湿地的法律保护 …………………………………………………（99）
论我国海洋特殊保护区域的分类保护 ………………………………（107）
山东省海洋自然保护区与生态省建设 ………………………………（117）

加强近岸海域环境功能区环境管理的建议 …………………… (123)
山东生态省建设的保障措施 ………………………………… (134)
我国浅海滩涂开发利用中的问题和对策 ……………………… (140)
我国无居民海岛的管理对策 …………………………………… (146)

下篇　渔业及渔业资源的法律保护

溢油污染造成的海洋渔业损失赔偿及计算 …………………… (155)
On the Calculation and Indemnification of Fishery Loss Caused by Oil Pollution ……………………………………………… (161)
论中国现有渔业水域的法律性质和经营方式 ………………… (169)
论中国物权法中的渔业权制度 ………………………………… (179)
谈我国海水养殖业的可持续发展 ……………………………… (186)
论新的海洋制度下我国海洋捕捞渔业的发展对策 …………… (191)
论中国渔业法律制度 …………………………………………… (198)

上 篇
海洋生物多样性的法律保护

试论我国海洋生物多样性保护的法律制度[①]

人类的生存与发展,归根结底,必须依赖于自然界各种各样的生物资源和生态环境。众多的生物不仅为人类提供了生存所需要的食物、药品、工业原料和能源等,同时对调节、维持生态平衡,稳定环境具有关键的作用。生物多样性是人类赖以生存的条件,是经济得以持续发展的基础。海洋是维持生命的整体系统中一个不可缺少的部分,占地球表面积71%的海洋,不仅控制着许多自然过程,而且是人类未来食物和能源的宝库。依法保护海洋生物多样性,可以使人类有可能多方面、多层次地持续利用甚至改造这个世界。

生物多样性是一个包括物种、基因和生态系统的概括性的术语,也就是说,生物多样性是所有生物种类,种内遗传变异和它们的生存环境的总称,包括所有不同种类的动物、植物和微生物,以及它们所拥有的基因,它们与生存环境所组成的生态系统,由遗传多样性、物种多样性和生态系统多样性三个部分组成。

地球上自出现生命以来,经历了大约三四十亿年的进化过程,形成了无数的生命有机体。迄今为止,人们还无法确认地球上到底生活着多少物种,目前已被描述记载的有140万种。海洋生境具有很多与陆地或淡水生境不同的特有的生物种类。我国海流系复杂,有黄、东海沿岸流,黄海冷水团与黑潮、南海暖流之分,地区性、季节性变化显著,因此存在着若干我国海域特有的独特物种。我国管辖海域已记录了20 278种生物,它们隶属于5个生物界,44个门。动物界的记录最多达12 794种,其中种类最多的脊索动物、节肢动物和软体动物3个门。植物界6个门中,包括海藻和维管束植物两大类。海藻3个门已有记录的794种,原生动物界已记录了7个门近5 000种。

一、海洋生物多样性面临的威胁

在漫长的岁月里,海洋生物不断受到环境变化的挑战,只有能适应变化或逃避变化的那些生物物种才能繁衍生息而持续发展。人类活动大大增加了环境变化的强度、速度,因此造成了难以恢复或无法逆转的后果。据科学家观察

[①] 本文发表于《海洋开发与管理》2002年第1期,第51～52页,作者为马英杰、徐祥民。

统计,目前物种丧失速度比人类干预以前的自然灭绝速度要快 1 000～10 000 倍;灭绝速度比形成速度快 100 万倍。虽然不同学者估计的数字不同,然而无可争辩的是,生物多样性目前正以前所未有的高速度丧失,尤以发展中国家的潮湿热带为甚。生物多样性,可以影响一个国家、一个地区,乃至全球的发展和经济的繁荣。因此,它引起了国际社会的关注,成为全球环境问题的热点。

人类活动的过度利用、自然条件的改变、海洋的污染以及不相容物种的侵入和全球气候的变化等因素直接或间接地危及海洋生物。

(一)人类的过度捕捞

人类为从海洋中获取食物、医药、原材料等大量捕捞海洋生物,实际上所有具商业价值的海洋生物至少在部分地区被过度利用。目前全球海洋水产捕捞业不仅过度利用诸多鱼类和脊椎动物,同时非商业性捕捞也捕杀了大量的海洋生物。一般来说,寿命长、繁殖较慢的海洋哺乳动物、海鸟、海龟和大型鱼类对过度利用极为敏感,它们一旦被大量捕捞后就难以恢复。1768 年最后一头大海牛被捕杀,从此,大海牛便灭绝于世,人类从发现这种动物到其灭绝仅用了 27 年的时间。露脊鲸在 19 世纪几乎绝迹。19 世纪末期,在 40 年内捕获的鲸比过去 4 个世纪捕获的还多。奥克兰岛秋沙鸭、瓜德罗普海燕、小笠原夜莺、鸬鹚、布拉多鸭、大海雀等曾在海洋上空飞翔过的海鸟,将永远不会再出现。

(二)生态环境改变的危害

填海造地、采伐红树林、海岸河口筑堤、海滩挖沙、采矿和石油天然气的开发等都严重地改变了局部海域的自然环境,使海洋生物承受巨大的环境压力,而所有这些人为活动对海洋生物多样性的损害作用又往往是多方面的。渔业拖网破坏了生物活动层,不仅改变了被拖区域内的物种组成和结构,亦改变了生态系统的过程。在大的河流上建设水库、水电站,因沿途截流和气候影响而出现的连续断流,都会对入海河口处及近岸海域的生物多样性造成影响。

(三)海洋污染造成的损害

随着现代工业文明和城市化的发展,向海洋排放的有机物质量逐年猛增,近岸和河口地区普遍存在有机污染问题。污染海洋的有机物质主要来自农业上过量的化肥和农药、城市废水、工业废水、运输业排放的污水等。原子核能技术的应用越来越广泛,核废料的排放和核事故也给海洋造成了巨大的威胁。据报道,各国已经在大气层和海上进行过上千次核武器实验,已经发生了 200 多起海洋核潜艇事故,一些发达国家甚至将陆地上产生的核废料在深海中处置。这些活动将大量的放射性物质排入海洋,给海洋生物造成了长期的不良影响。

(四)引进外来物种带来的生态损害

外来物种是指在某海区由人类引进了在历史上从未出现过的物种。从 20 世纪 70 年代开始,我国引进具有经济价值的海洋生物物种的速度加快了,这对于发展海洋农牧业化经济具有重要的意义。但是由于外来物种的入侵有可能导致当地自然生物群落的根本变化,再加上寄生虫和疾病的影响,会造成难以挽回的损失。

(五)全球气候变化对海洋生物多样性带来的威胁

据估计,由于温室气体的增加,地球平均温度在 21 世纪将增加 $1\sim3$ ℃,温室效应改变了地区表面热量的分布,也将改变海洋环流、降水和风暴路径。海水温度的上升将引起水体膨胀,冰川融化,从而使海平面上升,继而引起海岸带生态系统向陆地后退,直接影响全球海岸带的生物多样性。

另外,随着臭氧层的变薄,到达地球表面的太阳紫外线辐射增加,紫外线能够损害海洋生物体内的遗传物质,已经对海洋浮游生物和某些鱼类幼体阶段的生物种群产生了影响。

二、保护海洋生物多样性的立法

我国政府明确宣布保护环境是一项基本国策,是社会主义现代化建设中的一项战略任务;自然保护的方针是"全面规划、积极保护、科学管理、永续利用";对野生动物保护的方针是"加强资源保护、积极驯养繁殖、合理开发利用"。在自然保护区建设工作中,实行保护、发展和合理利用的政策;在自然资源开发利用中,强调可持续发展观念,坚持对自然资源开发与增殖并重的原则,实行谁开发、谁保护,谁利用、谁补偿,谁破坏、谁恢复的政策;在经济建设中遵循经济建设、城乡建设和环境建设同步规划、同步实施、同步发展,实现经济效益、社会效益和环境效益相统一的指导方针,实行"预防为主、防治结合","谁污染、谁治理"和"强化环境管理"三大政策。

我国重视生物多样性保护的立法,宪法规定:"国家保护和改善生活环境和生态环境,防治污染和其他公害"。"国家保障自然资源的合理利用,保护珍贵的动物和植物,禁止任何组织或者个人用任何手段侵占或者破坏自然资源"。我国宪法是立法的基础,根据宪法规定,我国目前已制定的主要法律有:国家《环境保护法》(1979 年制定,1989 年修正)、《海洋环境保护法》(1982 年制定,2000年修正)、《渔业法》(1986年)、《森林法》(1984年)、《草原法》(1985年)、《土地管理法》(1986年)、《野生动物保护法》(1988年)、《水法》(1988年)、《水土保持法》(1991年)、《农业法》(1993年)、《矿产资源法》(1986年制定,1996年修正)等。

国务院制定的主要行政法规有:《水产资源繁殖保护条例》(1979年)、《野生动物抢救管理规定》(1981年)、《风景名胜区管理暂行条例》(1985年)、《种子管理条例》(1989年)、《防治海岸工程建设项目污染损害海洋环境管理条例》(1990年)、《防治陆源污染物污染损害海洋环境管理条例》(1990年)、《陆生野生动物保护实施条例》(1992年)、《水生野生动物保护实施条例》(1993年)、《野生植物保护条例》(1996年)、《自然保护区条例》(1994年)等。

沿海具有立法权的地方人民代表大会常务委员会和地方人民政府,在实施国家法律和行政法规的基础上,结合本行政区域的具体情况和实际需要,制定和发布了一些地方性政府规章,例如《天津市海域环境保护管理办法》、《青岛市近岸海域环境保护规定》、《海南省红树林保护规定》、《海南省珊瑚礁保护规定》等。

我国法律规定,环境质量标准和污染物排放标准属于强制性标准,违反强制性环境标准,必须承担相应的法律责任。目前与海洋生物多样性保护有关的主要的环境标准有国家《海水水质标准》、《渔业水质标准》、《污水综合排放标准》、《船舶污染物排放标准》、《海洋石油开发工业含油污水排放标准》。

我国《环境保护法》规定,中华人民共和国缔结或者参加的与环境保护有关的国际条约与中华人民共和国的法律有不同规定的,适用国际条约的规定,但中华人民共和国声明保留的条款除外。我国缔结或签署的与海洋生物多样性保护有关的国际条约主要有:《联合国海洋法公约》、《国际油污损害民事责任公约》、《国际油污损害民事责任公约的1976年议定书》、《国际干预公海油污事故公约》、《干预公海非油类物质污染议定书》、《国际油污防备、反应和合作公约》、《防止倾倒废物及其他物质污染海洋公约》、《关于逐步停止工业废弃物的海上处置问题的决议》、《国际捕鲸管制公约》、《养护大西洋金枪鱼国际公约》、《中白令海狭鳕养护与管理公约》、《跨界鱼类种群和高度洄游鱼类种群的养护与管理协定》、《亚洲—太平洋水产养殖中心网协议》、《核材料实物保护公约》、《南极条约》、《生物多样性公约》、《国际植物新品种保护公约》、《国际遗传工程和生物技术中心章程》、《关于特别是作为水禽栖息地的国际重要湿地公约》、《濒危野生动植物物种国际贸易公约》等。

此外,我国积极开展地区性的海洋生物资源保护工作,与日本、韩国、菲律宾等周边国家进行谈判,分别签订了中日、中韩渔业协定。

这些法律、法规为生物多样性保护提供了法律保证,也为各有关部门的监督管理提供了执法依据。

三、主要法律制度

1. 政府保护物种和生态环境责任制度

根据海洋环境保护法的规定,国务院和沿海地方各级人民政府应当采取有效措施,保护红树林、珊瑚礁、滨海湿地、海岛、海湾、入海河口、重要渔业水域等具有典型性、代表性的海洋生态系统和珍稀、濒危海洋生物的天然集中分布区以及具有重要经济价值的海洋生物生存区。对具有重要经济、社会价值的已遭到破坏的海洋生态,应当进行恢复和整治。

2. 就地保护制度

就地保护,就是划定各种类型的自然保护区,包括风景名胜区,将有价值的自然生态系统和野生动植物保护起来,维持系统内的物质能量流动与生态过程,为系统内生物的繁衍与进化提供良好的生境条件。

国务院有关主管部门和沿海省、市、县人民政府应当根据保护海洋生态的需要,选划、建立海洋自然保护区。凡具有下列条件之一的,应当建立海洋自然保护区:(1)典型的海洋自然地理区域、有代表性的自然生态区域,以及遭受破坏但经保护能恢复的海洋自然生态区域;(2)海洋生物物种高度丰富的区域,或者珍稀、濒危海洋生物物种的天然集中分布区域;(3)具有特殊保护价值的海域、海岸、岛屿、滨海湿地、入海河口和海湾等;(4)具有重大科学文化价值的海洋自然遗迹所在区域;其他需要予以特殊保护的区域。

国家级海洋自然保护区的建立须经国务院批准。

3. 迁地保护制度

迁地保护措施主要适用于对受到高度威胁的动植物种的紧急拯救,不然它们有可能灭绝;另外对捕集的野生物种采取迁地保护措施,也有公共教育意义。

迁地保护的方式:一是利用动物园和植物园;二是建立保护基地和繁育中心。

4. 珍稀、濒危的海洋野生动物重点保护制度

海洋野生动物分为国家重点保护野生动物和地方重点保护野生动物两类。国家重点保护的水生野生动物又分为一级水生野生动物和二级水生野生动物两级。海洋野生动物由渔业行政主管部门按照法律规定实施保护和管

理。兴建海岸工程建设项目,不得改变、破坏国家和地方重点保护的海洋生物的生存环境。

5. 重点渔业资源物种保护制度

在重要鱼、虾、贝、藻类和其他重要水生生物的产卵场、索饵场、越冬场和洄游通道,规定禁渔区和禁渔期,禁止或者限制使用捕捞工具、方法,以及最小网目尺寸,并规定休渔期等。修筑海堤,在入海河口处兴建水利、航道、潮汐发电或者综合整治工程时,必须采取保护生态环境和渔业资源的措施。在对渔业资源有严重影响的鱼、虾、蟹、贝、藻的洄游通道建闸筑坝时,必须建造过鱼设施或者采取其他补救措施。进行水下爆破、勘探、施工作业时应采取措施防止或减少对渔业资源的损害。

6. 渔业许可证制度

我国政府为了控制近海捕捞强度,对养殖水面、滩涂实行确权发证制度。只有依法获得捕捞权的个人和单位才能够进行海洋捕捞活动。

7. 禁渔期、禁渔区制度

我国自 1995 年以来坚持实施伏季休渔制度,每年夏天在海洋生物集中繁殖的季节,禁止渔船出海进行捕捞,给海洋生物一个休养生息的时间。

8. 引进海洋动植物物种科学论证制度

在引进海洋动植物物种以前,必须对该种的生态学特征、生态学习性与其他物种的关系以及周围的生态环境的影响进行详细的科学研究,充分论证。

四、法律责任

法律责任是指行为人违反海洋环境保护法律,对环境造成或者可能造成污染损害,依法应承担的法律后果。它分为行政责任、民事责任和刑事责任。海洋环保法中的法律责任除在该法和环境法中规定外,在其他一些法律部门中也有规定。例如,民法中关于民事责任、民事赔偿规定;刑法中关于破坏环境资源罪的规定等。

例如民法通则规定:违反国家保护环境防止污染的规定,污染环境造成他人污染损害的,应当依法承担民事责任。

根据海洋环境保护法的规定,违法造成珊瑚礁、红树林等海洋生态系统及海洋水产资源、海洋保护区破坏的,由依照法律规定行使海洋环境监督管理权的部门责令限期改正和采取补应救措施,并处 1 万元以上 10 万元以下的罚款;有违法所得的,没收违法所得;造成海洋环境污染损害的责任者,应当排除危害并赔偿损失;完全由于第三者的故意或过失,造成海洋环境污染损害的,由第三者排除危害,并承担赔偿责任。对破坏海洋生态、海洋水产资源、海洋保护区,给国家造成重大损失的,由依照本法规定行使海洋环境监督管理权的部门代表国家对责任者提出损害赔偿要求。

我国于1997年通过并公布了修改后的《刑法》,该法明确规定了有关破坏生物资源罪。我国刑法规定,违反保护水产资源法规,在禁渔区、禁渔期或者使用禁用的工具、方法捕捞水产品,情节严重的,处3年以下有期徒刑、拘役、管制或者罚金。

非法猎捕、杀害国家重点保护的珍贵、濒危野生动物的,或者非法收购、运输、出售国家重点保护的珍贵、濒危野生动物及其制品的,处5年以下有期徒刑,并处罚金;情节严重的,处5年以上10年以下有期徒刑,并处罚金;情节特别严重的,处10年以上有期徒刑,并处罚金或者没收财产。违反狩猎法规,在禁猎区、禁猎期或者使用禁用的工具、方法进行狩猎,破坏野生动物资源,情节严重的,处3年以下有期徒刑、拘役、管制或者罚金。

五、我国海洋生物多样性保护与利用的现状

1. 海洋生物资源调查

自新中国成立以来,我国对海洋生物的物种普查就比较重视。先后进行了渤海、北黄海西部海洋综合调查(1957~1958),全国海洋综合调查(1958~1960),南海中部、东北部综合调查(1974~1985),全国海岛资源综合调查(1989~1993),南海诸岛及其邻近海区综合科学调查(1988至今)。中国台湾省也陆续在南沙太平岛附近和台湾省周围开展了较小规模的海洋调查。通过上述调查大大丰富了我国海洋生物多样性的记录。

2. 建立海洋自然保护区

国家环保总局、国家海洋局、农业部、林业部和沿海地方人民政府共选划、建立了海洋自然保护区72个,其中国家级海洋自然保护区22个,省级海洋自然保护区16个,省辖市级海洋自然保护区12个,县级海洋自然保护区14个;按主要保护对象分:野生动物(包括斑海豹、海龟、儒艮、文昌鱼等珍稀濒危动物)保护区29个,红树林保护区8个,珊瑚礁保护区3个,滨海湿地保护区4个,自然遗迹保护区4个,其他海洋域海岸生态系统保护区11个。此外,国务院决定在黄海和东海设立大黄鱼幼鱼保护区和带鱼幼鱼保护区,在东海设立产卵带鱼保护区。国家林业部门开展了沿海防护林体系建设,在漫长的海岸带上已营造基干防护林带1.5万千米,完成造林140万公顷。这些都为保护海洋环境和资源,拯救珍稀濒危生物物种和有价值的自然遗迹创造了有利条

件,也为海洋环境科学研究提供了重要基地。

3. 迁地保护

迁地保护是我国海洋生物多样性保护的一种补充手段。现在我国的大中城市都建有海洋水族馆或海洋动物园,一些在自然海域中难得一见的珍稀海洋动物在人工条件下得以生存发展。迁地保护的另一种形式是建立保护基地和繁育中心。现在我国很多大的海水养殖场都建有自己的生物繁殖中心。比如现在人们可以利用人工条件大量培育一些苗种,然后再放回海洋以弥补自然海域中苗种资源的不足。

4. 加强海洋生物多样性保护的国际合作

我国在采取一系列海洋生物多样性保护措施的同时,积极务实地参与海洋生物多样性保护的国际合作。中国是历届联合国环境署的理事国,与联合国环境署进行过卓有成效的合作。中国于1979年加入联合国环境署的"全球环境监测网"、"国际潜在有毒化学品登记中心"和"国际环境情报资料源查询系统"。中国与联合国开发署、世界银行和亚洲开发银行等国际组织建立了良好的合作关系;与联合国亚太经社会等组织保持着密切的合作关系,并通过参加东北亚地区环境合作、西北太平洋行动计划、东亚海洋行动计划协调体等项目,对亚太地区的环境与发展作出了一定的贡献。

我国积极发展环境保护领域的双边合作,先后与美国、朝鲜、加拿大、印度、韩国、日本、蒙古、俄罗斯、德国、澳大利亚、乌克兰、芬兰、挪威、丹麦、荷兰等国家签订了环境保护双边合作协定或谅解备忘录。在环境规划与管理、全球环境问题、污染控制与预防、森林和野生动植物保护、海洋环境、气候变化、大气污染、酸雨、污水处理等方面进行了交流与合作。

一个基因可能关系到一个国家的兴衰,一个物种可能影响一个国家的经济命脉,一个生态系统可能改变一个地区的面貌。保护生物多样性就是保护人类自己。我国政府已清楚地认识到了保护生物多样性的重要意义。尽管我国对海洋生物多样性保护采取了一系列有效措施,取得了很大成绩,但与我国海洋生物多样性丰度高、受威胁较大的紧迫要求来看,还存在一定差距和问题。我国将继续与世界各国一道,共同为保护生物多样性进行不懈的努力,作出应有的贡献。

我国红树林保护的立法研究[①]

红树林是以红树植物为主体的生物群落,是由红树植物及其伴生的动物和其他植物共同组成的、相互间具有直接或间接关系的集合体。我国自海南榆林港($18°09'N$)至福建最北的福鼎($27°20'N$)和台湾北部都有间断的自然性分布,浙江的平阳($28°N$)有人造红树林生长。我国共有真红树林植物26种,占世界总数60种的43%;半红树林植物11种,伴生种19种。红树林用途很广,具有重大的经济、环境价值,可以促淤、防浪、护堤、净化水质,素有"海岸卫士"之称。[②][③]

近40年来,特别是最近10多年以来,由于围海造地、围海养殖、砍伐等人为因素,我国红树林面积由40年前的4.2万公顷减少到现在的1.46万公顷,不及世界红树林总面积1 700万公顷的千分之一。[④] 由于红树林资源的减少,海岸滩涂的生态环境受到了严重的破坏,造成了海堤崩溃、海岸侵蚀、海水入侵等严重的社会和环境后果,国家经济蒙受了巨大的损失。我国红树林的现状呼唤加强红树林营造和保护法制建设。本文仅就我国红树林保护的立法现状进行梳理,对我国红树林营造和保护的立法提出一些意见,并提出一份《红树林保护管理办法》草案。

一、我国红树林保护的立法现状

我国红树林海岸的居民对红树林的生态和经济价值早就有所认识,很多地方都有保护红树林的传统。在海南琼山县镇上山村,至今还保留着一块清朝道光二十五年的石碑,碑文记载了当时保护红树林的具体规定和措施。但是我国现代意义上的红树林保护立法则始于20世纪80年代。

因为红树林生态系统处于陆地到海洋的过渡地带,所以其保护与管理既

---

① 本文收录于《2004年中国环境法学学会论文集》,作者为马英杰、姜丽丽。
② 韩博平,金建华:《我国红树林资源状况管理对策》,载《科技导报》1995年第3期,第59~60页。
③ 国家环境保护局:《中国生物多样性国情研究报告》,中国环境科学出版社1998年版,第102~104页。
④ 夏东兴等:《我国海域使用存在的问题100例》,海洋出版社1999年版,第220~221页。

受森林法规也受海域的法规的调节,主要包括《森林法》、《森林法实施细则》、《森林防火条例》、《国务院关于开展全民义务植树运动的管理办法》、《森林采伐更新办法》、《森林资源档案管理办法》、《海域使用管理法》、《自然保护区管理条例》、《野生植物保护管理条例》、《海洋自然保护区管理办法》、《林业行政处罚程序规定》、《林业行政执法监督办法》、《林木林地权属争议处理办法》、《沿海国家特殊保护林带管理规定》、《林业行政执法证件管理办法》、《林木良种推广使用管理办法》、《林业工作站管理办法》、《林木和林地权属登记管理办法》、《占用征用林地审核审批管理办法》、《造林质量管理暂行办法》、《森林和野生动物类型自然保护区管理办法》等。

我国加入的相关国际公约如《生物多样性公约》、《关于特别是作为水禽栖息地的国际重要湿地公约》、《国际热带木材协定》等,也是我国红树林保护立法的一部分。此外红树林仅仅分布于我国南部沿海省,地方立法在红树林的保护和管理中起着主要作用。

1. 国家立法中对红树林的专门规定

由于认识到了红树林的独特作用,20世纪80年代以后,我国加强了对红树林保护的立法工作,在一些国家立法中对红树林的保护作了专门的规定。

(1)1982年公布的《海洋环境保护法》第九条规定:"禁止毁坏海洋防护林、风景林、风景石、红树林和珊瑚礁"。

(2)1984年国务院环境保护委员会发布的《珍稀濒危保护植物名录》(一)将红树植物水椰列为三级保护植物。

(3)1990年国务院颁布的《防治海岸工程建设项目污染损害海洋环境管理条例》第二十四条规定:"禁止在红树林和珊瑚礁生长的地区,建设毁坏红树林和珊瑚礁生态系统的海岸工程建设项目。"

(4)1996年林业部颁布的《沿海国家特殊保护林带管理规定》第四条规定:"经国务院批准,下列沿海基干林带划定为国家特殊保护林带:……(二)在泥岸地段:从红树林或者适宜植树的地方起向陆地延伸使林带宽度不少于100米……"

(5)1999年国家环境保护总局发布的《近岸海域环境功能区管理办法》第十一条规定:"禁止破坏红树林和珊瑚礁。在红树林自然保护区和珊瑚礁自然保护区开展活动,应严格执行《中华人民共和国自然保护区条例》,禁止危害保护区环境的项目建设和其他经济开发活动。禁止在红树林自然保护区和珊瑚礁自然保护区内设置新的排污口。本办法发布前已经设置的排污口,依法限期治理。"

(6)1999年经修订的《中华人民共和国海洋环境保护法》第二十条规定："国务院和沿海地方各级人民政府应当采取有效措施,保护红树林、珊瑚礁、滨海湿地、海岛、海湾、入海河口、重要渔业水域等具有典型性、代表性的海洋生态系统,珍稀濒危海洋生物的天然集中分布区,具有重要经济价值的海洋生物生存区域及有重大科学文化价值的海洋自然历史遗迹和自然景观。"在此明确规定了政府保护红树林的责任。

(7)我国通过国家立法的形式建立起国家级红树林保护区6个(见表1)。它们分别位于广西、广东、福建和海南,归属国家林业行政主管部门、海洋行政主管部门和环境保护行政主管部门管辖,其中东寨港红树林自然保护区、山口红树林自然保护区和湛江红树林保护区被列入国际重要湿地名录。山口红树林自然保护区被联合国教科文组织列入"国际人与生物圈保护区网"。

表1 我国的国家级红树林保护区[①]

保护区名称	所在地区	面积(公顷)	主管部门	建立时间(年)	备注
东寨港红树林	海南省琼海市	3 337	林业	1980	1992年列入世界重要湿地
内伶仃岛——福田	广东省深圳市	870	林业	1984	
山口红树林	广西合浦县	8 000	海洋	1990	2000年被联合国教科文组织列入"国际人与生物圈保护"区网 2002年列入世界重要湿地
湛江红树林	广东省湛江市	19 000	林业	1990(省级) 1997(国家级)	2002年列入世界重要湿地
北仑河口红树林	广西防城港市	3 000	海洋	1990(省级) 2000(国家级)	
漳江口红树林	福建省福建云霄	1 300	其他	1997(省级) 2003(国家级)	

2.地方有关红树林保护的立法

我国海南省对红树林的保护进行了专门的立法,广西壮族自治区和广东省也对红树林自然保护区的保护与管理进行了专门的立法,此外在海南、广

[①] 本表中没有列入中国香港地区和中国台湾省的红树林自然保护区。需要说明的是香港米浦自然保护区也在1992年被列入《国际重要湿地》,红树林为其保护对象之一。资料来自 http://www.zhb.gov.cn/650770146155036672/index.shtml 和 http://www.soa.gov.cn/。

西、广东和福建的其他立法中对红树林保护也作了规定。这些地方立法体现了地方政府对红树林保护的重视(见表2)。

表2 我国的地方红树林自然保护区[①]

保护区名称	所在地区	面积(公顷)	主管部门	建立时间	备注
花场湾红树林	海南澄迈	150	海洋	1983	县级
彩桥红树林	海南临高	350	环保	1986	县级
新英红树林	海南儋州	115	林业	1993	县级
三亚河口红树林	海南三亚	476	环保	1992	市级
青梅港红树林	海南三亚	156	环保	1989	市级
青澜红树林	海南文昌	2 948	林业	1981	省级
东场	海南儋州	696	林业	1992	县级
夏兰	海南儋州	24	环保	1992	县级
龙海红树林	福建龙海市	267	林业	1988	省级
环三都澳红树林	福建宁德县	39 980	林业	1997	市级
淇澳红树林	广东珠海市	1 000	林业	2000	市级
电白红树林	广东电白县	1 950	林业	1999	市级
惠东红树林	广东惠东县	533	林业	2000	市级
南万红树林	广东陆河县	2 486	林业	2001	省级
程村豪光红树林	广东阳西县	1 000	林业	2000	县级

(1)1980年海南东寨港红树林自然保护区成立后,琼山县人民政府先后于1980年、1983年、1984年、1996年颁布公告,要求做好东寨港红树林保护区动植物保护管理工作。1980年琼山县人民政府——当时的名称是"琼山县革命委员会",发布了规范性文件《关于〈加强红树林保护的布告〉》。该布告尽管不能算作正式立法,但是在当时我国法律体系刚刚开始建设的情况下,也起到了保护当地红树林的作用,同时为以后的红树林保护正式立法奠定了基础。该布告规定红树林是国有资源,沿海各公社、大队生产队应积极协助保护、种植,并且应成立保护种植委员会(领导小组)负责本辖区的保护、种植措施的实

---

① 国家环境保护局:《中国生物多样性国情研究报告》,中国环境科学出版社1998年版,第399~430页。

施。该布告提出保护红树林人人有责,同时规定了单位和个人保护红树林的责任。任何单位和个人不允许以任何借口砍伐红树林,不准砍树桠,不准挖树头,不准收购红树林,不准任何单位和个人在红树林区内围海造田和养殖,已经围海的,应由有关部门提出处理意见,报上级批准执行。另外,不准猎捕红树林内的各种鸟兽。在布告中有这样的规定:"广泛宣传教育群众,增强法制观念","保护红树林有功者受奖,破坏者受罚"。很显然,这是对政府的要求,只不过在布告中没有明确实施主体。

1998年海南省人民代表大会常务委员会颁布了《海南省红树林保护规定》,规定了政府保护红树林的责任、禁止事项、违反法律破坏红树林的责任等。此外,海南省的其他立法也有保护红树林的专门规定,如《海南省环境保护条例》(1990年)规定了严禁采伐红树林。

迄今为止,海南省已经建立了青澜、彩桥、牙龙湾青梅港、三亚河、花场湾、新英、东场、夏兰等8个地方级红树林自然保护区。

(2)1994年广西壮族自治区政府发布了《广西壮族自治区北仑河口海洋自然保护区管理办法》和《广西壮族自治区山口红树林生态自然保护区管理办法》,对这两个红树林自然保护区的保护与管理作了规定。其他法规,如《广西壮族自治区森林和野生动物类型自然保护区管理条例》(1990年)、《广西壮族自治区人大常委会关于切实加强我区海洋环境保护大力发展海洋经济的决议》(1998年)、《广西壮族自治区环境保护条例》(1998年)、《广西壮族自治区渔业管理实施办法》(1989年)、《广西壮族自治区环境保护暂行条例》(1988年)、《广西壮族自治区防城民族自治县自治条例》等对红树林的保护作出了专门的规定,主要是禁止破坏红树林。据现有资料,广西无地方级红树林自然保护区。

(3)福建省虽然没有专门为保护红树林进行立法,但其他法规中有对红树林的专门规定,如《福建省九龙江流域水污染防治与生态保护办法》(2001年)、《福建省沿海防护林条例》(1995年)、《福建省海洋环境保护条例》(2003年)中,对红树林的保护都作了规定。

福建省有龙海和环三都澳两个地方级红树林自然保护区。

(4)1994年深圳市人民代表大会常务委员会做出了《关于依法保护福田红树林鸟类自然保护区的决议》,2002年深圳市人民政府发布了《深圳市内伶仃岛——福田国家级自然保护区管理规定》。此外,《广东省创建林业生态县实施方案》(2003年)对红树林的保护作了专门的规定。广东省现在建有淇澳红树林、电白红树林、惠东红树林、南万红树林、程村豪光5个地方级红树林自然保护区。

二、我国红树林保护的主要法律规定

1. 关于红树林权属的规定

红树林生长于海陆过渡带,其中的半红树植物可以生长在高潮线以上,而红树植物则只能完全生长在潮间带。按照我国现有的法律,生长在高潮线以上的半红树林植物的权属应该根据《森林法》及其他森林法规来确定,森林资源属于国家所有(由法律规定属于集体所有的除外);全民所有制单位营造的树木,由营造单位经营并按照国家规定支配林木收益;集体所有制单位营造的林木,归该单位所有;农村居民在房前、屋后种植的林木归个人所有;集体或者个人承包的林木归承包的集体或个人所有。现在有少量的农民在房前、屋后以半红树树种绿化,这些零散的半红树植物应该谁种谁有。而生长在潮间带或者岸滩上的红树林,完全属于国家所有。

2. 关于红树林保护制度的规定

红树林作为森林的一部分,法律规定对森林的保护制度也适用于红树林。包括群众护林制度:《森林法》要求地方各级人民政府组织有关部门建立护林组织,并督促有林的地区和林区的基层单位订立护林公约,组织群众护林,划定护林责任区,配备专职或者兼职护林员。森林防火制度:《森林防火条例》规定了"预防为主,积极消灭"的森林防火工作方针,并且规定了国家和地方森林防火组织的设立及其职责,森林火灾的预防、扑救、调查、统计及对预防和扑救有功人员的奖励和对违法者的处罚。森林病虫害防治制度:《森林病虫害防治条例》对森林病虫害防治的基本方针、基本原则、防治的主要措施、奖励和处罚等作了规定。设立森林生态效益补偿基金制度:《森林法》规定国家设立森林生态效益补偿基金,用于提供生态效益的防护林和特种用途林的森林资源、林木的营造、抚育、保护和管理。森林生态效益补偿基金必须专款专用,不得挪作他用。红树林作为海洋防护林应当适用此制度。征收森林植被恢复费制度:《森林法》要求在进行各项工程建设时,如果必须占用或者征用林地的,由用地单位按规定缴纳森林植被恢复费,森林植被恢复费专款专用,由林业主管部门依照有关规定统一安排植树造林,恢复森林植被。此外还有建立林业基金制度,对集体和个人造林、育林给予经济支持制度等。

三、对我国红树林立法的几点意见

(1)目前我国无专门的红树林保护的国家立法。国家已经把保护红树林作为一项重要的任务,《国家环境保护"九五"计划和 2010 年远景目标》也提出应当制订"红树林保护区和管护区管理条例"。为了适应红树林保护与管理的急需,建议尽快进行红树林保护的国家立法。

(2)已有的立法尚无统一、明确的红树林及其范围的定义。

(3)关于林种的规定。依照《森林法》有关森林分类的规定,红树林在用途上具有防护林或特种用途林的性质。注意到红树林主要是天然形成的,且又需要严格的保护管理,所以红树林应该定位于"天然的海洋环境保护林。"

(4)红树林系统内的森林、水产资源、环境分别属于林业、水产、环保、海洋管理部门。这种分散的管理体系势必造成各自为政、莫衷一是,最终导致以各自眼前经济利益为重的破坏性开发,为此,应通过立法确立一个统一的专门机构,以负责红树林的系统开发与保护。

(5)红树林是旅游、观赏的最佳场所之一。在红树林旅游建设方面,马来西亚等国家投入很大,中国香港地区的米浦红树林自然保护区开展得也较好,建立了环境知识教育基地,在红树林中进行了旅游基础设施的建设。海南省东寨港、青澜、广东深圳福田、广西山口等红树林自然保护区等都先后建立了红树林旅游业。红树林旅游业为发展当地经济作出了突出贡献。但是在几个有关红树林保护区管理的地方立法中,对于旅游活动的规定都是以限制为原则,在此建议在立法中加入鼓励红树林区进行对红树林无害的基础设施的建设,加强公众的保护意识,以旅游促进保护。

(6)有些红树植物已经处于濒危状态。如《中国植物红皮书》将两种红树植物红榄李和水椰列为濒危种。但是在 1998 年通过的国家重点保护野生植物名录(第一批)中没有红树林植物的名字。

(7)现有的红树林立法大多以禁止性条款占主要部分,缺乏切实可行的鼓励性和引导性条款。

(8)地方性法规中,海南对红树林本身的保护进行了专门的立法,但其内容仍主要是对自然保护区的保护,其他的省、自治区则仅对红树林自然保护区进行立法,法律效力的范围有限。

(9)红树林立法中有禁止在红树林自然保护区内新建排污口的规定,红树林本身就有吸收污染物净化水质的功能,适当浓度的有机物和金属离子的存在反而可以促进红树林的生长,所以,建议这一条不能一概而论,应当进行综合分析。

(10)作为国家和地方立法的一部分,红树林自然保护区的建立应当广为群众所知。但据现在的资料,没有一个政府网包含了所有已经建立的和待建立的自然保护区的情况。况且在不同的书和网站中,其数据差别很大,令人难辨真假。

(11)有些立法不规范,如《森林和野生动物类型自然保护区管理办法》和《森林采伐更新管理办法》是由国务院批准由林业部公布的,是将这些管理规定放入行政法规中还是放入部门规章中尚难以确定,况且这些文件由于出台的时间较早,有些条款与以后的法律有不一致的地方,建议进行修改。

(12)一些地方立法中的规定与国家立法中的规定不一致。例如《自然保护区保护条例》第三条规定:"凡在中华人民共和国领域和中华人民共和国管辖的其他海域内建设和管理自然保护区,必须遵守本条例。"但是对于同一种违法行为,在《广西壮族自治区山口红树林生态自然保护区管理办法》第23条以及《广西壮族自治区北仑河口海洋自然保护区管理办法》第32条,以及与《自然保护区保护条例》第34条的规定就不一致。当然,这也可能是各地政府根据具体情况而设定。

鉴于以上原因,作者建议应当对红树林保护进行专门的国家立法,并在此提出一个红树林保护立法草案如下。

附 红树林保护管理办法(建议稿)
(部门规章)

第一条 为保护红树林,维护海湾、河口、海岸生态平衡,根据《中华人民共和国海洋环境保护法》、《中华人民共和国森林法》,制订本办法。

第二条 本办法中所称的红树林,是指生长在热带、亚热带潮间带以红树植物为主体的生物群落,是在红树林生长环境中,由红树类植物及其伴生的鸟类、鱼类和其他动植物组成的集合体。

第三条 本办法适用于中华人民共和国大陆和海岛海岸的红树林。

第四条 红树林属于国家所有。红树林属于天然海洋环境保护林,对红树林实行全面保护、严格管理、鼓励营造、促进综合利用的方针。

第五条 国务院林业行政主管部门主管全国红树林营造保护工作。其他有关部门按照各自的职责协助做好红树林的营造保护工作。

县级以上地方人民政府林业行政主管部门,主管本地区的红树林营造保护工作。

第六条 国务院林业行政主管部门会同有关部门,对红树林资源及其生长状况进行调查和评价,拟定全国红树林营造保护计划,经国务院发展改革部门平衡后,报国务院批准实施。

第七条 沿海省、自治区人民政府林业行政主管部门负责组织划定本辖区的红树林林区,确定珍稀、濒危的红树林物种。

第八条 对有代表性的红树林生态系统区域、较大面积的红树林分布区域和珍稀、濒危的红树林物种的天然分布区域,应当建立自然保护区。

第九条 不足以建立自然保护区的小面积红树林,由所在地的县级人民政府林业行政主管部门,根据实际情况建立管护区或保护点或设立标志,划定护林责任区,委任专职或兼职护林员,聘任护林监督员,授权护林员和护林监督员检查、制止侵占、破坏、污染红树林及其生长环境的行为,并将发现的违法情况报告当地有关主管部门处理。

护林员、护林监督员和群众性护林管理组织,应当在当地县级人民政府林业行政主管部门的指导下依法开展红树林的保护管理工作。

第十条 在红树林生长地区,县级人民政府林业行政主管部门会同红树林所在地的乡级人民政府,组织、督促毗连红树林的村民委员会和其他有关单位,订立护林公约,组织群众保护红树林。

第十一条 沿海县级以上地方人民政府林业行政主管部门,对本辖区内珍稀、濒危的红树林物种,应进行登记、编号、设置标志、建立档案,采取合理的保存形式和严格的保护措施。

第十二条 对已遭受人为破坏但经采取保护措施后尚可恢复的红树林植被和生长环境,由所在地的县级人民政府环境保护和林业行政主管部门采取工程、生物等措施,防止破坏深化,加快恢复进程。

第十三条 沿海县级以上地方人民政府林业行政主管部门,负责组织本辖区的红树林资源清查,建立红树林档案和数据库,绘制红树林分布图,掌握红树林资源变化情况,定期向同级环境保护行政主管部门和海洋行政主管部门以及上级林业行政主管部门报送红树林统计资料。

第十四条 禁止对红树林进行经营性采伐。对红树林林木进行抚育性质的采伐,需经其行政主管部门批准,领取采伐许可证,并严格按照许可证的规定进行采伐。

第十五条 禁止在红树林林区内毁林开垦、晒盐、建闸筑坝、围海造地和兴建其他围海工程。

第十六条 沿海县级以上地方人民政府应当采取措施鼓励开展红树林旅游活动。

红树林自然保护区管理机构应采取有效措施,防止旅游活动造成红树林资源破坏。

第十七条　沿海县级以上地方人民政府应当采取措施鼓励营造红树林。

沿海县级以上人民政府林业行政主管部门，制订红树林造林规划，纳入本地区植树造林计划，组织红树林营造，动员和鼓励本辖区基层单位和城乡居民义务参加红树林造林活动，恢复和发展红树林，提高红树林覆盖率。

第十八条　沿海县级以上地方人民政府应当采取措施鼓励红树林区的综合利用，包括生态养殖、建立教育基地等。

第十九条　红树林造林，应因地制宜，积极、合理地进行。

（一）红树林被砍伐，其生长环境破坏不大的，可实施原地造林；

（二）树林被砍伐，其生长环境遭到一定程度破坏的，在造林的同时应采取必要的生长环境恢复措施；

（三）红树林被砍伐，其生长环境遭到严重破坏的，可选择适宜地点采取生长环境恢复措施，并适时造林；

（四）充分利用适用于红树林植物生长的荒滩，选择适宜树种，营造红树林。

第二十条　红树林造林，应遵守造林技术规程，实行科学造林，保证质量。

沿海各级地方人民政府林业行政主管部门应安排和实施红树林造林示范工程。

第二十一条　沿海县级以上地方人民政府应当采取措施，鼓励科学研究机构和科技人员开展红树林培育、试种和营造技术的研究和开发。

第二十二条　违反本规定，非法砍伐红树林或者在红树林内毁林开垦、晒盐、建闸筑坝、围海造地和进行其他活动致使红树林受到毁坏的，由行使监督管理权的林业行政主管部门或者其授权的自然保护区管理机构责令停止违法行为，补种被砍伐、毁坏株数十倍的红树林树木，并处以被毁坏林木价值一倍以上五倍以下的罚款。

拒不补种红树林树木或者补种不符合有关规定的，由行使监督管理权的林业行政主管部门或者其授权的自然保护区管理机构代为补种，所需费用由违法者支付。

第二十三条　非法砍伐、毁坏红树林，情节严重构成犯罪的，依法追究刑事责任。

第二十四条　本办法未作规定的，适用国家资源与环境保护的有关规定。

第二十五条　本办法自发布之日起施行。

生物多样性保护是中国环境保护的重要任务[①]

生物多样性是人类社会赖以生存和发展的基础。保护生物多样性,保证生物资源的永续利用是一项全球性任务,也是全球性环境保护行动计划的重要组成部分。生物多样性,可以影响一个国家、一个地区,乃至全球的发展和经济的繁荣。因此,它引起了国际社会的关注,成为全球环境问题的热点。本文就中国对生物多样性保护方面有关情况作些简要介绍。

一、中国是世界上生物多样性丰度较高的国家

生物多样性是地球上所有的生物植物、动物和微生物及其所构成的综合体,它包括遗传多样性、物种多样性和生态系统多样性三个组成部分。由于中国幅员辽阔,气候多样,地貌类型丰富,河流纵横,湖泊众多,东部和南部又有广阔的海域,复杂的自然地理条件为各种生物及其生态系统类型的形成与发展提供了多种生境。第三纪与第四纪相对优越的自然历史地理条件,更为中国生物多样性的发育提供了可能。从而使中国成为世界上生物多样最为丰富的国家之一,在全球居第 8 位,北半球居第 1 位。

(一)生态系统多样性

中国生态系统中陆地生态系统总计有 27 个大类 460 个类型。其中森林有 16 个大类 185 个类型;草地有 4 个大类 56 个类型;荒漠有 7 个大类 79 个类型;湿地和淡水水域有 5 个大类;海洋生态系统总计有 6 个大类 30 个类型。中国海域跨暖温带、亚热带和热带三个温度带,受沿岸流、黑潮暖流和上升流等多种流系影响,海岸滩涂和大陆架面积宽广,沿岸有 1 500 多条大中河流入海,形成海岸滩涂生态系统、河口湾生态系统、海岸湿地生态系统、红树林生态系统、珊瑚礁生态系统、海岛生态系统等。渤海和黄海是暖温带生态系统,冬季有岸冰,生物季节变化明显,斑海豹、太平洋鲱、鳕、紫贻贝、皱纹盘鲍和萨氏蛇尾等许多温带种在此出现。东海和南海的广东、广西和中国台湾西北部沿海属亚热带生态系统,有稀疏的珊瑚和红树林出现。中国台湾东南和海南省以南的广大海域属热带生态系统,物种特别丰富,热带海洋生物占绝对优势,

---

[①] 本文发表于《中澳合作论文集(2000 年)》,作者是胡增祥、崔红、马英杰。

以发育良好的珊瑚为特征。已记录的造礁珊瑚185种,占整个印度、西太平洋区系的1/4~1/3,红树也占世界红树种类的40%以上。

(二)物种多样性

就中国的动物、高等植物和低等植物而言,尽管20世纪三四十年代以来科学家进行了很多考察,特别1949年以后开展了大规模的全国性的科学考察,但整个生物种类还远远没有调查清楚,新的分类群和新纪录还在不断地发现。据统计,中国已记录的主要生物类群的物种总数约83 000种(详见表1),其中不包括仍然不甚了解的土壤生物和我们尚未充分认识的10万种以上昆虫的大部分。中国海域处在中、低纬度地带,自然环境和资源条件比较优越。中国海域海洋生物种类繁多,已鉴定的达20 278种。

表1 中国主要生物类群物种数目及与世界物种数目比较

分类群	中国物种数(SC)	全世界物种数(SW)	占总属种比例(%)
哺乳类	499	4 000	12.5
鸟类	1 186	9 040	13.1
爬行类	376	6 300	6.0
两栖类	279	4 184	7.0
鱼类	2 804	19 056	12.1
昆虫	40 000	751 000	5.3
苔藓	2 200	16 600	13.3
蕨类	2 600	10 000	26.0
裸子植物	200	750	37.8
被子植物	25 000	220 000	11.4
真菌	8 000	46 983	17.0
藻类	500	3 060	16.3
分类群	中国物种数(SC)	全世界物种数(SW)	占总属种比例(%)
细菌	5 000	26 900	18.6

(三)遗传多样性

遗传多样性系指种内或种间、个体间基因的变化,也称基因多样性。物种是分类学基本单位,又是生物进化链条中基本的环节。一个物种由许多具有非常丰富的遗传变异的种群组成,从而使其具有大量的基因型。中国具有丰富的物种,因而,也是世界上遗传多样性繁多的国家之一。下面以栽培植物遗传多样性为例进行说明。

中国是古老的农业国,各地自然条件和耕作制度千差万别。在长期自然选择和人工选择的作用下,为适应各种不同的自然条件和耕作制度以及多种利用的需要,形成了各种作物异常丰富的遗传资源。据统计,中国栽培的农作物有 600 多种,其中 237 种起源于中国。中国是世界作物的重要起源中心之一。因此,中国不仅每种作物有许多品种,而且有不少作物的野生种和野生近缘植物为中国所特有,广泛分布于全国各地。如水稻,全国约有水稻品种 5 万个,还有三种野生稻(普通野生稻、药用野生稻和疣粒野生稻)。小麦约有 3 万个品种;大豆有 2 万个品种,野生大豆分布也很广,这在世界上是独一无二的。

二、中国的生物多样性的主要特点

(一)经济物种特别丰富

据初步统计,中国有重要的野生经济植物 3 000 多种,纤维类植物 440 余种,淀粉原料植物 150 种,蛋白质和氨基酸植物 260 种,油脂植物 370 种,芳香油植物 290 种,药用植物 5 000 多种,用材树木 300 多种,具有杀虫效果的植物 500 种。此外还有橡胶类植物、鞣料植物和树脂树胶类植物等。有经济价值的动物也很丰富,其中鸟类 330 种,哺乳动物 190 种,鱼类 60 种。有经济价值的微生物,主要有野生食用真菌 700 种,药用菌 380 种,菌丝体 300 种。在已鉴定的 20 278 种海洋生物中,浅海滩涂生物约 2 600 种,海洋鱼类 1 500 多种,其中主要经济鱼类 70 多种,经济藻类 100 多种。在海洋植物中,可供制药物的 700 多种。

(二)物种的特有性高

中国国土广阔,多样的地貌、气候和土壤条件,造就了丰富多样的生态环境,产生了中国特有的物种,如大熊猫、白鱀豚、水杉、银杉等。中国特有物种数量见表 2。研究这些特有物种,对了解动物区系、植物区系的特征和形成,以及对生物多样性保护具有特殊的意义。

表 2 中国特有物种统计

分类群	已知属种	特有属种	占总属种比例(%)
哺乳类	499 种	72 种	14.0
鸟　类	1 186 种	99 种	8.0

(续表)

分类群	已知属种	特有属种	占总属种比例(%)
爬行类	376 种	26 种	6.9
两栖类	279 种	30 种	10.8
鱼 类	2 804 种	440 种	15.5
苔 藓	494 属	8 属	1.6
蕨 类	224 属	5 属	2.2
裸子植物	34 属	8 属	2.5
被子植物	3 116 属	232 属	7.4

三、中国生物多样性受危害现状和原因

中国生物多样性受危害状况,主要表现在生态系统破坏和物种濒危两大方面。

(一)生态系统破坏

生态破坏是中国目前较严重的环境问题之一,主要表现在森林减少、草原退化、农田土地沙化、水土流失等方面。就海洋生态系统来说,海岸湿地由于自然淤涨和围垦,减少了 700 万公顷。中国南部沿海红树林破坏严重。20 世纪 50 年代初,有红树林 5 万公顷,目前仅有 2 万公顷,不少地区已退化为半红树林和次生疏林。在中国海南省原有 25% 海岸段分布着珊瑚礁,目前已有 80% 的珊瑚礁资源受到破坏。造成这种状况的原因,除不合理的开发利用和环境污染等人为活动导致生态破坏以外,由于赤潮、风暴潮等自然灾害的影响,也给海洋生态环境造成很大危害。

(二)物种濒危

由于近年来中国人口的快速增长和经济的高度发展,增大了对资源和生态环境的需求,给许多动植物造成很大压力,不少物种处于濒危或临近濒危状态。中国的动植物种类中,已有 10%~20% 受到威胁,高于世界 10%~15% 的平均水平。在《濒危野生动植物种国际贸易公约》附录Ⅰ所列的 640 个种中,中国占 156 个。中国海产对虾、海蟹、带鱼、大黄鱼、小黄鱼等主要经济鱼种的可捕捞量不断减少,大量的水生生物处于濒危或受威胁状态。中国主要生物类群的濒危物种数目见表 3。

表 3　中国主要生物类群的濒危物种数统计

类　群		物种总数	濒危物种种类	濒危物种比率(%)
脊椎动物	哺乳类	499	94	18.8
	鸟　类	1 186	183	15.4
	爬行类	376	17	4.5
	两栖类	279	7	2.5
	鱼　类	2 804	97	3.5
	小　计	5 144	398	7.7
高等植物	苔藓植物	2 200	28	1.3
	蕨类植物	2 600	80	3.1
	裸子植物	200	75	37.5
	被子植物	25 000	826	3.3
	小　计	30 000	1 009	3.4
合　计		35 144	143	4.1

四、中国生物多样性保护行动

中国政府高度重视生物多样性保护工作，将其列入环境保护基本国策的重要内容。为加强生物多样性保护，中国建立健全了保护机构，制定了保护政策和法律，采取了就地保护与迁地保护措施，开展了科学研究、宣传教育和国际合作。

(一)建立健全保护机构

在国务院领导下，由国家环境保护总局统一监督管理生物多样性保护工作，并组织国家农业、林业、海洋、建设等部门分工负责。

国家环境保护总局的职责是：拟定国家生物多样性保护方针、政策和法规；监督对生态环境有影响的自然资源开发利用活动、重要生态环境建设和生态破坏恢复工作；监督检查各种类型自然保护区、风景名胜区和森林公园环境保护工作；监督检查多样性保护、野生动植物保护、湿地环境保护、荒漠化防治工作；向国务院提出新建的各类国家级自然保护区审批建设；监督管理国家级自然保护区。

农业部负责农业资源区划、生态农业和农业可持续发展工作；指导农用地、渔业水域、草原、宜农滩涂、宜农湿地、农村可再生资源的开发利用,农业生物物种资源的保护和管理,负责保护渔业生态环境和水生野生动植物工作。

林业局负责森林生态系统、森林和野生动物类型自然保护区建设与管理,主管全国陆生野生动植物资源的开发利用与保护,负责濒危物种和国家保护的野生动植物进出口管理工作。

海洋局负责监督海洋生物多样性和海洋生态环境保护,监督管理海洋自然保护区和特别保护区。

建设部负责建设与维护城市与风景区的生物多样性保护设施;建设和管理城市绿地系统、动物园、植物园、野生动物繁殖基地。

公安部门负责生物多样性保护的治安管理,打击破坏和盗窃生物多样性资源的犯罪活动,维护保护区的治安秩序。

国家科研和教育部门负责生物多样性保护的科学研究和学校的生物多样性教育工作。

此外,中国的非政府组织如中国环境科学学会、中国生态学会、中国林学会、中国农学会、中国海洋学会、中国植物学会、中国动物学会、中国野生动物保护协会、中国园艺学会等,在研究、学术交流和公众宣传方面,对生物多样性保护发挥了重要作用。

(二)制定生物多样性保护的方针、政策和法律

中国政府明确宣布保护环境是一项基本国策,是社会主义现代化建设中的一项战略任务;自然保护的方针是"全面规划、积极保护、科学管理、永续利用";对野生动物保护的方针是"加强资源保护、积极驯养繁殖、合理开发利用"。在自然保护区建设工作中,实行保护、发展和合理利用的政策;在自然资源开发利用中,强调可持续发展观念,坚持对自然资源开发与增殖并重的原则,实行谁开发、谁保护,谁利用、谁补偿,谁破坏、谁恢复的政策;在经济建设中遵循经济建设、城乡建设和环境建设同步规划、同步实施、同步发展,实现经济效益、社会效益和环境效益相统一的指导方针,实行"预防为主、防治结合"、"谁污染、谁治理"和"强化环境管理"三大政策。

中国生物多样性保护的主要目标是:

(1)保护人类赖以生存和发展的生态过程和生命支持系统(如水、土、光、热、气等自然物质系统,农业生态系统,森林、草原、草地、淡水和沿海等生态系统),使其免受污染和破坏;

(2)保证生物资源,(水产资源、陆地野生动植物资源等)的永续利用;

(3)保存生物种的遗传多样性;

(4)保留自然历史纪念物(瀑布、火山口、陨石、地层剖面、山洞、古生物化石及古树名木等)。

1984年,中国政府公布了《国家重点植物保护名录》(354个植物种);1988年公布了经修订的《国家重点保护野生动物名录》(257个动物种和类群);1991年,国家出版了《中国植物红皮书》(中英文)(第一册);《中国动物红皮书》将于近期出版。

中国重视生物多样性保护的立法。宪法规定:"国家保护和改善生活环境和生态环境,防治污染和其他公害。""国家保障自然资源的合理利用,保护珍贵的动物和植物,禁止任何组织或者个人用任何手段侵占或者破坏自然资源"。中国宪法是立法的基础,根据宪法规定,中国目前已制定的主要法律有:《环境保护法》(1979年制定,1989年修正)、《海洋环境保护法》(1982年)、《渔业法》(1986年)、《森林法》(1984年)、《草原法》(1985年)、《土地管理法》(1986年)、《野生动物保护法》(1988年)、《水法》(1988年)、《水土保持法》(1991年)、《农业法》(1993年)、《矿产资源法》(1986年制定,1996年修正)等。

主要行政法规有:《水产资源繁殖保护条例》(1979年)、《野生动物抢救管理规定》(1981年)、《风景名胜区管理暂行条例》(1985年)、《种子管理条例》(1989年)、《防治海岸工程建设项目污染损害海洋环境管理条例》(1990年)、《防治陆源污染物污染损害海洋环境管理条例》(1990年)、《陆生野生动物保护实施条例》(1992年)、《水生野生动物保护实施条例》(1993年)、《野生植物保护条例》(1996年)、《自然保护区条例》(1994年)等。

这些法律、法规为生物多样性保护提供了法律保证,也为各有关部门的监督管理提供了执法依据。

(三)就地保护

就地保护,就是划定各种类型的自然保护区,包括风景名胜区,将有价值的自然生态系统和野生动植物保护起来,维持系统内的物质能量流动与生态过程,为系统内生物的繁衍与进化提供良好的生境条件。1956年,中国建立了第一个广东省鼎湖山自然保护区。截至1997年底,全国建立各类自然保护区926个,面积7 698万公顷,占国土面积的7.64%(见表4和表5)。其中被联合国教科文组织列入国际"人与生物圈网"的自然保护区有14个;被列为"国际重要湿地"的自然保护区有6个。同时有4个保护区被纳入"东北亚鹤类保护网络",有3个保护区被纳入"东亚澳大利亚涉禽保护网络",有10处遗产迹地列入"世界文化与自然遗产名录"。

这些自然保护区的建立,使中国70%的陆地生态系统种类、80%的野生动物和60%的高等植物,特别是国家重点保护的珍稀濒危野生动植物的绝大多数在自然保护区内得到了较好的保护。同时,这些保护区还起到了涵养水源、保持水土、防风固沙、稳定地区小气候等重要作用。

表4 中国自然保护区建设的发展

年代	自然保护区(个)	面积(公顷)	占国土面积的比例(%)
1956	1	1 133	
1965	19	648 874	0.07
1978	34	1 265 000	0.13
1982	119	4 081 935	0.40
1985	333	19 330 000	2.10
1987	481	23 700 000	2.47
1989	573	27 063 017	2.82
1990	606	40 000 000	4.00
1991	708	56 066 650	5.54
1993	763	66 184 000	6.80
1995	799	71 850 000	7.20
1997	926	76 979 015	7.64

表5 中国各类自然保护区建设
(至1991年底)

类型	数量(个)	占保护区数比例(%)	面积(万公顷)	占保护区面积比例(%)
一、生态系统				
1.森林生态系统	335	47.32	1 108.70	19.77
2.草地生态系统	12	1.69	129.72	2.30
3.荒漠生态系统	8	1.13	2 948.87	52.59
4.内陆湿地和水域生态系统	16	2.26	101.91	1.82
5.海洋和海岸生态系统	18	2.54	11.68	0.21
二、野生生物类				
6.野生动物	211	29.80	1 246.20	22.23
7.野生植物	69	9.75	40.93	0.73
三、自然遗迹类	39	5.51	18.65	0.34
合计	708	100.00	5 606.66	100.00

中国海洋和海岸生态系统自然保护区建设始于20世纪70年代。1979年，根据水产资源繁殖保护条例规定，将98种水生动植物列为重点保护对象，其中海洋植物53种，并规定了禁渔区和禁渔期，划定了17个以保护海洋珍稀动物和珍贵水产品为对象的自然保护区。截至1997年底，已建立各种类型海洋自然保护区59个，总面积1.29万平方千米，其中包括海湾保护区、海岛保护区、河口海岸保护区、珊瑚礁保护区、红树林保护区、海岸潟湖保护区、海洋自然历史遗迹保护区、海草床保护区和湿地保护区等。

此外，20世纪80年代以来，中国政府批准建立森林公园870个。1982年审定公布了第一批国家重点风景名胜区44处；1988年和1994年公布了第二批40处和第三批35处。目前，国家级风景名胜区已达119处，省级风景名胜区256处，县级137处，共512处，面积960万公顷，占国土面积的1%。黄山、武陵源、九寨沟、黄龙等风景名胜区被联合国教科文组织列为世界自然与文化遗产。

(四)迁地保护

迁地保护措施主要适用于对受到高度威胁动植物种的紧急拯救，不然它们有可能灭绝；另外对捕集野生物种采取迁地保护措施，也有公共教育意义。

迁地保护的方式：一是利用动物园和植物园；二是建立保护基地和繁育中心。截至1997年底，中国建有171个动物园和111个植物园；建立珍稀濒危物种繁育基地200多处，使6 000多种动物和1 000多种植物得到了有效保护；有10多种濒危动物开始复苏，60多种濒危珍稀野生动物人工繁殖成功。

(五)加强生态环境建设

改革开放以来，中国政府开展了大规模的国土整治工作，不断地加强生态环境建设，取得了巨大成就。中国政府制定了一批全国及跨省区或重点地区的国土整治规划，如《全国土地利用总体规划纲要》、《全国造林绿化规划纲要》、《海洋开发规划》、《全国水土保持规划纲要》、《中国七大江河流域综合规划》、《西北地区经济规划要点》、《晋陕蒙接壤地区资源开发与环境保护规划》等。到1997年底统计，全国2 100多个县级单位完成了基本农田保护区划定任务，70%的耕地得到了有效保护；治理水土流失面积6 932.1万公顷，占水土流失面积的38%；治理盐碱化面积551.3万公顷，占盐碱化面积的71.4%；治理沙化面积375.9万公顷。建立农业生态试点县160个，全国生态示范区105个。全国开发绿色食品产品568个，完全不使用化肥和农药的有机(天然)食品已在中国问世。

另外,中国政府从20世纪50年代开始组织开展大规模植树造林,加强森林资源培育、保护和管理,在合理利用资源方面有了较大进展。目前,全国森林面积1.34亿公顷,森林覆盖率为13.92%;全国累计有44亿人次参加义务植树活动,共植树230多亿株,有12个省(区)基本实现了消灭宜林荒山目标。1997年,五大防护林生态工程建设("三北"防护林、长江中下游防护林、沿海防护林、平原绿化工程、太行山绿化工程)共完成造林面积206.9万公顷。沿海防护林工程,自1991年启动以来,累计造林160万公顷,1.8万千米的海岸基干林带基本合拢;平原农田防护林工程实施以来,累计有769个县(市)实现了平原绿化,占全国918个平原县的84%。大规模的林业生态工程建设,使中国相当部分地区的生态环境逐步得到改善。

(六)开展环境宣传教育

中国政府把搞好环境宣传教育、增强全民族环境意识,作为生物多样性保护的一项重要措施。20世纪70年代,中国编写了一套环境保护科普读物,用于普及环保知识。80年代以来,每年利用"世界环境日"、"植树节"、"爱鸟周"等组织大规模的环境宣传活动。近年来,中国进一步加强对环境保护的宣传报道,报纸、电台、电视台等媒体开辟"环境保护"、"动物世界"、"人与自然"等专题节目,并对一些污染和生态破坏严重的地区和单位进行报道。自1993年开始,以组织新闻单位采访环境执法情况为主要形式的"中华环保世纪行"活动,在全国引起了巨大反响,促进了一大批重大环境问题的解决。另一方面,中国政府高度重视对中小学和幼儿园的环境教育,培养孩子们从小热爱大自然的优良品质和保护环境的责任感。在北京大学、清华大学等高等院校设置了环境系或专业。目前,中国共有环境本科专业点206个;国家批准环境类51个专业、223个硕士学位授予单位;39个专业、77个博士学位授予单位和若干个博士后流动站。在40多所中等专业学校和上百所职业高中设置了环境专业。这些学校所培养的大批环境专业人才,成为中国环保专业中的一支有生力量。

(七)开展生物多样性科学研究

20世纪50年代以来,各有关部门和科研机构组织了多次区域性生物资源的大规模综合考察,出版了众多专著,采集了大量动植物和微生物标本。据初步估计,中国现在已藏生物标本1 000万件以上。计划编写动物志、植物志和孢子植物志等374卷(册)。目前,已完成动物志57卷,植物志91卷,孢子植物志 1 卷。为加强生物多样性监测工作,全国环境保护系统建有 2 000 多个环境监测站,并建立了草原、干旱荒漠、热带雨林、湿地和海洋等类生态系统的 6 个定位监测站。中国科学院系统建有 9 个森林生态系统定位研究站,6 个草地生态系统定位站,15 个农业站,2 个湿地站,2 个海洋站。农业系统在全国建有 480 个农业环境保护科研监测站;在舟山、厦门建立 2 个生态站;在黄海、东海和南海建有 3 个水产资源监测中心。海洋系统在全国沿海布设了 60 多个海洋监测站。这些监测站,对生物多样性保护提供了大量信息,积累了丰富的资料,为生物多样性研究和管理提供了科学依据。

(八)加强生物多样性保护的国际合作

中国在采取一系列生物多样性保护措施的同时,积极务实地参与生物多样性保护的国际合作。中国是历届联合国环境署的理事国,与联合国环境署进行卓有成效的合作。中国于 1979 年加入联合国环境署的"全球环境监测网"、"国际潜在有毒化学品登记中心"和"国际环境情报资料源查询系统"。中国与联合国开发署、世界银行和亚洲开发银行等国际组织建立了良好的合作关系;与联合国亚太经社会等组织保持了密切的合作关系,并通过参加东北亚地区环境合作、西北太平洋行动计划、东亚海洋行动计划协调体等,对亚太地区的环境与发展作出了贡献。

中国积极发展环境保护领域的双边合作,先后与美国、朝鲜、加拿大、印度、韩国、日本、蒙古、俄罗斯、德国、澳大利亚、乌克兰、芬兰、挪威、丹麦、荷兰等国家签订了环境保护双边合作协定或谅解备忘录。在环境规划与管理、全球环境问题、污染控制与预防、森林和野生动植物保护、海洋环境、气候变化、大气污染、酸雨、污水处理等方面进行了交流与合作。

自 1979 年以来,中国先后签署了有关生物多样性保护的国际公约,如《濒危野生动植物种国际贸易公约》、《国际捕鲸管制公约》、《关于保护臭氧层的维也纳公约》、《关于控制危险废物越境转移及其处置的巴塞尔公约》、《关于消耗臭氧层物质的蒙特利尔议定书(修订本)》、联合国《气候变化框架公约》、《生物多样性公约》、《防治荒漠化公约》、《关于特别是作为水禽栖息地的国际重要湿地公约》、《保护世界自然与文化遗产公约》等。

中国对已签署、批准和加入的国际环境公约和协议,一贯严肃认真地履行自己所承担的责任。在《中国 21 世纪议程》的框架指导下,编制了《中国环境保护 21 世纪议程》、《中国生物多样性保护行动计划》、《中国 21 世纪议程林业行动计划》、《中国海洋 21 世纪议程》等重要文件、国家方案或行动计划。1997

年又完成了《中国生物多样性国情研究报告》和《中国自然保护区发展规划纲要》等文件的编写工作。

　　综上所述,中国对生物多样性保护已采取了一系列有效措施,取得了很大成绩,但与中国生物多样性丰度高、受威胁较大的紧迫要求来看,还存在一定差距和问题。中国政府清楚地认识到生物多样性保护的重要意义。一个基因可能关系到一个国家的兴衰;一个物种可能影响一个国家的经济命脉;一个生态系统可能改变一个地区的面貌。保护生物多样性就是保护人类自己。

论中国的海洋法律制度[①]

依法管海、用海是合理开发利用海洋资源,保护海洋环境,促进海洋事业持续发展的一项重要措施。目前,我国已基本上形成完整的海洋法律体系。研究和掌握我国的海洋法律制度,对依法行政,自觉守法,建立良好的海洋法律秩序具有重要作用。本文主要探讨我国海洋立法、主要的海洋法律制度、目前存在的主要问题以及对策建议。

一、我国海洋立法情况

海洋立法是指国家机关依照其职权范围,通过法定程序制定适用于海域和海洋活动的法律规范的活动。1949年新中国成立后,特别是改革开放以来,我国陆续制定了有关海洋权益、港口管理、船舶管理、航行安全、海洋环境与资源保护和海洋科学研究等方面的法律、法规和规章制度。经过半个世纪的法制建设,现今我国已初步形成了以宪法为根据,以海洋基本法律为基础,以海洋单行法律为主体,以海洋行政法规、地方性法规和规章为补充,并与有关国际条约相协调的海洋法律体系,为开发、利用、保护、养护、管理海洋、捍卫海洋权益提供了有力的法律保障。

我国制定的有关海洋方面主要的法律有:《中华人民共和国领海及毗连区法》、《中华人民共和国专属经济区和大陆架法》、《中华人民共和国海域使用管理法》、《中华人民共和国海上交通安全法》、《中华人民共和国海商法》、《中华人民共和国渔业法》、《中华人民共和国海关法》、《中华人民共和国野生动物保护法》、《中华人民共和国海洋环境保护法》、《中华人民共和国海事诉讼程序法》等。

为实施海洋法律,国务院制定海洋方面的行政法规40多件。国务院各部门制定海洋方面的部门规章74件,其中交通部28件,农业部17件,国家环境保护总局9件,国家海洋局11件,其他有关部门规章9件。沿海有地方立法权的人大及其常委会和人民政府制定海洋渔业、海域使用、海洋环境保护等方面的地方性法规和规章近200个。

---

① 作者是马英杰、解新英,载《海洋经济》2003年第1期,第33~36页。

除这些国内立法外,我国还缔结和参加了60多个海洋方面的国际条约。

二、海洋管理的主要法律制度

海洋管理的法律制度是国家关于我国管辖海域的方针、政策和原则的具体体现,是海洋行政执法管理的依据,也是实施海洋法律、法规的基本准则。综合现行海洋法律规定,海洋管理的主要法律制度如下。

(一)领海和毗连区、专属经济区和大陆架制度

随着《中华人民共和国领海及毗连区法》、《中华人民共和国专属经济区和大陆架法》的颁布实施,我国建立了领海、毗连区、专属经济区和大陆架制度。我国领海为邻接中华人民共和国陆地领土和内水的一带海域。陆地领土包括我国大陆及其沿海岛屿、台湾及其包括钓鱼岛在内的附属各岛、澎湖列岛、东沙群岛、西沙群岛、中沙群岛、南沙群岛以及其他一切属于中华人民共和国的岛屿。领海基线向陆地一侧的水域为中国内水。领海宽度为12海里。中华人民共和国对领海的主权及于领海上空、领海的海床及底土。外国非军用船只依法享有无害通过权;外国军用船舶进入领海,须经中国政府批准。外国船舶违反中国法律、法规的,由中国有关机关依法处理。任何国际组织、外国组织或个人在领海内进行科学研究和海洋作业等活动,须经中国政府或有关部门批准,并遵守中国的法律、法规。外国航空器只有根据该国政府与中国政府签订的协定、协议或经批准,方可进入中国领海上空。中华人民共和国毗连区为领海以外邻接领海的一带海域。毗连区的宽度为12海里。我国有权在毗连区内,为防止和惩处在其陆地领土、内水或者领海内违反有关安全、海关、财政、卫生或者入境出境管理的法律、法规的行为行使管制权。在有充分理由认为外国船舶违反中国法律法规时,有关主管机关可对该外国船舶行使紧追权。紧追权由中国的军用船舶、军用航空器或中国政府授权的执行政府公务的船舶、航空器行使。我国的专属经济区,为中华人民共和国领海以外并邻接领海的区域,从测算领海宽度的基线量起延至200海里。我国的大陆架,为中华人民共和国领海以外依本国陆地领土的全部自然延伸,扩展到大陆边外缘的海底区域的海床和底土;如果从测算领海宽度的基线量起至大陆边外缘的距离不足200海里,则扩展至200海里。我国在专属经济区为勘查、开发、养护和管理海床上覆水域、海床和底土的自然资源,以及进行其他经济性开发和勘查,如利用海水、海流和风力生产能等活动,行使主权权利;为勘查大陆架和开发大陆架的自然资源,对大陆架行使主权权利。我国对专属经济区和大陆架的人工岛屿、设施和结构的建造、使用和海洋科学研究、海洋环境的保护和保

全,行使管辖权。领海、毗连区,专属经济区和大陆架制度的建立,为维护我国的海洋权益,保护海洋资源,发展海洋经济奠定了法律基础。

(二)海洋区划制度

海洋区划制度包括海洋功能区划制度和近岸海域环境功能区划制度。

我国《海域使用管理法》规定,"海洋功能区划,是指依据海洋自然属性和社会属性,以及自然资源和环境特定条件,界定海洋利用的主导功能和使用范畴"。海洋功能区按其性质的不同分为开发利用区、整治利用区、海洋保护区、特殊功能区和保留区等不同类型。按其主导功能的不同,又分为港口航运区、海水养殖区、海洋捕捞区、油气区、固体矿产区、旅游资源利用区、盐田区、地下卤水区、再生资源利用区、增殖区、禁渔区、污染治理区、防灾区、海洋自然保护区、重要经济鱼类保护区、科学实验区、海底管线区、海上工程区、海洋倾倒区、泄洪区、禁航区等次级功能区。海洋功能区划是结合海洋开发利用现状和社会经济发展需要,划分出具有特定主导功能、适应不同开发方式、并能取得最佳综合效益区域的一项基础性工作,是海洋环境管理和海域使用管理的基础。海洋功能区划的范围包括国家享有主权、主权权利和管辖权的全部海域、岛屿和必要依托的陆域。

根据《近岸海域环境功能区管理办法》规定,近岸海域是指与沿海省、自治区、直辖市行政区域内的大陆海岸、岛屿、群岛相毗连,《中华人民共和国领海及毗连区法》规定的领海外部界限向陆一侧的海域。渤海的近岸海域,为自沿岸低潮线向海一侧 12 海里以内的海域。近岸海域环境功能区,是指为适应近岸海域环境保护工作的需要,依据近岸海域的自然属性和社会属性以及海洋自然资源开发利用现状,结合本行政区国民经济和社会发展计划及沿海城市发展规划,对近岸海域按照不同的使用功能和环境保护目标而划定的海洋区域。近岸海域环境功能区分为四类;各类环境功能区必须执行规定的海水水质标准。

(三)海域有偿使用制度

我国《海域使用管理法》规定,海域属于国家所有,国务院代表国家行使海域所有权。单位和个人使用海域,必须依法取得海域使用权。任何单位或者个人不得侵占、买卖或者以其他形式非法转让海域。颁发海域使用权证书,除依法收取海域使用金外,不得收取其他费用。实行海域有偿使用制度,是世界沿海国家的通行做法,不仅有利于国家海域所有权在经济上的实现,而且有利于杜绝海域使用中的资源浪费和国有资源的资产流失。

(四)船舶管理制度

1. 船舶登记制度

船舶登记,是国家按照确定的登记条件确认船舶悬挂本国旗帜航行权,确定船籍港,并将登记船舶置于有效管辖和控制之下的监督管理活动,其目的是为了加强国家对船舶的监督管理,保障船舶登记有关各方的合法权益。

2. 船舶检验制度

中国籍船舶(不包括军用舰艇、公安船艇和体育运动船艇)的所有人或者经营人,必须向船舶检验机构申请检验。在中国沿海水域从事钻探、开发作业的外国籍钻井船、移动式平台的所有人或者经营人,必须向船检局或者指定的船舶检验机构申请检验。船舶经检验合格后,船舶检验机构应当按照规定签发相应的检验证书。

3. 船舶、设施人员配备和考试发证制度

我国《海上交通安全法》规定:"船舶应当按照标准定额配备足以保证船舶安全的合格船员"。《海商法》规定:"船长、驾驶员、轮机长、轮机员、电机员、报务员,必须由持有相应适任证书的人担任。"

4. 船舶航行制度

我国《海上交通安全法》、《对外国籍船舶管理规则》、《防止船舶污染海域管理条例》、《国际航行船舶进出中华人民共和国口岸检查办法》和《海关法》等法律、法规对中国的口岸制度作了全面规定。其内容主要包括:进出口制度、升挂国旗制度、联检制度、武器弹药封存制度、强制引航制度、船舶污染防治制度、事故报告制度等。

5. 船舶通过制度

1964年6月8日国务院发布了《外国籍非军用船舶通过琼州海峡管理规定》,1956年6月30日交通部海运管理总局发布了《老铁山水道航行规定》等,分别规定了船舶在琼州海峡和老铁山水道的通过制度。

此外还有船舶航行、停泊和作业安全管理制度、海难救助制度、船舶监督检查和交通事故调查处理制度等。

(五)海洋渔业制度

我国《渔业法》及其实施细则规定了养殖证制度、捕捞限额制度、捕捞业许可制度、经济幼鱼保护区制度、渔业资源增殖保护费征收制度、水产苗种生产许可制度,规定了禁渔期、禁渔区和休渔期等。

(六)海底电缆管道管理制度

我国《专属经济区和大陆架法》规定:任何国家在遵守国际法和中华人民

共和国的法律、法规的前提下,在我国专属经济区和大陆架享有航行、飞越的自由,铺设海底电缆和管道的自由,以及与其有关的其他合法使用海洋的便利。铺设海底电缆和管道的路线,必须经我国主管机关同意。我国制定的《铺设海底电缆管道管理规定》和《中国人民解放军铺设海底电缆管道管理规定实施办法》规定了铺设海底电缆和管道的具体管理制度。

(七)海洋环境保护制度

我国《环保法》、《海洋环境保护法》确定了海洋环境保护的基本制度,包括达标排放制度、环境影响评价制度、"三同时"制度、排污申报登记制度、排污收费制度、限期治理制度、污染事故报告制度、现场联合检查制度、海上联合执法制度、重大海上污染事故防备应急制度、海洋自然保护区制度等。

三、存在的问题和对策建议

目前,我国虽然已经初步形成了海洋法律体系框架,建立了一些海洋法律制度,但是与满足实际需要还有一定差距。海洋管理制度主要存在以下问题。

(1)与《联合国海洋法公约》相配套的海洋法规不够健全。1996年5月15日,我国批准了《联合国海洋法公约》。根据公约规定,我国需要制定20多项法律,方能与公约配套。目前,我国已制定了8项,还有10多个领域有待于建立正式的法律制度,如:参加国际海底矿产资源开发管理制度、公海生物资源利用与养护制度、溯河性高度洄游性鱼类开发与保护制度等。

(2)我国已经建立的一些海洋管理制度有待进一步完善。例如,渔业制度,我国渔业法虽然规定单位和个人在使用国家规划确定用于养殖业的全民所有的水域、滩涂时,使用者应当向县级以上地方人民政府渔业行政主管部门提出申请,由本级人民政府核发养殖证,许可其使用该水域、滩涂从事养殖生产。但并没有明确规定国有和集体所有宜渔水面、滩涂的具体范围,养殖使用权的法律性质,养殖证的种类、内容、申领条件和程序、持证人的权利和义务等。再如,我国《海洋环境保护法》规定,建立船舶油污保险、油污损害赔偿基金制度,但何种船舶、多少吨位的船舶必须参加保险,"摊款石油"数量、石油摊款数额和赔偿限额等都需要进一步细化。这些问题都有待于在将来的海洋立法中加以解决。

鉴于上述问题,提出以下建议。

(1)国家法制部门和涉海部门共同研究编制海洋立法规划,并根据海洋事业发展的需要,按照轻重缓急,提出拟订和制定实施计划。

(2)涉海部门在职责范围内,根据法律规定抓紧拟订实施细则、条例或者规定的立法草案,经国务院讨论通过并发布实施。

(3)涉海部门按照我国《立法法》规定的权限,根据法律、法规,制定实施办法。

(4)建立和严格执行行政执法责任制度和行政执法检查制度,确保现行法律、法规的全面实施。

《生物多样性公约》与中国海洋生物多样性保护[①]

《生物多样性公约》于1992年5月22日在内罗毕被通过,同年6月5日在巴西的里约热内卢联合国环境与发展大会上,150多个国家签署了这份文件。该公约于1993年12月29日正式生效。为纪念这一有意义的日子,根据公约缔约方大会第一次会议的建议,1994年12月19日联合国大会通过了决议,决定将每年的12月29日定为"国际生物多样性日"。截至2004年4月缔约方达到188个。

《生物多样性公约》是国际环境保护领域里的一项重要条约。它为生物资源和生物多样性的全面保护和持续利用建立了一个法律框架,也为每一个缔约国如何履行公约留下了充分的余地。对于保护的承诺大多以总体目标和方针的形式表达,而不像有些公约,如《濒危物种贸易公约》那样硬性规定。《生物多样性公约》旨在将主要的决策权放在国家水平,没有全球性的清单、没有大家通过的保护地点或物种的目录。公约规定了关于保护和持续利用生物资源和生物多样性的基本措施,并且提出了制定国家战略、计划或方案,进行生物多样性调查,就地保护,移地保护,将生物资源保护和可持续利用纳入国家管理、宣传和公众教育、环境影响评价、信息交流技术和科学合作等制度。我国积极履行公约规定的义务,为保护世界上人口最多的国家保留了生存发展的珍贵资源。本文就我国履行公约,执行相关的制度情况进行分析探讨。

一、制定国家战略、计划或方案

公约要求每一缔约国应按照其特殊情况和能力,保护和持久使用生物多样性制定国家战略、计划或方案,或为此目的变通其现有战略、计划或方案;这些战略、计划或方案除其他外应体现本公约内载明与该缔约国有关的措施;尽可能并酌情将生物多样性的保护和可持续利用纳入有关的部门或跨部门计划、方案和政策内。我国1993年批准了《生物多样性公约》,我国的《21世纪议程》和《海洋21世纪议程》都将生物多样性保护作为重要内容。根据公约的要求我国成立了由国家环保总局牵头,外交、科技、计划、财政、建设、教育、农

[①] 本文作者是马英杰。

业、建设、林业、海洋、中科院等20个部门参加的"中国履行《生物多样性公约》工作协调组",发布了《中国生物多样性国情研究报告》,制定了《中国生物多样性保护行动计划》、《全国生态环境建设规划》、《全国生态保护规划纲要》、《中国自然保护区发展规划纲要》和《中国国家生物安全框架》等指导性质的国家政策。有关部门还制定了林业生物多样性、农业生物多样性、海洋生物多样性、湿地生物多样性、生物种质资源、大熊猫迁地保护等专项保护行动计划,使一些主要部门的生物多样性保护纳入国家行动计划之中。我国实行"污染防治与生态保护并重"、"生态保护与生态建设并举"的方针,加强生物多样性的就地保护和迁地保护,重视科学研究和监测,强化公众宣传教育和培训,有效地保护了中国的生物多样性。同时,我国还加强立法建设,已经制定了与保护生物多样性有关的法规,如《野生动物保护法》、《森林法》、《渔业法》、《野生动物保护法》、《自然保护区条例》等,现在正在进行《自然保护区法》的立法准备工作。现在我国尚无生物多样性的综合性法律,所以应当订立一部生物多样性保护的综合法律,就生物多样性保护的目的、原则、制度、管理体制及其职责权限、公众参与的法律地位及权利义务等作出规定,为生物多样性保护的单项立法提供适用性的准则和依据。

二、进行生物多样性调查

公约要求每一缔约国应尽可能并酌情查明对其保护和可持续利用至关重要的生物多样性组成部分;通过抽样调查和其他技术,检测生物多样性的组成部分;查明对保护和可持续利用生物多样性产生或可能产生重大不利影响的过程和活动种类,并通过抽样调查和其他技术,监测其影响;以各种方式维持从事查明和监测活动所获得的数据。自新中国成立以来,我国对海洋生物的物种普查就比较重视。先后进行了渤海、北黄海西部海洋综合调查(1957~1958),全国海洋综合调查(1958~1960),南海中部、东北部综合调查(1974~1985),全国海岛资源综合调查(1989~1993),南海诸岛及其邻近海区综合科学调查(1988至今)。中国台湾省也陆续在南沙太平岛附近和台湾省周围开展了较小规模的海洋调查。通过上述调查大大丰富了我国海洋生物多样性的记录。

三、就地保护

就地保护是生物多样性保护的主要措施。公约规定每一缔约国应建立保护区系统或需要采取特殊措施加以保护的生物多样性的地区;必要时,制定标准以选定、建立和管理保护区或需要采取特殊措施以保护生物多样性的地区;

管制或管理保护区内外对保护生物多样性至关重要的生物资源,以确保这些资源得到保护和持久使用等。

就地保护通过划定各种类型的自然保护区,包括风景名胜区、国家公园等,将有价值的自然生态系统和野生动植物保护起来,维持系统内的物质能量流动与生态过程,为系统内生物的繁衍与进化提供良好的生境条件。世界上第一个自然保护区是美国政府1872年建立起来的黄石公园,此后几乎世界上所有的国家都建立起了自然保护区或国家公园。到目前为止,全世界已经建成的面积在1 000公顷以上的自然保护区(含国家公园)4 600多处,总面积占地球陆地面积的6%左右。大部分沿海国家都建立起海洋自然保护区和海洋公园。澳大利亚著名的大堡礁公园保护了世界上最大的珊瑚礁群,并且每年吸引了成千上万个游客;巴布亚新几内亚建立了两个野生动物管理区保护儒艮。

四、移地保护

作为就地保护的辅助措施,缔约国应尽可能并酌情在生物多样性组成部分的原产国采取措施移地保护这些组成部分;在遗传资源原产国建立和维持移地保护及研究植物、动物和微生物的设施;采取措施以恢复和复兴受威胁物种并在适当情况下将这些物种重新引进其自然生境中;对于为移地保护目的在自然生境中收集生物资源实施管制和管理,以免威胁到生态系统和当地的物种群体,除非必须采取临时性特别移地保护措施;进行合作,为以上移地保护措施以及在发展中国家建立和维持移地保护设施提供财务和其他援助。

移地保护措施主要适用于对受到高度威胁的动植物种的紧急拯救,不然它们有可能灭绝;另外对普及野生物种采取移地保护措施,也有公共教育意义。许多濒危物种如野马、麋鹿等得以生存至今,就是移地保护的结果。实施野生动物移地保护的主要场所是那些为各种目的而建立的,收集野生动物进行人工围养繁殖的设施,如动物园、公园动物展区、野生动物饲养繁殖中心、研究所及商业性养殖场等。动物园的历史可以追溯到古代,早期帝王、贵族就有在其园林中收集,放养野生动物的传统。现在世界各地的大中城市都有海洋公园或水族馆,儒艮、海豚、海狮、海龟等珍稀海洋生物在那里有了繁衍生息的机会。

五、将生物资源的保护和可持续利用纳入国家管理

每一缔约国应尽可能并酌情采取对保护和持久使用生物多样性组成部分起鼓励作用的经济和社会措施;在国家决策过程中考虑到生物资源的保护和持久使用,以避免或尽量减少对生物多样性的不利影响;保障及鼓励那些按照

传统惯例符合保护或持久使用要求的生物资源习惯使用方式；在生物多样性已减少的退化地区支助地方居民规划和实施补救行动；鼓励其政府当局和私营部门合作制定生物资源持久使用的方法。目前大部分沿海国都将他们的海洋生物资源的利用纳入了国家的管理之中。我国现在已经确定了野生生物资源的国家所有权制度、资源补偿费制度和许可使用制度。

例如我国《森林法》、《野生动物保护法》、《渔业法》等都规定野生生物资源属于国家或集体所有。《渔业法》第28条还规定，县级以上人民政府渔业行政主管部门应当对其管理的渔业水域统一规划，采取措施，增殖渔业资源。县级以上人民政府渔业行政主管部门可以向受益的单位和个人征收渔业资源增殖保护费，专门用于增殖和保护渔业资源。《野生动物保护法》第27条规定，经营利用野生动物及其制品的，应当交纳野生动物资源保护管理费。野生生物资源补偿费制度的实施有些时候需要协调部门之间的关系，因为对一种资源的保护可能会影响另一种资源的生产。如林业部门因保护鸟类而建立湿地保护区，可能会影响到农业部门的渔业生产，所以应当进一步研究生物资源保护与利用之间的相互补偿关系。

我国《野生动物保护法》第16条规定捕捉、捕捞国家一、二级保护野生动物的需申请特许猎捕证；第17条规定驯养繁殖国家重点保护野生动物的，应当持有许可证；第18条规定，猎捕国家非重点保护野生动物的，必须取得狩猎证，并且服从猎捕量限额管理。同时规定，持枪猎捕的，必须取得县、市公安部门或者国务院的批准。出口国家重点保护野生动物或者其产品的和进出口我国参加的国际公约所限制进出口的野生动物或者其产品的，必须经国务院野生动物行政主管部门或者国务院批准并取得国家濒危物种进出口管理机构发的允许进出口证明书。海关凭允许进出口证明书检验放行。林业部于1991年发布的《国家重点保护野生动物驯养繁殖许可证管理办法》，规定凡从事保护、研究、科学实验展览及其他经济目的进行的国家重点保护野生动物人为驯养活动的，必须申请"驯养繁殖许可证"。1992年又在《陆生野生动物保护实施条例》中规定，因科学考察、驯养繁殖、科研、教学等必须猎捕国家重点野生动物的，必须申请"特许猎捕证"。1993年农业部发布的《水生野生动物保护实施条例》也规定了"驯养繁殖许可证"制度和"准许捕捉证"制度。《国务院关于坚决制止乱捕滥猎和倒卖、走私珍稀野生动物的紧急通知》第4条规定，经营野生动物及其产品，必须实行许可证制度。

六、宣传和公众教育

海洋生物多样性保护成功与否取决于沿海群众对当地生物资源的保护和

持续利用。尤其是生长在偏远地区和海岛上的群众,他们沿袭了传统的狩猎、捕捞和森林砍伐的生产生活方式,对海洋生物多样性有合理利用的一面,但随着人口的增加也常常对生物多样性造成破坏。而且由于信息不灵,国家保护政策在那里不能得到及时贯彻。有人曾经作过调查,在长岛,有70%以上的居民不知道这里是一个国家级自然保护区,就更谈不上对其生物多样性进行保护了。对青岛人进行的调查中发现,有99%的人不知道胶州湾是国家一级保护动物黄岛柱头虫的栖息地。以上可见,对中国生物多样性保护的公众的参与意识不高,在提高公众参与能力方面我们还面临艰巨的任务。中国应当根据公约的要求,与国际组织或其他国家合作,引入外国在公众教育和公众参与方面的成功经验,结合中国的国情,适时制定中国生物多样性教育方案。建立公众参与机制,鼓励社会各界参与生物多样性的保护。

七、环境影响评价

公约规定缔约国应尽可能并酌情采取适当程序,就可能对生物多样性产生严重不利影响的拟议项目进行环境影响评价,以期避免或尽量减轻这种影响。中国于1986年颁布《建设项目环境保护管理办法》,正式确立了建设项目环境影响评价制度,此后,该制度得到不断完善。1989年《环境保护法》规定,建设项目的环境影响报告书,必须对建设项目产生的污染和对环境影响作出评价。2002年《环境影响评价法》规定,国务院有关部门、设区的市级以上地方人民政府及其有关部门,对其组织编制的土地利用的有关规划,区域、流域、海域的建设、开发利用规划,以及国务院有关部门、设区的市级以上地方人民政府及其有关部门,对其组织编制的工业、农业、畜牧业、林业、能源、水利、交通、城市建设、旅游、自然资源开发的有关专项规划应当进行环境影响评价;在我国领域和管辖的其他海域内建设对环境有影响的项目都应当进行环境影响评价。法律要求环境影响评价必须客观、公开、公正,综合考虑规划或者建设项目实施后对各种环境因素及其所构成的生态系统可能造成的影响,为决策提供科学依据。环境保护行政主管部门应当对建设项目投入生产或者使用后所产生的环境影响进行跟踪检查,对造成严重环境污染或者生态破坏的,应当查清原因、查明责任。《海洋环境保护法》则对保护海洋生物多样性进行了进一步的规定,"开发利用海洋资源,应当根据海洋功能区划合理布局,不得造成海洋生态环境破坏;引进海洋动植物物种,应当进行科学论证,避免对海洋生态系统造成危害;新建、改建、扩建海水养殖场,应当进行环境影响评价;海水养殖应当科学确定养殖密度,并应当合理投饵、施肥,正确使用药物,防止造成海洋环境的污染"。《环境影响评价法》和《海洋环境保护法》将环境影响评价的范围在1998年《建设项目环境保护管理条例》的基础上进一步扩大,它包括了对物种的利用和外来种的引进,但是这些制度现在仍然没有得到切实的实施。

八、信息交流及技术和科学合作

公约要求缔约国应便利有关生物多样性保护和可持续利用信息的交流,信息交流包括交流技术、科学和社会经济研究成果,以及培训和调查方案的信息、专门知识、当地和传统知识等。我国1989年开始酝酿成立中国科学院生物多样性工作小组。1990年中国科学院召开第一次生物多样性学术会议,从而正式开展中国生物多样性的研究工作。1992年3月正式成立中国科学院生物多样性委员会。此后我国建立起了生物多样性信息中心、国家生物多样性信息交换所等机构,可以在网上直接查阅有关生物多样性的信息,其中国家生物多样性信息中心专门设立了海洋信息节点。

此外,我国现在也开始注意生物安全管理工作。1993年,中国发布了《基因工程安全管理办法》,对利用载体系统的重组DNA技术,以及利用物理或化学方法把异源DNA直接导入生物体的管理作出了比较具体的规定。根据《基因工程安全管理办法》的要求,1996年和1998年分别发布了《农业生物基因工程安全管理实施办法》和《烟草基因工程研究及其应用管理办法》。其中,《农业生物基因工程安全管理实施办法》对涉及农业生物基因工程安全管理问题作出了比较具体的规定,对遗传工程体的安全等级进行了划分,并规定了相应的管理措施,特别是规定了农业生物基因工程登记和安全评价的具体程序和规则。该规章在全国农业生物基因工程的管理中得到较好实施,共受理了8批安全评价申请,并予以批复,颁发了安全审批书。2001年5月9日国务院通过了《农业转基因生物安全管理条例》。根据《卡塔赫纳生物安全议定书》的要求,我国也建立了中国国家生物安全信息交换所。

但是在海洋生物安全方面仍然有些问题值得注意。例如,为了增殖渔业资源,我国政府组织了多次的放流增殖活动,大批的中国对虾、牙鲆、河豚、杂色蛤、青蛤等被放入自然海区,它们长成以后会弥补天然资源的不足。这些都是我国的本地种,放流入海后不会造成严重的生态危害。但有些人不经过论证、不经过批准就把外来的引进种放流入海确定是一件具有巨大潜在危害的事情。据报道有人将引进的美国红鱼、英国的大菱鲆和巴西的白对虾也放流到自然海域中,这样做可能会引发大规模的生态灾难。

《濒危野生动植物种国际贸易公约》与中国海洋生物多样性保护[①]

对于濒危物种的划分,国际自然保护同盟(IUCN)将新的濒危物种等级体系包括下列6个等级:①灭绝;②野生灭绝;③极危;④濒危;⑤易危;⑥低危。我国的法律对于濒危野生濒危物种的认定在法律上没有作出具体规定,但是在国家环保总局和国家濒危物种科学委员会主持编写的《中国濒危动物红皮书》中,对濒危物种进行了分类,分类与国际自然保护同盟的分类略有不同。尽管《中国濒危动物红皮书》不具有法律效力,但是在实际工作中有一定的指导意义。《中国濒危动物红皮书》采用的物种濒危等级如下。野生绝迹:即野生种群已经消失,但人工放养或饲养尚有残存,如麋鹿。国内绝迹:指国内野生种群已经消失,但国外尚有野生的种群,如海鳄等。濒危:指野生种群已经降低到濒临灭绝或绝迹的临界程度,且致危因素仍在继续,如儒艮、短尾信天翁等。易危:指野生种群已经明显下降,如果不采取有效保护措施,势必成为"濒危"。因近似"濒危"物种,必须予以保护以确保该"濒危"物种的生存,如海豹、红脚鲣鸟、白腹鲣鸟等。稀有:指从分类定名以来,迄今总共有为数有限的发现记录,数量稀少的原因不是人为因素,如斑头鸺鹠等。未定:指情况不甚明了,但迹象表明可能已经属于或疑为"濒危"或"易危"者,如白腹军舰鸟等。

急剧增长的野生生物及其产品的国际贸易成为很多稀有、珍贵野生生物的重大威胁,将它们推向濒临灭绝的边缘。国际自然保护同盟于1963年呼吁制定一项条约来管制野生生物的国际贸易,并于1964年提出该条约的草案。1972年6月在瑞典首都斯德哥尔摩召开的联合国人类与环境大会全面讨论了环境问题,特别是濒危野生动植物保护问题,提议由各国签署一项旨在保护濒危野生动植物种的国际贸易公约,这标志着联合国开始全面介入世界环境与发展事务,被誉为是世界环境史上的一座里程碑。1973年3月3日,由21个国家的全权代表在华盛顿签署了《濒危野生动植物物种国际贸易公约》[②]

[①] 本文的作者是马英杰。
[②] http://www.cites.org/

(以下简称《濒危物种贸易公约》),又称华盛顿公约。1975年7月1日该公约正式生效,截至2003年缔约国达到了181个。

一、《濒危物种贸易公约》内容

公约的目标是关注我们居住的地球,为人类社会的可持续发展助力。正如其前言所描述的:"认识到,许多美丽的、种类繁多的野生动物和植物是地球自然系统中不可替代的一部分,为了我们这一代和今后世世代代,必须加以保护;意识到,从美学、科学、文化、娱乐和经济观点看,野生动植物的价值都在日益增长;认识到,各国人民和国家是应该而且是本国野生动植物的最好的保护者;并且意识到,为了保护某些野生动植物种不致由于国际贸易而遭到过度开发利用,进行国际合作是必要的,确信,为此目的迫切需要采取适当措施。"在这个大前提下,确立了《濒危物种贸易公约》的发展方向,其宗旨是对其附录所列的濒危物种的商业性国际贸易进行严格控制和监督,防止因过度的国际贸易和开发利用而危及物种在自然界的生存,避免其灭绝。此公约是以保护生物多样性和主张持续利用原则为基础的,既不主张滥用和过度交易,也反对绝对保护。

(一)公约的主要内容

《濒危物种贸易公约》是通过各国管理机构的许可证对其所列的濒危物种的国际贸易进行管理。这些贸易包括进口、出口、再出口和从海上引进活的和死的野生动植物及其部分、产品。目前《濒危物种公约》管理的野生动物有4 000多种,野生植物近29 000种,其根据野生动植物物种的濒危程度及其与贸易所产生的连带关系,把物种分为三个附录。

公约规定附录一所列物种为受到和可能受到贸易的影响而有灭绝危险的物种。附录二所列物种为"目前虽未濒临灭绝,但如对其贸易不严加管理以防止不利其生存的利用,就可能变成有灭绝危险的物种"和"为了使附录一所列某些物种标本的贸易能得到有效的控制,而必须加以管理的其他物种"。附录三所列物种为"任一成员国认为属其管辖范围内,应进行管理以防止或限制开发利用,而需要其他成员国合作控制贸易的物种"。公约对以上三个附录所列物种的国际贸易分别规定了管制措施,并禁止违反这些措施而进行三个附录所列物种的国际贸易。

1.附录一物种:所有受到和可能受到贸易的影响而有灭绝危险的物种

这些物种的标本的贸易必须加以严格的管理,以防止进一步危害其生存,并且只有在特殊的情况下才能允许进行贸易。如所有的类人猿、狐猴、海龟、猩猩；大部分的鲸类、猫科动物；多种鹰隼类、鹦鹉类、陆龟类、兰花、仙人掌类等。1975年7月1日公约生效时，附录一共列有450个物种，此后这个数字在逐渐增加并已逾千。根据公约第三条的规定，附录一中所列物种的任何标本的出口必须事先获得并交验出口许可证。许可证应当符合以下条件：

(1)出口国的科学机构认为，此项出口不致危害该物种的生存；

(2)出口国的管理机构认为，该标本的获得并不违反本国现行保护野生动植物的法律；

(3)出口国管理机构确认，任一出口的活标本会得到妥善的装运，尽量减少伤亡、疾病或虐待；

(4)出口国的管理机构确认，该标本的进口许可证已经颁发。

进口附录一所列物种，进口国同样要履行严格的手续。在进口其中任何标本之前，必须事先获得根据科学机构的意见颁发的进口许可证；科学机构的意见应证明此项进口的意图不致危害有关物种的生存；科学机构还应确认，该标本的进口不是以商业为目的(第三条第3款)。附录一所列物种的再出口也必须事先获得并交验再出口证明书，证明该标本是按照公约的规定进口的，运输条件将符合要求，并且已经得到进口许可证(第三条第4款)。

此外，从海上引进附录一所列物种的任何标本，应事先获得引进国管理机构发给的证明书。只有符合下列条件，才能发给证明书：引进国的科学机构认为，此项引进不致危害有关物种的生存；引进国的管理机构确认，该标本的接手者在笼舍安置和照管方面是得当的；最后，引进国的管理机构还应确认，该标本的进口不是以商业为根本目的(第三条第5款)。

公约成员国应指定提供意见的科学机构和颁发许可证或证明书的管理机构，在将其批准、接受、核准或加入的文书交付保存时，应同时将授权其他成员国和秘书处联系的管理机构的名称、地址通知保存国政府，并在必要时，将其图章、印记及其他用以核实许可证或证明书的标志样底寄给对方(第9条)。管理机构和科学机构的认定对有关的许可证的发放起决定性的作用。例如，有关附录一和附录二所列物种的标本的出口许可证，只有在出口国的科学机构认为该项出口不致危害该物种的生存和出口国的管理机构确认该标本的获得不违反本国有关保护野生动植物的法律时，才能发放。

2.附录二物种：所有那些目前虽未濒临灭绝，但如对其贸易不严加管理以防止不利其生存的利用，就可能变成有灭绝危险的物种

附录二物种主要包括所有未列入附录一内的猴类、鲸类、海豚、熊类、猫科

动物、鹰隼类、蟒蛇、巨蜥、鳄类、珊瑚、兰花、仙人掌类、苏铁、芦荟、西洋参、陈香等。

　　关于这些物种的国际贸易的条件只是在进口方面不如附录一所列物种严格。而在出口方面，颁发许可证同样要符合下列条件：出口国的科学机构认为，此项出口不致危害该物种的生存；出口国管理机构确认，该标本的获得不违反本国现行保护野生动植物的法律。并且，出口国管理机构确认任一出口的活标本会得到妥善装运，尽量减少伤亡、疾病或虐待（第二条第 2 款）。

　　附录二所列的任何物种的标本的进口都须事先获得并交验出口许可证或再出口证明书，颁发再出口证明书需要再出口国的管理机构确认该标本的进口符合本公约的各项规定。而且，任一活标本会得到妥善转运，尽量减少伤亡、疾病或虐待。从海上引进附录二所列物种的任何标本，应事先从引进国的管理机构获得发给的证明书，条件是：引进国的管理机构确认任一活标本会得到妥善转运，尽量减少伤亡、疾病或虐待（第四条第 4~6 款）。由于《濒危物种贸易公约》对附录二所列物种并未要求进口许可证，因此这些物种是可以用于贸易的，但是必须严格控制。现在列在附录二中的物种达到数万多种。

　　3. 附录三物种：包括任一成员国认为其管辖范围内，应进行管理以防止或限制开发利用，而需要其他成员国合作控制贸易的物种（第三条第 3 款）

　　附录三所列物种的任何标本从将该物种列入附录三的任何国家出口时，应事先获得并交验出口许可证，条件是出口国管理机关确认，该标本的获得并不违反本国现行保护野生动植物的法律，任一活标本会得到妥善装运，尽量减少伤亡、疾病或虐待。这些物种的任何标本的进口，应事先交验原产地证明书；如该出口国已将该物种列入附录三，则应交验原产地证明书；如该出口国已经将该物种列入附录三，则应交验该国所发给的出口许可证。

　　因此，附录三表明，所有成员国都可以在其出口物种的保护方面得到其他国家，即潜在的进口国的帮助。例如，加拿大将海象列入附录三，这就意味着对其他成员国来说，没有加拿大政府颁发的出口许可证，从加拿大进口海象及其制品是违法的，对澳大利亚考拉也是如此。然而公约实施的最初 20 年间，这个程序并没有得到充分适用，只有 10 余个国家在附录三中列入约 150 个物种。如鼬类（印度）、买麻藤（尼泊尔）等。

　　为了使《濒危物种贸易公约》更容易被接受，公约第七条包括了一系列的弹性条款，允许对某些物种的标本在某些情况下不适用公约的上述规定，如用于个人或家庭财产的标本、为商业目的人工饲养繁殖或配置的动物或植物物种标本、科学家或科学机构之间进行非商业性的出借、馈赠或交换的植物标本以及用作巡回动物园、马戏团、展览的标本的运送。但即使是在这些情况下，也必须符合一定的条件，主要是使活的标本得到妥善运输和照管。另一方面，公约第十四条又允许成员国通过国内立法或国际公约采取更严格的措施。第八条还要求成员国采取措施处罚违反公约规定的标本贸易，将此类标本没收或退还出口国，并对活标本予以特殊保护。

(二)公约的机构及执行概况

公约设立的机构有缔约方大会和秘书处。缔约方大会每两年左右召开一次会议，检查受保护物种的恢复和养护的进展情况，并酌情修改本公约附录。依照一项不要求批准的程序，附录修正案自动生效。大多数决定（包括附录的变动）须经到会并参加投票的成员国的三分之二多数通过。对于公约附录的修正案，公约第十五条规定在一定的期限内，任何成员国均可向公约保存国政府以书面通知形式，提出保留。在此保留撤销以前，进行有关该物种的贸易时，将不作为本公约的成员国对待，如日本、冰岛和挪威曾提出对一些鲸类的特殊保留，现在这几个国家仍然在进行着捕鲸活动，并且这些国家之间也有鲸肉贸易。除了捕鲸、吃鲸是这些国家的传统文化外，他们还认为捕鲸有利于保护渔业资源，因为一头鲸每年可以吃掉600吨鱼类，如果让鲸类无限制地生长下去，它们会将鱼类吃光，人类将没有鱼吃。我国从20世纪60年代以后就不再捕鲸，也反对其他国家捕鲸。但是为了以上原因，中国在国际捕鲸组织召开的大会上有条件地支持了日本、挪威和冰岛的科学捕鲸要求。而澳大利亚、新西兰和加拿大则是坚决的捕鲸反对者。

1976年11月在瑞士伯尔尼举行的公约第一届成员国大会上，以大会决议通过了《附录一和附录二物种名单增补标准》和《将物种和其他分类单元从附录一和附录二撤销的标准》。前一标准规定附录一和附录二名单的增补必须对拟增补物种的生物学资料和贸易状况进行综合评价；后一标准规定在"把物种或其他分类单元从附录中撤销，或者从附录一降到附录二的标准时，应规定用充分的科学证据来表明该植物或动物能承受取消保护后带来的开发利用"。

公约秘书处最初由联合国环境规划署执行主任筹组。公约生效几年后，秘书处独立并有每年50万美元的预算，资金来源于成员国。除了执行多边国际组织的正常职能外，秘书处还进行科学和技术研究，以促进公约的实施。秘书处可以提请成员国注意与公约宗旨有关的任何事项；它定期出版并向成员国分发三个附录最新版本及有助于识别附录中所列五种标本的任何情报。秘书处研究成员国提出的报告，在必要时，要求他们提供进一步的情况以保证公约的实施。此外,秘书处还公布其工作报告以及为实施公约的宗旨和规定提出建议(第十二条)。成员国有义务采取相应措施执行公约的规定,包括对违反公约行为予以处罚。每个成员国应保存附录所列物种标本的贸易记录,并提出执行公约的定期报告。报告书递交秘书处审查,其内容原则上予以公布(第八条第6~8款)。秘书处根据所获得的情报,认为附录一、附录二所列物种,由于该物种标本的贸易而受到不利的影响,或本公约的规定没有被有效地执行时,秘书处应尽快将有关事实通知成员国,并提出适当的补救措施,需要时可以进行调查。成员国提供的情况或调查得的情况将由下届成员国大会进行审议,大会可以提出它认为合适的任何建议(第十三条)。

(三)公约对保护濒危物种的影响

《濒危物种贸易公约》是目前最大的也是实施最成功的物种保护协议之一。在它的保护下,一些物种如大象、鲸、小羊驼、尼罗鳄和白犀的数量都有所增加,种群数量的数目也有所恢复。例如非洲象1989年被列入《濒危物种贸易公约》附录一后,其贸易被全面禁止,大象的数目在非洲的一些国家得到了恢复。在1997年6月召开的《濒危物种贸易公约》第十次成员国大会上,通过了津巴布韦、纳米比亚、博茨瓦纳三国分别提出的将其大象种群降为附录二的提案,并作出允许对其库存象牙进行有条件的限额贸易的决议,上述三国的库存象牙于1999年定向向日本限额贸易。

未来,"可持续发展"将成为使濒危物种脱离险境的首要机制。如果此公约有能力(也许与其他公约互为补充)指导来自物种贸易的价值观,那么至少对一部分与其有很密切接触的乡村及当地民众来说,商业价值可以变成确保物种生存的一种激励。虽然《濒危物种贸易公约》的法律制度是令人满意的,但仍然存在着一些局限性。如果要从公约最初的狭义使命提升到对濒危物种的国际贸易控制,那么公约完成保护目标的能力是有限的。《濒危物种贸易公约》甚至不能解决其最初使命中受到批评的部分,例如其附录所列物种的国内贸易或其栖息地的保护。

二、中国海洋濒危物种的保护

《濒危物种贸易公约》1981年对中国正式生效。中华人民共和国濒危物种进出口管理办公室(CITES CHINA)是代表中国政府执行《濒危物种贸易公约》的管理机构,负责中国的野生动植物进出口管理工作,审批、核发野生动植物及其部分产品的允许进出口证明书。履行《濒危物种贸易公约》的科学机构是中华人民共和国濒危物种科学委员会,设在中国科学院。

为加强对濒危野生水生物种的保护,1988年中国政府颁布了《中华人民共和国野生动物保护法》,随后发布了《中华人民共和国水生野生动物保护实施条例》,规定国务院渔业行政主管部门主管全国水生野生动物保护管理工作,负责《濒危野生动植物种国际贸易公约》(CITES公约)的履约工作等。1989年颁布了《国家重点保护野生动物名录》,将一些濒危海洋物种列为国家重点保护的水生野生动物,严格禁止捕杀和任何形式的经营利用,建立了由国家实行专门保护的管理制度。为保护海洋野生物种类及其主要活动水域,我国建立了一批海洋野生动物自然保护区,如广东省建立了珠江口中华白海豚国家级自然保护区,在辽东湾建立了斑海豹自然保护,在广西建立了儒艮自然保护区等,组织有关的科研单位开展了海洋野生动植物生态学、生物学等方面的研究,得到一批科研成果。

长期以来,我国环境保护总局、农业部渔业局(农业部水生野生动植物保护办公室)、国家海洋局等会同沿海各级有关行政主管部门,按照《中华人民共和国野生动物保护法》、《海洋环境保护法》等的规定,开展了大量的海洋野生动物救护工作。据从1998年至2003年4月对大型海洋动物救护统计数据看,在此时间段内累计救护鲸豚类、中华鲟、海龟、海豹等物种约2 200头(尾),用于救护支出的各项费用共计约400多万元,对濒危海洋野生动物进行了有效的保护。

我国对珍稀、濒危海洋野生生物实行分级重点保护。国家重点保护的珍稀、濒危野生动物分为一级保护野生动物和二级保护野生动物。依照1988年《国家重点保护野生动物名录》,儒艮、中华白海豚、中华鲟、达氏鲟、白鲟、红珊瑚、库氏砗磲、鹦鹉螺、多鳃孔舌形虫、黄岛长吻虫等为国家一级保护海洋野生动物,文昌鱼、黄唇鱼、大珠母贝、虎斑宝贝、冠螺、花鳗鲡、克氏海马鱼、海龟、玳瑁、鲸类、斑海豹和海狗等鳍足目所有种等为国家二级保护海洋野生动物。由于海洋中的植物被关注的不多,所以虽然在《中国植物红皮书》中将两种红树植物红榄李和水椰列为濒危物种,但是在1998年通过的国家重点保护野生植物名录——(第一批)没有提及海洋植物。除了国家重点保护珍稀、濒危野生生物外,沿海省、自治区、直辖市可以制定地方重点保护野生生物,地方重点保护野生生物名录,由沿海省、自治区、直辖市人民政府环境保护行政主管部门会同有关部门,对本行政区管理的海洋野生生物资源定期进行调查和评价,建立系统的档案材料。

2001年4月19日农业部专门发布通知,对公约附录一的物种及其产品的国内管理,按照国家一级保护物种管理;对《公约》附录二、附录三中的附录物种及其产品和附录一中人工驯养繁殖的物种及其产品的国内管理,按照国家二级保护物种管理;对《公约》附录物种和国家重点保护物种规定保护级别不一致的,国内管理以国家保护级别为准,进出口管理以《公约》附录保护级别为准。我国列入《濒危物种贸易公约》的海洋动物中附录一动物有:驼海豚所有种、灰鲸、小鳁鲸、鳁鲸、白须鲸、鳀鲸、蓝鲸、长须鲸、座头鲸、露脊鲸属所有种、儒艮、海龟科、棱皮龟等。附录二动物有:鲟形目所有种、砗磲科所有种、共壳目所有种、珊瑚科所有种、角珊瑚所有种、石珊瑚所有种,以及其他出现在我国海洋中的鲸类。

我国制定了保护濒危物种的一系列的法律、法规,实施了相应的保护制度,并且不断加强濒危野生动植物保护的公众教育,人们的意识也在不断地提高。但是我国是一个发展中国家,而保护濒危物种往往要花费巨大的人力物力,有些是我国在一定历史时期内难以承受的。例如,虽然我国《渔业法》规定,在鱼、虾、蟹洄游通道建闸、筑坝,对渔业资源是有严重影响的,建设单位应当建造过鱼设施或者采取其他补救措施。但是在修建葛洲坝的时候为了节省开支,没有修建过鱼设施,以至于在葛洲坝底下每年都有大量的中华鲟撞坝而死。中华鲟是国家一级保护动物,列于《濒危野生动植物种国际贸易公约》附录二。属世界 27 种鲟鱼之冠,它个体硕大,形态威武,长可达 4 米多,体重逾千斤。中华鲟生理结构特殊,既有古老软骨鱼的特征,又有现代诸多硬骨鱼的特征。鲟鱼类的祖先在地球上已有 1.4 亿年的历史,从它身上可以看到生物进化的某些痕迹,所以被称为水生物中的活化石,具有很高的科研价值,是长江中的瑰宝,主要分布于长江干流。中华鲟是一种洄游性鱼类,平时中华鲟栖息于北起朝鲜西海岸,南至我国东南沿海的沿海大陆架地带。在海洋里生活了 9~18 年后,性腺发育接近成熟时,每年夏秋,便成群结队向长江洄游,到达长江上游四川宜宾一带和金沙江下段繁殖,并和幼鲟顺江而下,到东海和黄海的深水中成长。长江葛洲坝水电站的建设,使此鱼在长江失去了产卵繁殖的场所,大约有 20 多年没有在长江上发现中华鲟的报道。为使中华鲟鱼保存下来,最近我国投资兴建中华鲟人工繁殖研究机构,并获得成功。现在已经建立起了中华鲟自然保护区,并实施了人工放流活动。据报道,在长江上又可以看到中华鲟了。与中华鲟类似的还有白鲟,现在也在濒危之中,作者在此呼吁在长江上修坝的单位能给它们洄游留一条通道。

再如鱼翅自古以来就是我国的传统美食,这本来无可厚非,但是让人难以接受的是以前渔民捕到鲨鱼后就将鱼鳍割下,然后将鱼肉扔回大海。这造成了巨大的资源浪费,也受到了国际社会的谴责。现在我国渔民也改变了捕捞方式,将鲨鱼肉也带回岸上进行加工,合理利用。尽管对鲨鱼进行保护会影响到我国的传统饮食文化,但是为了保护这一珍稀濒危物种,我国在 2002 年 11 月,在 12 届濒危野生动植物种国际贸易公约大会上,支持将鲸鲨与姥鲨列入《濒危野生动植物种国际贸易公约》附录二,以便进行保护。

国际生物多样性保护法的发展[①]

"生物多样性"一词最早出现于20世纪80年代,经过20多年的发展,其含义不断丰富。1992年6月召开的联合国环境与发展大会上签署的《生物多样性公约》第二条对其作了如下解释:生物多样性是指所有来源的形形色色生物体,这些来源包括陆地、海洋和其他水生生态系统及其所构成的生态综合体;这包括物种内部、物种之间和生态系统的多样性。1995年联合国环境规划署(UNDP)发表的关于全球生物多样性的巨著《全球生物多样性评估》给出了一个比较简单的概念:"生物多样性是生物和它们组成的系统的总体多样性和变异性"。

生物多样性是一个内容非常广泛、高度综合的研究领域。通常认为,它可分为3个不同层次:遗传多样性,指地球上生物个体中所包含的遗传信息之总和;物种多样性,指地球上生物有机体的多样化;生态系统多样性,是指包括生物圈中生物群落、生境与生态过程的多样化。物种多样性与生态系统多样性主要是由于不定向变异与定向选择在进化过程中共同作用的结果。

生物多样性是地球上生命经过几十亿年进化的结果,是人类社会赖以生存的物质基础,它们的未知潜力为人类的生存发展显示无法估量的美好前景。但由于人类的活动和自然条件的变化,生物多样性受到很大的威胁。物种的绝灭本来是进化的自然过程,每个物种都有其寿命(大约100万~1 000万年之间),在生物演化史上就发生过5次大规模的物种灭绝事件(奥陶纪至白垩纪),但每一次都是自然灾难引起的。有的地质学家目前已发现证据,证明6 500万年前的一次陨石撞击地球,造成恐龙大灭绝,这是最近一次的物种灭绝。然而,今日地球再次走向物种灭绝的边缘,据有关专家估算,现代世界中生物物种灭绝的速度比史前世界高出了100~1 000倍。而这一次却不是因为某种外来不可违逆的力量,而是人类本身的行为。人类的砍伐破坏,为了经济利益不惜竭泽而渔是最主要的因素。2002年,由世界自然保护联盟(IUCN)公布的年度官方世界濒危物种目录上目前有12 000个物种。世界自然保护联盟介绍说,自公元1500年以来,世界上已经有762个物种彻底消失,58

[①] 本文作者是马英杰。

个物种在野外消失。① 濒危物种数量最多的国家包括印度尼西亚、印度、巴西、中国和秘鲁。但是世界自然保护联盟秘书长斯坦纳说,尽管人类活动可能是对自然物种最大的威胁,人类同时也为维护物种作出了贡献,比如中国的朱鹭、阿拉伯大羚羊和白犀牛等都是受益者。

生物多样性对人类具有不可估量的价值。20世纪80年代美国著名生物学家E·Q·威尔逊曾经指出:"可能发生的、即将发生的最坏的事情,不是能源耗尽,经济崩溃,有限的核战争或是被一个极权主义的政府所征服。对我们来说这些灾难尽管可怕,但经过几代人就可以得到补救,可是由于自然栖息地的破坏而失去遗传物质和物种的多样性,需要花数百万年的时间才能得以改正,这是我们的子孙最不能原谅我们的蠢事。"

虽然"生物多样性"作为一个术语在20世纪80年代才出现,但是人们保护生物多样性的法律实践在很久以前就开始了。广义上说,与生物物种、群落及生态保护有关的国际公约、双边条约以及其他的有普遍约束力的国际性文件皆属于国际生物多样性保护法的范畴。本章主要介绍生物多样性保护的多边条约。

一、20世纪40年代前国际生物多样性保护法的发展

国际社会很早就有关保护生物多样性的条约。早期的这类条约可以追溯到1886年的《莱茵河流域捕捞大马哈鱼的管理条约》、1867年的《英法渔业条约》、1882年的《北海过量捕鱼公约》、1900年的《保护生活于非洲自然中的有益于人类的各类野生动物公约》、1916年的《美英保护美国和加拿大候鸟公约》、1933年的《保留自然状态中的动、植物公约》②等。这一时期签订的生物多样性国际条约都是区域性的,尚未签订一个全球范围内的生物多样保护的条约。条约的内容也仅涉及对可供捕捞和狩猎生物的保护。

这一时期成立的与生物多样性保护有关的国际组织是"国家海洋考察理事会(ICES)"。该理事会于1902年成立,其主要目的是鼓励为研究北大西洋和邻近海域的海洋环境及其生物资源进行考察和调查,出版或传播这一研究的成果,包括向各国政府、区域渔业管理部门及污染防治委员会提供科学信息和建议。

二、20世纪40年代至20世纪70年代国际生物多样性保护法

---

① http://www.iucn.org/themes/ssc
② 此公约取代了1900年的《保护生活于非洲自然中的有益于人的各类野生动物的公约》,并于1968年被新独立的非洲国家缔结的《非洲自然和自然保护公约》所取代。

的发展

20世纪40年代以后,随着人口的增长,人类的活动使环境发生了变化,生物多样性遭受破坏,很多生物资源已经出现衰竭的现象,生物多样性保护问题引起了国际社会广泛的关注。有关国际生物多样性保护的条约的签订速度加快了。最值得一提的是1947年10月31日缔结的多边贸易条约——《关税与贸易总协定》(GATT)第二十条中,将"保障人民、动植物的生命健康所必需的措施"列为对自由贸易的一般规定的例外。这一规定成为《关税与贸易总协定》与环境与资源保护的连接点,将经济发展与环境资源的保护紧密的联系起来,具有重要的意义。此外从20世纪40年代到70年代以前签订的主要生物多样性保护国际条约有:《西半球自然和野生生物保护公约》(1940年)、《国际捕鲸管制公约》(1946年)、《建立亚洲太平洋渔业委员会协议》(1948年)、《国际水稻委员会章程》(1948年)、《设立美洲间热带金枪鱼委员会公约》(1949年)、《设立地中海渔业总理事会协定》(1949年)、《国际鸟类保护公约》(1950年)、《设立欧洲和地中海植物保护组织公约》(1951年)、《国际植物保护组织公约》(1951)、《深海明虾(Pandalus Borealis)、欧洲明虾(Homarus Vulgaris)、挪威明虾(Nephrops Norvegicus)和螃蟹(Cancer Pagurus)等族类保护措施协定》(1952年)、《北太平洋公海渔业国际公约》(1952年)、《东南亚及太平洋区植物保护协定》(1956年)、《养护北太平洋海豹临时公约》(1957年)、多瑙河水域捕鱼公约(1958年)、《捕鱼与养护公海生物资源公约》(1958年)、《东北大西洋渔业公约》(1959年)、《黑海捕鱼公约》(1959年)、《南极条约》(1959年)、《保护植物新品种国际公约》(1961年)、《海洋捕鱼合作协定》(1963年)、《养护大西洋金枪鱼国际公约》(1966年)、《非洲植物卫生公约》(1967年)、《养护自然和自然资源非洲公约》(1968年)、《保护国际运输中动物欧洲公约》(1968年)等。在这一阶段签订的生物多样性保护国际条约,大多注重对可为人类提供食物或生活资料的生物资源的保护,而对于生物物种和生态系统的多样性本身的保护关注不多。

1945年,联合国的成立对生物多样性保护的发展起到了积极的推进作用。《联合国宪章》规定,联合国的宗旨包括"促成国际合作,以解决国际间属于经济、社会、文化及人类福利性质的国际问题"[①]。这一规定为国际社会在海洋生物资源保护领域的合作奠定了国际法的基础。在联合国早期成立的专门机构中,有两个机构与生物多样性的保护密切相关:一个是1945年成立的

---

① http://www.Ices.dk/

联合国粮农组织(FAO),"保护自然资源和采纳经改良的农业生产方法"是实现其宗旨的途径之一;另一个是1945年成立的联合国教科文组织(UNESCO),其宗旨是通过教育、科学和文化促进包括保护区和保护历史和科学遗迹在内的教育、科学和文化方面的国际合作,对和平和安全作出贡献。1948年,在联合国教科文组织的支持下,第一个国际环境资源保护组织——国际自然保护同盟(IUPN)[①]在瑞士成立。出席该组织大会的有18个国家,7个国际组织和107个国内组织的代表。该组织后来在国际环境资源保护事业中发挥了很大的作用。此外,为了谋求适当地养护鲸类并能使捕鲸业有秩序的发展,国际社会于1949年成立了国际捕鲸委员会,其主要责任是保护鲸类资源,防止捕捞过度。1969年为了保护加拿大的海豹成立了国际爱护动物基金会,作为一个非政府组织,国际爱护动物基金会为保护其他动物也作出了很大的努力。

三、20世纪70年代以后国际生物多样性保护法的发展

20世纪70年代以后,特别是1972年斯德哥尔摩人类环境会议召开以后,环境与资源问题引起了人们更加广泛的关注。由于人类活动的不断加剧,自然物种的灭绝速度不断加快,生物多样性保护和持续利用成为国际社会注意的热点。70年代后签订的生物多样性保护国际条约主要有:《鸟类狩猎和保护比荷卢公约》(1970年)、《关于特别是水禽生境的国际重要湿地公约》、《养护南极海豹公约》(1972年)、《保护世界文化和自然遗产公约》(1972年)、《濒危野生动植物物种国际贸易公约》(1973年)、《捕捞及养护波罗的海及其海峡生物资源公约》(1973)、《养护北极熊协定》(1973年)、《南太平洋自然养护公约》(1976年)、《养护欧洲野生动物和自然生境公约》(1979年)、《保护和管理骆马公约》(1979年)、《保护野生动物迁徙物种公约》(1979年)、《养护南极海洋生物资源公约》(1980年)、《养护北大西洋鲑鱼公约》(1982年)、《关于自然养护和风景保护的比荷卢公约》(1982年)、《联合国海洋法公约》、(1982年)、《国际遗传工程和生物技术中心章程》(1983年)、《国际热带木材协定》(1983年)、《粮农组织植物遗传资源国际承诺》(1983年)、《关于东非区域保护区和受保护野生动物的议定书》(1985年)、《关于保护自然和自然资源的东盟协定》(1985年)、《保护南太平洋自然资源和环境公约》、《保护用于试验和其他科学目的的脊椎动物欧洲公约》(1986年)、《亚洲和太平洋水产养殖中心网

---

① 国际自然保护同盟(IUCN)的前身。

络协定》(1988年)、《禁止在南太平洋长拖网捕鱼公约》(1989年)、《大加勒比地区海洋环境开发和保护公约》的1990年《关于特别保护区和受特别保护的野生物的议定书》、《保护阿尔卑斯山公约》(1991年)、《濒临太平洋非洲国家渔业合作区域》公约(1991年)、《生物多样性公约》(1992年)、《欧共体关于保护自然生境和野生动植物种的指令》(1992年)、《关于保护波罗的海和北海小鲸的协议》(1992年)、《建立印度洋金枪鱼委员会协定》(1993年)、《成立近东植物保护组织协议》(1993年)、《促进公海渔船遵守国际养护和管理措施的协定》(1993年)、《建立维多利亚湖渔业组织公约》(1994年)、《中白令海狭鳕养护与管理公约》(1994年)、《针对野生动植物非法贸易的合作执法行动卢萨卡协议》(1994年)、《国际热带木材协定》(1994年)、《执行1982年12月10日〈联合国海洋法公约〉有关养护和管理跨界鱼类种群和高度洄游鱼类种群的规定的协定》(1995年)、《负责任渔业行为守则》(1995年)、《植物遗传资源全球行动计划》(1996年)、《建立区域渔业委员会的协定》(1999年)、《捕鱼能力管理国际行动计划》(1999年)、《鲨鱼保护及管理国际行动计划》(1999年)、《减少长线捕鱼中误捉海鸟国际行动计划》(1999年)、《〈生物多样性公约〉卡塔赫纳生物安全议定书》(2000年)、《建立控制西部地区沙漠蝗虫委员会的协议》(2000年)、《国际食物和农业植物遗传资源条约》(2001年)、《养护和管理东南大西洋渔业资源公约》(2001年)等。这一时期出现了一些综合性的公约,不仅保护生物本身,而且保护其生存环境。

联合国环境规划署(UNDP)于1972年设立。其目标是通过鼓舞、传播信息并使各个国家和人民能够在不损害子孙后代的情况下改善他们的生活质量,来领导和促进关心环境合作。联合国环境规划署主持订立了《濒危野生动植物种国际贸易公约》和《生物多样性公约》[①]。

这一时期也出现了一些非政府组织。例如,绿色和平国际组织于1971年成立,保护地球海洋与陆地的生物物种多样性是其目标之一[②]。地球之友国际组织(FOEI)也于1971年成立,作为粮农组织、国际捕鲸委员会、拉姆萨尔公约和国际热带木材协议的观察员,保护地球,防止环境恶化,恢复因人类活动和忽视造成的环境破坏是其主要目标之一。地球观察所成立于1972年,对世界自然保护联盟享有咨询地位,其目标是加深人类对地球、地球栖息者的多样性以及影响地球上生活质量的各种过程了解,通过使公众成员能够加入科

---

① http://www.unep.org
② http://www.foei.org

学家在此领域的活动,担任其助手,从而充当科学与社区的桥梁,维护世界的环境,监测全球变化,保护濒危物种的生境,开发人类丰富的遗产,促进世界卫生及国际合作[①]。

尽管国际社会涌现出大量的有关生物多样性保护的条约。但相对于地球生物多样性面临的严重危机,国际社会有关保护生物多样性的国际法则仍然较为薄弱。这种薄弱一方面表现为条约的覆盖面仍然有限,有很多生物资源未得到国际法的保护;另一方面表现为条约由于各种原因不能得到切实履行。因此,国际社会尚需在保护生物资源的条约的签订和实施两方面做出更大的努力。

---

① http://www.Earthwatch.org

The Harmonization of Environmental Legislation in China with Related International Treaties[①]

Sea covers 71% of the earth surface. As a great treasure—house, it is the basic composition of the life system of the earth. Protecting the marine environment is protecting the second native land of human beings; polluting or damaging the marine environment is polluting or damaging 2/3 of the earth. A bad marine environment is harmful to any country. In order to prevent, control and alleviate marine environmental pollution by oil and other harmful materials, a lot of international conferences have been hold from 1950's, in which many international conventions and decisions have been negotiated on or signed. Since 1960's, most of the countries have enhanced their domestic legislation on marine environment protection. Basic on the statistics of the United Nations Environment Programe, up to now, about 200 multilateral environmental treaties have been signed. There are about 300 international treaties concerning seas, 30% of which, i. e. 100 treaties, are related the marine environmental protection.

1. The International Environmental Treaties China has signed or acceded to

Situated in the eastern part of Asia and the west—bank of Pacific, China borders on the Bohai Sea, the Yellow Sea, the East China Sea and the South China Sea. The Chinese government attaches great importance to the Environmental Protection, and takes it as a basic policy for the modern construction of China. In order to promote the harmonious development of the economy, society and environment, Chinese government has made a series of polices and laws on environment protection. China also has actively taken part in international environment affairs, and promoted international cooper-

---

① 作者是胡增祥、马英杰、解新英,本文的中文稿曾发表于《青岛行政学院报》,2000(6),第88~90页。

ation as well as made great contribution to the global environmental protection. According to statistics, up to June 1999, China has signed about 30 bilateral and 50 multilateral agreements on environment, and about 55% of the total international bilateral and multilateral agreements are on environment.

1.1 United Nations Convention on the Law of the Sea

The government of China ratified the United Nations Conventions on the Law of the Sea on May 15, 1996. Chinese government stated that, (1) In accordance with the provisions of the United Nations Convention on the Law of the Sea, the People's Republic of China shall enjoy sovereign rights and jurisdiction over an exclusive economic zone of 200 nautical miles and the continental shelf. (2) The People's Republic of China will affect, through consultations, the delimitation of boundary of the maritime jurisdiction with the states whose coasts opposite or adjacent to China respectively on the basic international law and in accordance with the equitable principle. (3) The People's Republic of China reaffirms its sovereignty over all its archipelagoes and islands as listed in Article 2 of the Law of the People's Republic of China on the Territorial Sea and the Contiguous Zone which was promulgated on 25 February 1992. (4) The People's Republic of China reaffirms that the provisions of the United Nations Convention On the Law of the Sea concerning innocent passage through the territorial sea shall not prejudice the right of a coastal state to request, in accordance with its laws and regulations, a foreign state to obtain advance approval from or give prior notification to the coastal state for the passage of its warships through the territorial sea of the coastal state.

The United Nations Convention on the Law of the Sea was affective in China as of July 7, 1996.

1.2 International Convention on Civil Liability for Oil Pollution Damage

Chinese government deposited the instrument of accession to the International Convention on Civil Liability for Oil Pollution Damage on January 30, 1980. At the same time Chinese government stated that Taiwan's signature and accession to this convention is illegal and invalid for its usurping the name of China.

This convention came into force in China on April 30, 1980.

1.3 Protocol of 1976 Relating to the International Convention on Civil Liability for Oil Pollution Damage

China acceded to the Protocol of 1976 relating to the International Convention on Civil Liability for Oil Pollution Damage on September 27, 1986.

This Protocol came into force in China on December 28, 1986.

1.4 International Convention Relating to Intervention on the High Seas in Case of Oil Pollution Casualties

Chinese government deposited the instrument of accession to the International Convention Relating to Intervention on the High Seas in Case of Oil Pollution Casualties on February 23, 1990.

This convention came into force in China on May 24, 1990.

1.5 Protocol of 1973 Relating to Intervention on the High Seas in Case of Marine Pollution by Substances Other Than Oil

Chinese government deposited the instrument of accession to the Protocol of 1973 relating to Intervention on the High Seas in Case of Marine Pollution by Substances Other Than Oil on February 23, 1998.

This Protocol came into force in China on May 24, 1990.

1.6 International Convention on Oil Pollution Preparedness, Response and Cooperation

Chinese government deposited the instrument of accession to the International Convention on Oil Pollution Preparedness, Response and Cooperation on March 30, 1998.

This Protocol came into force in China on June 30, 1998.

1.7 Convention on the Prevention of Marine Pollution by the Dumping of Wastes and Other Matter

Chinese government deposited the instrument of accession to the Convention on the Prevention of Marine Pollution by the Dumping of Wastes and Other Matter on November 14, 1985.

This Convention came into force in China on December 15, 1985.

1.8 Protocol of 1978 Relating to the International Convention for the Prevention of Pollution from Ships, London, 1978

In accordance with the 1st item of Article 1 of the protocol, the International Convention for the Prevention of Pollution from Ships (MARPOL

1973) and the Protocol of 1978 Relating to the International Convention for the Prevention of Pollution from Ships should be used as an entity, i. e. "MARPOL 73/78". States which have acceded to the "MARPOL 73/78" should observe the "MARPOL 1973" without necessity to sign or be ratified separately. The appendix 3 and 4 of "MARPOL 73/78" are not effective yet. Chines government deposited instrument of accession to the protocol on July 1,1987. The appendix 1 of "MARPOL 73/78" came into force on October 10, 1983 and the appendix 2 came into force on April 6, 1987 in China. China acceded to the appendix 5 "MARPOL 73/78" on September 21, 1988, which came into force in China on January 1, 1989.

1.9 Agreement for the Implementation of the Provision of the United Nations on the Law of the Sea of 10 December 1982 Relating to the Conservation and Management of Straddling Fish Stocks and Highly Migratory Fish Stocks, 1995

China signed this agreement on November 6, 1996. At the same time, Chinese delivered an understanding statement about the Item 7 in Article 21 and the Item 1 (f) of Article 22.

1. 10 Basal Convention on the Control of Trans—boundary Movements of Hazardous Wastes and Their Disposal

China signed the Basal Convention on the Control of Trans—boundary Movements of Hazardous Wastes and Their Disposal on March 22, 1990, and ratified it on September 4, 1991. On May 20, 1992, Chinese government acknowledged the Secretariat of this convention that the State Environmental Protection Administration is the authoritative department of the enforcement of this convention. This Convention came into force in China on August 20, 1992.

1. 11 Montreal Protocol on Substance that Deplete the Ozone Layer (as adjusted in 1990 and amended in 1991), Montreal, 1987

China acceded to the Montreal Protocol on Substance that Deplete the Ozone Layer (as adjusted in 1990 and amended in 1991) on June 13, 1991.

This convention came into force in China on August 20, 1992.

1. 12 United Nations Framework Convention on Climate Change

China signed the United Nations Framework Convention on Climate

Change on June 11, 1992, and ratified it on November 7, 1992.

This convention was ratified by the Chinese government on January 5, 1993.

1.13 Convention on Biological Diversity

China signed the Convention on Biological Diversity on June 11, 1992, and ratified it on November 7, 1992, and deposited the instrument of accession on January 5, 1993.

This convention came into force in China on December 29, 1993.

1.14 Convention on Wetlands of International Importance Especially as Waterfowl Habitat, Ramsar, 1971

China acceded to the Convention on Wetlands of International Importance Especially as Waterfowl Habitat on January 3, 1992.

This convention came into force in China on July 31, 1992.

1.15 Convention on International Trade in Endangered Species of Wild Fauna and Flora Washington, 1973

Chinese government deposited the instrument of accession to the Convention on International Trade in Endangered Species of Wild Fauna and Flora on January 8, 1981.

This convention came into force in China on April 8, 1981.

In accordance with the requirement of the Article 9 of this convention, Chinese government has designated the "The Management Office of the Import and Export of Endangered Living Species of the People's Republic of China" as competent department, and the departments concerned of the Academy of China as scientific organization.

In addition to above mentioned treaties, China has also signed more than 30 bilateral agreements with Australia, America, Canada, Korea, Japan, Denmark, and signed more than 30 extra-judicial documents such as the The Declaration on the human Environment, Legal Principles for Environmental Protection and Sustainable Development, Rio Declaration on Environment and Development, Agenda 21, International Declaration on Cleaner Production etc.

2. Theory and Practice on making domestic legislation coordinate with related international conventions

There are 3 theories about the relation of international law and domestic law. One is the monism that domestic laws are superior to international laws; the second is the monism that international laws are superior to domestic laws; the third is the dualism that domestic laws are parallel to international laws.

In practice, there are two ways to apply international laws through domestic laws. One is to bring international laws into domestic laws, and declare that international laws are a part of domestic laws; the other way is to formulate concrete domestic regulations according individual international law.

(1) International environmental treaties signed or acceded to by China are regarded as part of the domestic environment legal structure

Now a legal system of marine and coastal environmental protection has formed in accordance with The Constitution of the People's Republic of China and cooperated with international treaties. In which the Environmental Protection Law is the base, the Marine Environmental Protection Law is the principal part, and administrative regulations, local regulations, rules and standards are supplements.

(2) The coordination of domestic legislation with international treaties is one of the basic principles of environmental legislation in China

The basic principles of environmental legislation in China are the main guide line that must be followed. These principles include the Harmonious Development of Economy and Environment, Giving Priority to Prevention and Cooperating with Treatment, Strengthening Environment Management, Public Participation and Coordination with international environmental treaties. In accordance with these principles, China has formulated a series of laws and regulations, such as,

- Environmental Protection Law of the People's Republic of China
- Law of the People's Republic of China on the Prevention and Control of Water Pollution
- Law of the People's Republic of China on the Prevention and Control

of Air Pollution
- Law of the People's Republic of China on the Prevention and Control of Solid Waste
- Law of the People's Republic of China on Prevention and Control of Environmental Noise
- Marine Environmental protection Law of the People's Republic of China
- Fishery Law of People's Republic of China
- Law of the People's Republic of China on the Protection of Wild Animals
- Regulations of the People's Republic of China Concerning the Prevention of Pollution of Sea Areas by Vessels
- Regulations of the People's Republic of China Concerning Environmental Protection in Offshore Oil Exploration and Exploitation
- Regulations of the People's Republic of China Concerning the Dumping of Wastes at Sea
- Regulations of the People's Republic of China on Prevention of Environmental Pollution by Ship—breaking
- Regulations of the People's Republic of China Concerning Prevention of Pollution Damage to the Marine Environment by Land—based Pollutants
- Regulations of the People's Republic of China Concerning Prevention of Pollution Damage to the Marine Environment by Coastal Construction Projects.

The provisions of these laws and regulations on marine ecological protection, land—based pollutants, marine oil exploration and exploitation and management of ocean waste dumping is coordinated with the related provisions of the Convention of the United Nations on the Law of the Sea.

(3) The relation between domestic laws and international laws

If an international treaty regarding environmental protection concluded or acceded to by the People's Republic of China contains provisions differing from those contained in the laws of the People's Republic of China, the provisions of the international treaty shall apply, unless the provisions are one on which the people's Republic of China has announced reservations. Article

46 of The Environmental Protection Law of the People's Republic of China, Article 97 of the Marine Environmental Protection Law of the People's Republic of China revised in December 1999, Article 40 of the Law of the People's Republic of China on the Protection of Wild Animals, Article 142 of the General Principles of the Civil Law of the People's Republic of China, Article 238 of the Civil Procedure Law of the People's Republic of China and Article 3 of the Maritime Special Procedure Law of the People's Republic of China have the same provisions that international law is superior to domestic law.

(4) Enforcement of international law

Some individual international laws were validated by domestic legislation. For example, the Protocol of 1978 Relating to the International Convention for the Prevention of Pollution from Ships of 1973, London, 1978, the International Convention on Civil Liability for Oil Pollution Damage, 1969 and the Convention on the Prevention of Marine Pollution by Dumping of Wastes and Other Matter, London, 1972, were validated by the Regulations of the People's republic of China Concerning Prevention of Pollution from Vessels and Regulations of the People's Republic of China Concerning the Dumping of Waste at the Sea. These two regulations were formulated in December 1983.

3. Enforcement

3.1 Competent Department was designated for marine Environmental Protection

In June 1998, The State Environmental Protection Administration of the People's Public of China (SEPA) was set up to take charge of organizing and coordinating of domestic actions on fulfilling the obligations provided in international environmental treaties as well as unifying international affiliations. The main functions of SEPA are as following: to draw out the basic principles of China on global environmental problems; to manage the international cooperation and information exchange activities; to take part in important international activities; to take part in negotiations on international treaties; to organize and manage the domestic actions on fulfilling the obligations provided in international environmental treaties; to unify the international affiliations; to take charge of international economic cooperation on environment; to coordinate foreign investment projects related to treaties; to deal with foreign environmental affairs entrusted by the State Council and to take charge of connection with international environment protection organizations.

3.2 China actively supports and takes part in international environmental organizations and their activities

China supports and takes part in actively in the environmental affairs carried out by the organizations of the United Nations. China is one of the member states of the United Nations Environment Programme (UNEP), and has cooperated effectively with the UNEP.

In 1979, China joined the "Network of Global Environment Detection", "International Registering Center of Potential Poisonous Chemicals" and "International Environmental Consultative System", etc. China also has established favorite relationships with the United Nations Development Programme, International Bank for Reconstruction and Development, The Development Bank of Asia and other international organizations. At present, China has established highly effective cooperation framework on the utilization and management of the loan from the Multilateral Fund of the Montreal Protocol on Substances that Deplete the Ozone Layer, Global Environment Fund, International Bank for Reconstruction and Development, Development Bank of Asia etc.

China has taken part in the preparatory committee meetings of the International Sea Bed Authority and the International Tribunal for the Law of the Sea. China has played an important role in the preparation for the establishment of the International Sea-bed Authority, and was elected as a member state (grade B). Chinese jurists were elected the judges of the first session of international maritime tribunal, and played an important role in international maritime affairs.

China supports and takes part in positively activities organized by the United Nations. For example, China has joined more than 20 international organizations, such as the Inter-Governmental Oceanographic Commission of the United Nations Educational, Science and Cultural Organization, the Scientific Committee on Oceanic Research, the International Maritime Organization, the Ocean Weather Committee, the Food and Agriculture Organization of the United Nations, the Scientific Organization on the Oceanic Research of the North Pacific, Science and Technology Conference on Oceanic Research of the Pacific, etc. China also has extensive cooperation and data exchange with many countries on maritime affairs.

Chinese government attaches great importance to the protection and management of the high seas and its resources. From 1993 to 1995, China took part in the draft of Agreement for the Implementation of the Provisions of the United Nations Convention on the Law of the Sea of 10 December 1982 Relating to the Conservation and Management of Straddling Fish Stocks and Highly Migratory Fish Stocks. China has negotiated with Russia, America, Japan and other countries on the exploitation and protection of fishery resources in the Bering Sea, and signed and ratified the Convention on the Conservation and Management of Pollack Resources in Central Bering Sea Area. In order to protect the high seas fishery resources, China has taken part in some international activities on protection of tuna, whale and endangered living species, as well as the draft of Agreement to Promote Compliance with International Conservation and Management Measures by Fishing Vessels on the High Seas.

As a member state of the International Maritime Organization, China has signed bilateral sea—transportation agreements with more than 51 countries. In the 16~20 sessions of international conference of Maritime Organization, China was elected as a member state of council (A) in succession.

China takes part actively in regional cooperation on fishery. Under the Agreement On Fishery Between Chinese and Japanese Government, 1975, China and Japan consult each other every year on the exploitation and protection of the fishery resources. In 1997, China signed a new agreement on fishery with Japan again, which laid a foundation for long term cooperation between China and Japan. China also negotiated with the Republic of Korea, Philippine and other neighbor countries on fishery and exploitation and protection of fishery resources in adjacent sea areas.

China promotes actively bilateral cooperation in the field of environment protection. In recent 10 years, China has signed bilateral agreements or memorandums of understanding on cooperation in environment affairs with America, the Democratic People's Republic of Korea, Canada, India, the Republic of Korea, Japan, Mongolia, Russia, German, Australia, Ukraine, Finland, Norway, Denmark, and Holland and so on. A lot of achievements have been got on management of environment, control and prevention of pollution, protection of forest and wild animals and plants, protection of marine environment, prevention of acid rain and atmosphere pollution, treatment of sewage, etc. China also has taken part in activities of the "Global Study and Observation Programme Beneficial to Environment", which was suggested by America.

In order to promote international cooperation in the field of environment and development, The Committee of International Cooperation in the Field of Environment and Development of China was established in April 1992. Made up of 40 famous experts and public figures, this committee is responsible for the Chinese government on making consultative suggestions and putting forward favorable advice. This committee has made some feasible and valuable suggestions, which has drawn the attentions of Chinese government.

China has actively prepared and attended the Conference on Environment and Development of the United Nations. China also has attended all the preparatory meetings, and has played a constructive role in the formulation of international conventions on environment. In 1991, the Ministerial Conference on Environment and Development of Developing Countries was hold in Beijing, which was suggested by China and accepted by 42 developing countries. The Beijing Declaration issued in this conference set forth the principled stand of developing countries on environment and development, which made substantial contribution to this conference. In accordance with the requirement of the first preparatory meeting of the Conference on Environment and Development of United Nations, China has published *the Report on the Environment and Development in the People's Republic of China*. The report discussed the present situation of the environment and development in China and set forth the principled—stand of China on global environmental problems. In June 1992, Song Jian, committee member of the State Council and minister in charge of the Environment Protection Commission, heading the delegation of the Chinese government attended the Conference on Environment and Development of the United Nations; Li Peng, premier minister of China, attended the Head Conference and delivered important speech. In the Head Conference, Li Peng took the lead in signing the United Nations Framework Convention on Climate Change and the Convention on Biological Diversity, which had positive effect for the conference.

3.3 China persistently fulfils its international obligations

For the signed, ratified and acceded to international conventions and agreements, China persistently fulfils its obligations. Under the China Agenda 21, China has worked out the Environmental Protection Agenda of China 21, the Programme of Biodiversity Protection in China, the Forestry Agenda of China 21, the Ocean Agenda of China 21 and other state schemes or programmes.

In January 1993, the Chinese government ratified the State Scheme on Gradually Eliminating Ozone Depleting Substance and worked out the plan to eliminate the controlled substances. From then on, measures have been taken to control the production and utilization of ozone depleting substance. In order to keep a breast of the international situation on ozone layer protection, the State Environment Protection Administration of China began to revise the Original State Scheme in January 1997, and finished in 2 years. In the revision of the State Scheme, the production and utilization condition of ozone depleting substance from 1995 to 1997 was investigated and studied; the trend of production and utilization in the period of 2000~2010 was predicted; a more feasible phase goal and appropriate eliminating mechanism and form was determined; suitable substitute material and techniques were recommended for relevant trades; the whole trade eliminating method was chosen as the main method for future eliminating ozone depleting substance; and ozone depleting substance was determined to be eliminated from some special trades beforehand. The revision of the State Scheme set forth the laws and regulations that guarantee the realization of goal on eliminating ozone—depleting substance. It put foreword that China will promote and guarantee the smoothly going on of eliminating process by policies on production, consumption and import and export management. At the same time, the revised State Scheme has mentioned the importance of supervision and management, it stressed that management information system and legal supervision system should be used to monitor the whole eliminating process.

In July 1994, supported by the United Nations Environment Programme, Chinese government successfully hosted the High Level Round—Table Conference on the China Agenda 21, which has made a great contribution to the sustainable development of China. In November 1995, Chinese government dispatched the Emergency Notice Concerning Controlling the Waste Material Imported in to China. In March 1996, Chinese government stipulated the Temporary Provisions on the Environment Management of Imported Wasted Materials, and prevented the environment from being polluted by imported waste materials.

In order to implement international conventions on the prevention of pollution from ships, the State Council of China Stipulated the Regulations of the People's Republic of China Concerning the Prevention of Pollution of Sea Areas by Vessels, and acceded to 12 international conventions and agreements on preventing pollution. Based on the above-mentioned laws and regulations, the Harbor Superintendency Administration of the People's Republic of China (HSA) supervises and manages all the vessels navigating, berthing or carrying out operation in the sea areas of China. In 1994, about 4 560 ships were checked by the Harbor Superintendency Administration of the People's Republic of China for their safety-equipment, of which 1 259 foreign vessels were put under port security checking program (PSC). In 1995, 4 124 vessels were checked, of which 1163 ships were carried out PSC, 17 ships were detained. In 1996, 4 979 vessels were checked, of which 1 229 ships were carried out PSC, 32 ships were detained. In 1997, 4 936 ships were checked, of which 1 333 ships were carried out PSC, 79 ships were detained. In accordance with the MARPOL 73/78, the Harbor Superintendency Administration of the People's Republic of China boarded and checked about 34 022 vessels in 1994, 1995 and 1996. The Harbor Superintendency Administration of the People's Republic of China has checked out 511 vessels that did not carry valid International Oil Pollution Prevention Certificate, and 4 462 vessels that did not carry or fill in the Oil Record Book. From 1983 to 1995, the Harbor Superintendency Administration of the People's Republic of China found and dealt with more than 6 800 ship-pollution cases, in which 1 300 foreign vessels were involved. In 13 cases of grave pollution damages, the aggregate amount of compensation was about thousands of RMB Yuan. In recent two years, the Harbor Superintendency Administration of the People's Republic of China found and dealt more than 700 oil pollution cases every year. According to the statistics of the International Maritime Organization, China is in the leading place in the world on the check of vessel pollution.

China has borrowed 4 500 US $ from the World Bank to make the Emergency Programme of Port Oil Pollution for the Guangzhou, Xiamen, Ningbo, Shanghai, Tianjin and Dalian Port and prepared the programme for other ports. Now these ports have been fitted with new antipollution equipment. China has invested 50 000 000 RMB Yuan for the Demonstration Project of the Emergency Ship Oil Spilling in the North Sea Area, which was listed in the Priority Projects of the 21 Century. As the OPRC has become effective in China, China has begun to make the Emergency Programme of Ship Oil Spilling in the whole China seas.

The Ministry of Communication of the People's Republic of China has invested a lot to augment the port superintendency strength. For example, it invested 2.385 billion RMB Yuan in the eighth and ninth five year period, of which 0.86 billion was used to build patrol vessels. A large part of these investments was used to improve navigation and prevent vessel pollution. We have found that ship pollution is closely related with ship accidents. According to statistic, most of the marine pollution contingencies are caused by oil spilling from ships in collision, explosion, break or turn over. So the safety of ships is the precondition of prevention of ship pollution. At present, there are about 30 000 people, 1 500 vessels and 2 000 navigation marks in the port monitoring system. Ocean satellite communication and coast—base radio communication have also been used to form a highly effective three dimension monitoring system, which has made a great contribution to the improvement of navigation environment and ships safety as well as marine environment protection. Now a lot of capital is invested to establish helicopter bases in the main ports in China to undertake the ship safety management, salvage and marine environment supervision. The Asia and Pacific Port Countries Organization which was set up in 1994 and taken part in by 15 countries formed a vessel monitoring network in this area to supervise the ship safety and pollution.

China also has undertaken the international obligation to help developing countries in maritime and comprehensive personnel training and hosted many international meetings. In 1987, the first maritime management training—course of the International Ocean College was hold in Beijing. In 1994, the China Center of the International Ocean College was set up. Till now, 3 training courses has been held, and 50 people from 19 developing countries have taken part in the courses. In 1996, the 24th World Ocean Peace Conference was held in China, at which the Beijing Declaration was issued.

3.4 China will develop environment harmoniously with economy

China persistently advocates that economic development should be coordinated with environment protection; environment protection is the task of whole human beings; the developed countries should bear greater liabilities in environment protection; deferring to states sovereignty is the precondition of international cooperation; environmental protection and development should go along with world peace and stability; and the real condition and interest of different countries as well as the long term interest of the whole world should be considered in dealing the environment problems.

In addition to taking effective measures to solve the domestic environment problems, China has actively taken part in international cooperation in the field of environment protection and made great effect in developing marine economy, exploiting marine resources. The Chinese government clearly realizes that as a developing country China has limited economic strength, and compared with some developed countries, we have still a long way to go in marine resources exploitation and protection. Since the marine sciences and techniques level is still low and the equipment for marine exploitation is backward in China, many marine resources can not be used rationally. Especially in recent years, the rapid population increase and economy development in the coastal areas bring great pressure to the marine environment and resources. China has listed the rational utilization of marine resources and environment protection in to General Programme of National Economy and Social Development, and made the sustainable development as a basic policy.

Through over 20 years of hard work, China has gotten great achievements in environment protection. But the Chinese government clearly realized that China is in a developing period of industrial modernization, and the extensive productive method has caused serious resources waste and environment pollution. With the population increase and economy development, to solve the environment problems is still a long-term arduous task of the whole nation.

In the reformation and modernization construction period, China will persistently carry out the basic national policy on environment protection and actualize sustainable development. In the Ninth Five Year Period (1996~2000), China will take a series of measures to fulfill the economic and social Long-term Target for the Year 2010, to basically control the environment pollution and ecology damage and to improve the urban environment of some areas.

The Reliance on Public Participation to Protect the Marine Environment in China[①]

According to the Constitution of the People's Republic of China, the competent departments of states must rely on the people to protect the marine environment; this paper is on the role of mass in marine environment protection. The state and governments should believe in the mass, rely on the people, encourage and support the people in legislative system, organize the people to take part in the marine environment protection, carry out management systems of combining legislation with the people and make the marine environment protection a course that all the people strive for. Centering this subject, the legal provisions and major protection measures are discussed in this paper.

As a large developing country with a long coastal line, China is in an important socialist construction period. Proceeding from the reality of our country, we should work hard in the following aspects: we must pay more attention to the utilization of our vast sea waters and rich sea resources, accelerate the economy development of the coastal areas, treat the serious coastal environment pollution and ecology damage in the ecology development process, protect and improve the marine environment, guarantee and promote the modernized socialist construction.

In order to effectively protect and improve the marine environment and achieve sustainable utilization of marine environment and resources, the state promulgated the "Marine Environment Protection Laws of the People's Republic of China" in 1982, which is the basic law for the marine environment protection in China. There are many provisions in it on the coastal engineering construction, on the exploration and drilling of sea oil, on the dump of waste from ships and from land as well as their pollution effects on

---

① 作者是华敬炘、马英杰等,本文发表于《海洋环境保护与保全》,青岛海洋大学出版社 2000 年版,第 327~332 页。

the marine environment. In order to enforce this law and strengthen the administration on environmental protection, The State Council and local governments at all levels have established a legal system on the marine environmental protection and carried out a set of marine environment management regulations, as well as pursued a new policy to promote the coordinate development of marine environment and economy. They also have gradually enhanced the enforcement and education of the law to make the course of marine develop continuously. Although the economy along the coastal areas develops very fast, and amount of land and sea pollutant increases greatly, the deterioration trend of the marine environment has reversed obviously. Especially, the environment in some sea areas has improved greatly, and the quality of the seawater in most of our seas is kept good.

The concrete practice of China showed that marine environment protection is a hard and complex socialist process in the long run. So it can not be done well only by few governmental functionaries. Because the people are the basic force of environment protection, we must strengthen their effects. We should believe and rely on the mass, encourage and support them by the law, organize them to protect the marine environment on their own initiative, combine the legality with the people's voluntary support, combine the government administration with the people's supervision, to make the marine environment protection a course which the mass strive for.

I will introduce the practice exercise of laws, rules and provision relying on the people.

1. Some provisions on reliance on the mass to protect the marine environment

China is a socialist country. The Constitution stipulates that "All rights in the People's republic of China belong to the people. In China, all state organs are working bodies for the people, and all the government functionaries are public servants". The Constitution demands "All state organs and government functionaries must rely on and keep close connect with the mass, pay attention to the people's advice and suggestions, accept supervision by the mass and serve the people". The provisions in the Constitute are the basic working line and principle stand that all state organs and government functionaries should adhere to. They are also the constitutional base that the State Council and local governments of different levels must rely on the mass in the marine environment activities. In order to encourage and support the mass to participate in the state management and environment protection, the Laws of China have many provisions about the fundamental rights and duties of the citizens.

1.1 The right to have good marine environments

The Constitution of China stipulates that "The state should protect and improve the living environments and ecological environments, prevent and treat pollution and other scourges." "Marine Environment Protection Law of the People's Republic of China" stipulates that the aim of legislation is to protect the marine environment and natural resources, to prevent pollution and keep the ecological balance, as well as to guarantee the people's health. The law defines the "pollution" as "The direct or indirect import of material and energy into the marine environment, which damages the marine living resources, harm the human's health, hamper the fishing production and other legal activities, deteriorate the quality of sea water and worsen the environment condition." The law also stipulates that "Anyone who has violated the law and polluted or damaged the marine environment, and caused a major accident which has resulted in grave consequences shall be affixed the responsibility for a crime according to the law". The law shows that the people enjoy the right of living and working in a good marine environment, enjoy the right of keeping health and property safety, enjoy the right of being convenient in work and comfortable in life (right of being unhampered). All of these rights are protected according to the law and should not be infringed.

1.2 The democratic right to participate in the management of marine environment

The Constitution stipulates that "According to the law, the people manage the state affairs and economic and cultural undertakings as well as the social business in various kinds of ways and formations. The people are the masters of the state and the marine environment. The participation of the people in the management of the marine environment is a way that the people taking part in the management of state and excises their democratic rights, also a way to mobilize the people to protect the marine environment". The main forms include that first, the mass are entitled to evaluate the work of the relative organizations in the marine environment protection field. Second, the people should participate in the discussions and comments above grave problems in marine environment. Third, the people should supervise the misbehaviors for the marine environment protection.

1.3 The right to conduct supervision to the administration of the state competent departments and government functionaries in the marine environment protection

The Constitution stipulates that the people have the right to address criticism and suggestion on any state competent department and government functionary, and have the right to accuse, and impeach any state competent department and government functionary for their irregularity or negligence of their duty. The Environment protection Law of the People Republic of China stipulates that "Any supervisory and management person for environmental protection who commits abuse his power or neglect his duty shall be subject to administrative sanction; if his act constitutes a crime, his criminal liability shall be pursued according to the law". According to these provisions, the people have the right to supervise the management behavior of the competent departments and functionaries, have right to point out their shortcomings and put forward suggestions; have right to accuse or impeach them for their irregularity, abuse their power or neglect their duty. When the people's legal right of marine environment protection is infringed, they have right to claim in accordance with the law.

1.4 The right to report on or file charge to the persons or organizations that pollute or damage the marine environment

Environment Protection Law of People's Republic of China stipulates that all units and individuals are obliged to protect the environment and shall have the right to report on or file charges against units or individuals that cause pollution or damage to the environment. Marine Environment Protection Law of the People's Republic of China stipulates that "All units and individuals entering the sea areas under the jurisdiction of the People's Republic of China shall have the responsibility to protect the marine environment and shall have the obligation to watch for and report on actions causing pollution damage to the marine environment".

The law also stipulates that the discharge of harmful substances into the sea by coastal units must be conducted in strict compliance with the standards for discharge and the relevant regulations promulgated by the state or the people's governments of provinces, autonomous regions, and municipalities directly under the Central Government; and units in charge of coastal engineering construction and offshore oil exploitation shall, before drawing up and submitting their project plan descriptions, prepare environmental impact statements, which shall include effective measures for the prevention of pollution damage to the marine environment. All organizations and persons shall be obliged to conduct supervisions to the above activities, and have the right to report on the behaviors causing pollution damage to the marine environment.

1.5 The right of the sufferer to claim compensation

The Environment Protection Law of the People's Republic of China stipulates that a unit that has caused an environmental pollution hazard shall have the obligation to eliminate it and make compensation to the unit or individual that suffered direct losses. Any one polluted or damaged the environment has the responsibility to remove the harm and compensate for the direct damage to the relative units or persons. Marine Environment Protection Law of the People's Republic of China stipulates that the organizations and individuals that have suffered damage caused by marine environment pollution shall be entitled to claim compensation from the party which caused the pollution damage. According to these two provisions, on matter whether the causers behaviors have violated the law or not and whether there are faults in the causers subjective desire, so long as they have caused pollution or damage, the sufferers have right to request the causer to remove the harm and compensate for the damage. "Remove the harm" mains "stop the behavior that causes the pollution and damage, strength pollution treatment ability, control pollution and resume the natural condition etc". "Compensate the damage" mains "compensate the direct property lose and the lost attainable profit, as well as the property lose caused by deaths or injuries of persons". The law of China stipulates that the assuming of civil responsibility of the illegal pollution causer can not rule out the administration or criminal responsibility; whereas, the assuming of administrative responsibility or criminal responsibility of the causer can not rule out the sufferers' civil request right. The Law on Compensation stipulates that the sufferers also have the request right for compensation to the government functionaries who have infringed their civil right.

1.6 Fulfill the duty to protect marine environment

The constitution stipulates "All citizens have the right stipulated by the constitution and law, and at the same time they must fulfill their duties stipulated by the law". Based on this basic principle, Environment Protection Law of the People's Republic of China and Marine Environment Protection Law of the People's Republic of China clearly stipulates the people's basic duties while it stipulates the people's basic right on environment and marine environment protection. The stipulations are "all organizations and individuals have the duty to protect environment" and "all organizations and persons have the responsibility to protect marine environment". To fulfill these duties, units and individuals must assume the following two responsibilities: The first is to take precaution measures to prevent marine environment pollution and damage; the second is to treat marine environment pollution and damage actively. In accordance with the characteristic of marine pollution, "Law of the People's Republic of China on Marine Environment Protection" stipulates "All ships have the duty to conduct supervision to marine pollution; when they find illegal or polluting behaviors, they should report to relative competent state departments".

2. The essences and forms of reliance on the mass to protect marine environment

The essences of reliance on the mass to protect marine environment is that first, respecting the people's decisive effects in the creation of history and the master's position in state and environment, believing the ability and wisdom of the people and develop their initiatives and creativity; second, applying the working lines and principles which the Constitution stipulates for state organs and government functionaries to the marine environment protection practice; third, carrying out and fulfilling the people's basic rights that the Constitution and Law stipulates for marine environment protection and strictly acting according with the law.

The forms of reliance on the mass to protect marine environment include mainly the following aspects.

2.1 Explaining the law to the mass and lead them to observe the law on their own initiatives and actively participate in the marine environment protection practices

China has defined the environment protection as the basic state policy, and formulated the guiding policies and basic principles for environmental protection in order to meet the requirement of coordinate development of environment and economy; the state has also established a set of management regulations for marine environment protection. On these bases, combining the characteristics of marine environment practice in China, and in accordance with international treaties, the state has formulated a set of laws, rules and regulations which took the Constitution and "Law of the People's Republic of China on Environment Protection" as basis and "Law of the People's Republic of China on Marine Environment Protection" as main body. All of these laws (including rules and regulations) have been formulated by the state legislative departments in legal process in accordance with the legislative principle, so they are reasonable and can tally with the national condition and meet the real requirements of society. The basic purposes of laws, rules and regulations are to protect the people's health, to meet the requirement of living and developing of the people in the contemporary era, to leave a sustainable ecological environment and a clean, comfortable and beautiful living environment for our offspring, to adequately reflect the people's wills and desires, to represent the whole people's interest and requirement. These basic purposes radically determined that the laws are welcome and supported by the mass and eliminate possibility of infringing the law. While the mass understand the laws and recognize the relationship between the enforcement of the law and their own interest, they are willing to not only observe the law but also fulfill the duties stipulated by the law.

The performances of people include the following 5 aspects.

First, the catholically application of "Environment Evaluation" and "Three Items Accomplished at the Same Time" systems. ("Three Items Accomplished at the Same Time" system mains Installations for the prevention and control of pollution at a construction project must be designed, built and commissioned together with the principle part of the project. No permission shall be given for a construction project to be commissioned or used, until its installations for the prevention and control of pollution are examined and considered up to the standard by the competent department of environmental protection administration that examined and proven the environmental impact statement.) Through the application of the two systems, new pollution resources have been controlled and old pollution resources haven been treated effectively. More than 90 000 industrial enterprises along the coastal line can abide the provisions to file an application on dumping wastes with the state administrative department of marine affairs, to pay a fee for excessive discharge, and to assume responsibility for eliminating and controlling the pollution. Now billions tons of industrial sewage is treated about 80%. In the process of adjustment of the overall arrangement of the coastal industries and environmental administration, about 300 large enterprises and several thousands of medium or small-sized enterprises have accomplished the limited-period pollution treatment in accordance with the instructions of the State Council and the Local governments. The necessary expense was mainly collected from enterprises, and the government only supports a little. A large number of enterprises haven been closed, stopped, combined, changed or moved according to the arrangement of the government.

Second, concentrated urban sewage treatment plants or discharge equipment have been established in coastal cities, the treatment rate of sewage is about 25% (Of the urban sewage, the industrial sewage was about 1/3, and the living sewage was about 1/3). The construction expense was also collected from the enterprise and the people.

Third, The Contingency Plan for Oil pollution on the Sea was promulgated, and more than 320 000 civil ships have been equipped with sewage treatment equipment. Oil containing sewage treatment installations, which can treat oil containing sewage more than 370 000 ton and recover oil more than 40 000 ton a year were established in more than 300 000 large and medium-sized harbors. Contingency equipment and ships for treating oil spill were prepared for more than 20 sea oil fields, and contingency plan has been drafted. The Waste Discharge License System was applied to more than 2 000 marine dump activities.

Fourth, the mass and social organizations in the coastal areas actively participate in the marine environmental protection activities, such as afforestation, construction of bars and conservation of marine animals.

Fifth, the mass are encouraged and organized to take part in the execution of marine environment protection policies. And the execution of policy has become more democratic and scientific.

The state organs should guarantee the policy being accurate, effective and be able to meet the people's interest. So a democratic and scientific policy and executive system must be established. The state organs should adhere to the working line that "collecting from the mass and applying to the mass", combine the competent departments with the people and bring the initiatives of the mass into full play. Mao Zedong has said, "Without democracy, we can not hear the voice of the people, can not make out good policies, working lines, and methods." Because marine environment protection is a comprehensive social job, it also has strong scientific technological characteristics, the state competent departments should adequately develop democracy and take advice of the people, should make full use of scientists and specialists in the policy making processes. In according to the realities of China, we should do well in the following 5 aspects.

First, in the legislation on marine environment, we should adhere to the democratic and open policy. The formulation and amendment of Marine Environment Protection Law and other rules and regulations should be worked out by combining the leaders, management personnel and specialist, scientific institutions and universities.

Before the formulation, systematic investigations should be done, and the practical experience should be summarized. In the formulation process, the views and suggestions of the people and the practical workers should be collected, compared, identified carefully. After entering into legal proceedings, the examining departments should print and send out to the drafts to relative personnel to seek for advice. The legal proceeding is actually a process of "collecting the people's advice and applying them back to the people, then recollect and amend them". This process can improve the law and develop the democracy. In recent years, The Standing Committee of the Seventh National People's Congress of the People's Republic of China established a system of publishing the draft of the law on the papers to seek for the people's suggestions after the first consideration of the draft. This system can make the legislation on the marine environment open and fair.

Second, the formulation of grave policies and systems should be discussed and test in special areas before entering into force. The coastal sea areas' zonation and the control of waste discharge amount are aims of marine environment protection in China in recent years and measures to guarantee the safety of marine environment function. In order to achieve the goal, the environment protection departments should establish projects first then analyses their necessities, scientific characteristics, economic management rationality and the legal feasibility. They should choose some representative areas to test the correctness of these rules and regulations, to replenish and perfect them and apply them to coastal areas of the whole country.

Third, the effect of grand construction projects should be discussed and studied by the mass and specialists. Most of the grand construction projects have some influences on the local people's life directly or indirectly, as well as the local environment. While the mass are the main body in the production and scientific experiments, they are familiar with the actual local condition. So it is of great importance to organize the people to supervise the grand projects. It is stipulated by the law in many countries that the Environmental Impact Assessment reports should be disclosed to the public. It is important in China that the people participate in the legislation. Before the competent department consider and approve the environmental influence reports specialists should be organized to evaluate the report, which has become an important management system in China. There are many grand projects that have been stopped or removed according to expert's suggestion.

Fourth, Marine environmental investigation, evaluation and scientific studies should be done to provide scientific basis for carrying out of policies. There are more than 90 universities and research institutions and 13 000 faculties in the field of marine sciences. The state have attached great importance on bring them into full play and set up a serious of projects such as "The Studies of pollution treatment in Bohai Sea and Yellow Sea areas", "The Environmental studies in Hangzhou Bay and Zhoushan Fishing Ground", "The Studies on the policies for Coastal Environmental Pollution Treatment of China in 2000" etc. These studies have provided technological support and scientific basis for the carrying out marine environment protection law, rules and regulations, for making marine environment protection plan and for zoning the sea functional areas.

Fifth, the expert's' advisory and consultative effects should be developed in the legislative process. In the process of carrying out marine environment protection laws, rules and regulations, the local governments often seek for advice from experts. Some cities have already set up consultative organizations. For example, the Municipality of Qingdao has set up a consultative committee including 52 experts and scientists in oceanography, environment, economy and law. The local legislation of Qingdao also stipulated that the consultative committee is in charge of putting forward advice on the development and protection of sea areas, as well as putting out suggestions or evaluations on the utilization of sea areas.

2.2 Mobilize the mass to conduct supervision to the behaviors of polluting or damaging the marine environment, and safeguard the normal order of work on marine environment protection

China persistently advocates that the governments should arouse the mass to conduct supervisions to the behaviors of polluting and damaging marine environment. In the early days our state took "reliance to the mass, and everyone participate in the environmental protection and arouse the mass to supervise the polluting actions" as basic environment protection policy, and put forward that "every one has the responsibility to protect our environment. In order to do this job well, we must closely connect with the mass and rely on them. The mass's organizations are entitled to watch and report on the enterprises which have discharged harmful materials that could cause public harm." Later the "Environment Protection Law the People's Republic of China (trial)" legalized this policy and stipulated "the people shall have the right to report on or file charges against units or individuals that cause pollution or damage to the environment. And the units or individuals been reported on or filed charges should not retaliate". Marine Environment Protection Law of the People's Republic of China and Environment Protection Law of the People's Republic of China also have similar provisions. In the real life, many behaviors that cause pollution or damage to the marine environment are discovered by the people. The fact that the people exercise supervision rights stipulated by the Constitution and Law is favorable to the prevention of the pollution and damage behaviors, to developing marine environment protection, to correcting the working style of the persons conducting supervision and management and establishing a strict and impartial working process. Also is favorable to protect the sufferer's legal right. The people's supervision is an important supplementary way for the legal supervision of state competent departments and is a form that can embody the democratic management of the state, so it has vitality. The people' supervision on the work of marine environment can be divided into the following 3 aspects.

First, the direct supervision of the mass: The mass should pay close attention to affairs of the state and uphold the state's interest; they should actively prevent from, report on or file charges against the behaviors that cause pollution or damage to the marine environment. They should actively criticize or report to the state's competent departments when they find the management persons abusing their power, neglecting their duties or engaging in malpractices. Recently, large area's coastal shelter—forest was destroyed to construct prawn culture ponds in a county of Sanya; in order to prevent this harmful behavior, several tens of retired men united together to criticize this behavior sharply to the county Party Committee, and asked for stopping of this illegal behavior. This is only one example of the thousands cases of the people's direct supervision. In order to collect the people's advice, the local governments of coastal areas have invited personalities of various circles as special supervisors; Towns and villages have established the system of taking the people as the supervisor. The governments have granted the supervisors the right to watch for the environment.

Second, the supervision of the people's organization: Worker's union, women's union, youth's union, associations of science and other people's organizations may be bridges and links between the governments and the mass; they are an important force of environment protection. The forms of the people's organizations' supervision are encouraging and supporting the people connecting with the organizations to take part in the marine environment protection supervising activities and to report to the governments on their criticisms, advice and suggestion for marine environment protection works.

Third, the supervision of the Chinese People's Political Consultative Conference (CPPCC): The Chinese People's Political Consultative Conference is an organization that formed by members of various parties. Although it does not belong to the state competent department, it has close relationship to the state organs. According to the Constitution and the provisions of the CPPCC, the main function of the CPPCC is to make political consultation for the states' major policies, important local affairs and problems related with the people's, and to make full use of their supervision effects. The People's Political Consultative Conferences at all levels in the coastal areas have paid great attention to marine environment protection. The members of the CPPCC are entitled to attend the People's Congress of the same level, to listen to and comment the government's reports, they are also be organized to inspect the government's work, and to take part in social economic investigations. They have right to put forward criticisms and suggestion to the government departments and to conduct supervisions on the marine environment protection work. Because most of the members of CPPCC have rich of political experiences or specialized in some areas, they can discover the actual problems. So the governments of all level pay great attention to making using of their supervising effects.

Fourth, the supervision of the mass media: TVs, radio broadcasts, papers, magazines and other media tools are all eye—catchers. With high publicity, great influence, fast spread they will play an important role in the supervison. In China, many governmental departments and enterprises are not afraid of the criticism of leaders and the fine of governments, but they are really afraid of the mass media publicizing the behaviors and exposing them to the mass. So the state has paid great attention to using the mass media extensively, to report the work on marine environment protection, to praise the good and criticize the bad, to expose the pollution and damage behaviors as well as the units and persons that do not act according to the Marine Environment Protection Law and other provisions. There are thousands of TV stations, broadcast stations, and thousand kinds of papers and magazines, of which 30 kinds of papers and 200 kinds of magazines are on environment. The marine environment protection is becoming the focus of the mass media. Some papers have set up special columns or pages, some TV stations and broadcast stations have set up specials topics or programs in recent years to gather news or report on the activities of marine environment protection. The effects of the mass media have been used adequately.

2.3 Uphold the dignity of the Law, and safeguard the people's legal rights of protecting themselves according to law

According to the stipulations of the Constitution and the Marine Environment Protection Law, any unit or individual that suffered damage caused by the persons conducting supervision and management of environment protection who abuse their power, neglects their duties or engages in malpractices, have the right to report on, file a charge or claim compensation. In order to ensure that the people can exercise their reporting or accusing rights, the Constitution stipulates that the relative competent departments should find out the facts and settle the case when they receive report for charge. None should repress or retaliate. The Criminal Law stipulates that if the government functionaries retaliate or damage the reporter or the accuser, they should be affixed criminal responsibility according to law. In order to ensure the reasonable settlement of disputes about compensation responsibility and compensation amount, Marine Environment Protection Law of the People's Republic of China stipulates many countermeasures. Such as, the interesting parties can ask the relevant administrative department for mediation; if they are not satisfied with the mediation, they can turn to the law; the interesting parties can apply for arbitration by special organizations according to law. As the people's law consciousness strength gradually and the economic activities and industries in the coastal areas develop fast, the cases on units and individuals protecting themselves according to law become more and more. To protect the sufferers and to punish the offender is a process struggling with the illegal behaviors, and a special form of defending the dignity of law.

3. The major measures of reliance to the people to protect marine environment

There are many reasons for the beginning and development of marine environment pollution. Besides the limitation of sea conditions, weather and economy, the augment of population has a great pressure on environment and natural resources; the irrationality of projects and city layout cause serious pollution and damage. The most important is that the limitation of knowledge restricts the development of marine environment protection. Because of the long term influence of the discontinuous traditional and extensive economic development form, some local and state departments neglect environment protection and only care about the amount of products and ignore their quality. They only pay attention to the exploitation of natural resources and ignore the environmental protection. Some persons even advocate that we should pollute the environment first and then treat them, or promote the economy by damaging the environment and natural resources. Because of the limitation of science and culture level and the insufficiency of knowledge on economy law and ecology law, some exploitation and construction projects have great blindness and one—sidedness; some people think only of quick success and instant benefit or think only of the present and neglect the future; and some local departments only pay attention to local interest and ignore the interest of the state. Because of the influence of traditional concept, many people still think that "marine resources can not run out", and "sea is a natural dustbin", they pay no attention to or are apathetic to polluting behavior. They utilize the marine resources according to the principle of "kill the hen to get the eggs and drain the pond to get all the fishes". Because people are lack of modern management consciousness, many enterprises extend their reproduction by using up their equipment and resources. The management persons don't know or are not good at increasing the utilization rate of resources and energy by strength management; they don't know how to eliminate pollution in the production process and make great amount of energy and materials discharged into the environment in the form of "three kinds of waste" (sewage, waste gas and garbage). Because of some historical reasons, the nation is lack of law execution and law abiding tradition; the people's law sense is blunted. In some areas or departments, laws are not observed, laws are not strictly enforced, violation of laws is not investigated, power predominate laws and speeches predominate laws. These phenomena make the marine environment management out of control. In one word, the blunt consciousness on environment protection and on law is the main problem. So in the work of marine environment protection, we should rely on the mass to the most extent, enhance the awareness of the mass on marine environment protection and law, and make the people correctly exercise their rights entitled by the Constitution and laws and fulfill the obligation stipulated by the Constitution and laws. In order to reach this goal, we should take the following four measures.

3.1 Strength the propaganda on marine environment protection

The state have taken the propaganda of environment as one of the ten policies on developing environment and as an important part of environment protection course. After the promulgation of Marine Environment Protection law of the People's Republic of China, many units in mass media circle, in science and technology circle, and in culture and art circle, have taken part in the propaganda of law. The large scale propaganda is faced to the policy maker, to enterprises, to the youth and the whole society, its' aim is to strengthen the people's environment protection and law sense. The propaganda is mainly in the form of TV, broadcast and newspapers as the main forms. Talks, studies, exhibitions, knowledge contests, law consultation, reading materials, scientific films and literature creations are also propaganda forms that the people love to see and here. Routine propaganda should be combined with concentrated propaganda, and popular propaganda should be complemented by enforcement propaganda. In the last decade, various kind of environmental protection activities have been carried out for The World Environment Day, The World Earth Day, The World Ocean Day, United Nations Environment and Development Plenary Meeting, and The Environment Protection Conference of China. For example, signature drives have been carried out in Beijing and some large coastal cities on the theme of Love Our Blue Territory and Observe the Laws on Sea; in which 200 000 middle school students have signed in Guangzhou, and 100 000 young men have signed on a 650-meter long streamer. These activities have great positive effects in the society. Recently Century Travel for Environment Protection of China was carried out every year, which was united organized by 15 department of the state central government. The travel covered several ten thousand kilometers. About 22 central press units, 750 local press units and 15 000 reporters have taken part in and reported theses activities, more than 10 000 have been published. Marine Environment protection has become one of the focuses of the mass media. In this year, for the World Ocean Year, news collection and report activities was carried out along the 18 000 km coastal line of China on the theme of Construct the Long Coastal Line of China. In the protection of marine environment, we should adhere to the principle of Taking the Positive Propaganda as the Main Measure to propagate policies, laws, rules and regulation on environmental protection, to popularize the science knowledge on marine environment, to praise models, to reveal the popular problems and serious illegal behaviors, to report typical cases to educate the people, and to sharpen the people's law consciousness.

3.2 Strength Marine Environment Protection Education at All Levels

China pays great attention to environmental protection and takes it as an important measure to raise the people's mortality and science level. The Environment Protection Law of the People's Republic of China (trail) stipulates that, it is essential to raise the people's science and technology level and the environment protection consciousness and to train faculties in marine environment protection. The State Education Department should set up environmental protection courses for all university students. Environment protection knowledge should be incorporated in the text books for elementary and middle school students. After the effectuation of the Marine Environment Protection Law of the People's Republic of China, the relevant departments of the State Council should put the knowledge of marine sciences and marine environment protection law into the training course for seamen. The local governments of coastal area should carry out some activities such as training or teaching the workers and fishermen the knowledge about marine environment protection law. In 1989, the state restated the policy that, State encourages the development of marine environment protection course and "State heightens the scientific level of marine environment protection and popularizes related knowledge". In 1990, the State Council determined to extend the scope of the education on marine environmental protection to preschool students and carders, the state Education Ministry put environment protection into the outline of school and preschool student's text books. Based on statistics, about 50 000 primary and middle schools have began environment education; more than 140 universities have set up environmental science specialty, in which more than 200 specialty have been set up. More than 220 units have the ability to award masters degree and 80 units have the ability to award doctor degree. Marine environment protection has become an important in the students education at all levels. At present, 37 institutions and 27 professional high schools have set up courses on marine environment protection, some schools have set up departments of marine environment protection; marine environment protection has been put into the education for more than 20 skillful positions. Education on marine environmental protection plays an important part in the courses of enhancing the people's conscience on environmental protection.

3.3 Establish a system to announce the situation of marine environment protection

About 20 years ago, our state put forward that "we should let the people know the real situation of the environment pollution in China; we should not carry out obscurantist policy". Environmental Protection Law of the People's Republic of China legalized this principle and stipulated that Environmental administration departments of the State Council, autonomous regions and municipalities should issue environmental report annually. Besides, the environmental condition should be announced to the people through various kind of channels, for example through press conference, through announcing the aim and task of environment protection, through announcing the development of the marine environment protection project, through issuing daily news or yearly news about the atmosphere pollution index. In these announcements, information about marine environment should be included. Through putting into effect of announcement system, we can let the people know the real condition of the marine environment protection in China. This is the basic right of the people.

3.4 Guarantee the the people's supervision right through various ways

In order to guarantee that people are able to exercise their right of reporting, criticizing and supervising the illegal behaviors the state should provide or create convenient conditions to support the people to excise their democratic rights. To do this, we can hear the people's criticism and suggestion and accept the people's supervision; and we can arouse the mass's responsibilities and initiatives to care of the state's affairs. It has great significance in the legal construction of our country.

First, a special system should be set up to hear and deal the people's complaints. This system can deal the people's complain, report and accusation. The report center of the procurator department should accept and deal with the people's report and complaints on the behaviors of the governmental functionaries.

Second, an administration supervision system should be established. Special supervision departments should be established in governments of various levels to deal the mass's complaint on the illegal behaviors of governmental functionaries.

Third, an open communication system should be established for the heads of administration department. The people can directly talk with provinical governors, mayors and county magistrate to report and put forward suggestions.

Fourth, an open administration system should be established for competent department of the government. All the competent administration departments should announce their rules to the people, and set up open telephone and announce the results.

In addition to the legal proceedings, the people can comment, ask for help, lodge complaints and report illegal behaviors through above mentioned channels.

Marine environment is an important part of the global environment, because all countries whether coastal or land locked will be effected by it. In order to solve the problems in marine environmental protection, extensive and effective international cooperation should be developed. For a country, the most important is to combine the administration of the government and the participation of the mass to cooperate the leader with the people and bring the initiatives of the mass and leaders to full play.

We should adhere to the working line and principle that "all for the people, all rely on the people, and collect from the people and apply back to the people". The laws, rules and regulations should be completed and perfected in practice. We may believe in that it has great vitality to rely on the people to protect the marine environment. The former Chairman of China, Jiang Zemin had made many important speeches on the environmental protection. He said that "Marine environmental protection plays an important role in the living and development of our offspring's; it is a long term basic policy of our country". He also said that "Marine Environmental protection is an important issue that needs the participation of the whole nation. We should believe in the people, rely on the people, respect the people and serve the people to bring the people's enthusiasm and creativity to full play".

中 篇
海洋特殊区域的法律保护

滨海湿地的法律保护①

湿地是土地与水融会的地方,是一种独特又重要的自然生态系统,它包括海岸地区的珊瑚礁、海草床、滩涂、红树林、河口、河流、沼泽、湖泊、盐湖、稻田和泛洪草原。湿地是重要的物种基因库,具有丰富的生物多样性,是众多野生动植物、微生物,特别是珍稀水禽如天鹅、大雁等的繁殖和越冬地。湿地属于世界上最复杂的生态系统,尽管仅覆盖地球表面的 6%,但却为约 20% 的已知物种提供了生境。湿地因其复杂的食物网和丰富的动植物多样性而被看作是"生物超市",由于其能够降解、去除流经它们的水中沉积物、化学物质和其他污染物而被称为"地球之肾",它具有调节水分循环和维持湿地特有的植物特别是水禽栖息地的基本生态功能。

(一)《湿地公约》及其主要内容

人类发展的历史表明,湿地具有巨大的经济、社会和环境价值。但是近 50 年来,随着世界经济的飞速发展,大片湿地被开发,许多具有国际重要意义的湿地急剧消失,引起严重的环境后果。国际社会从 20 世纪 50 年代起才逐渐认识到湿地对人类生存的意义②。签订保护湿地公约的想法起于 20 世纪 60 年代初,那时在欧洲有许多湿地被开垦,许多水禽丧失了栖息地,由于季节性迁徙中的水禽可能超越国界,订立国际公约能够阻止湿地被逐步侵蚀及丧失。1960 年霍夫曼(Luc Hoffmann)先生启动了一个项目,当时国际自然与自然资源保护联盟(现更名为世界自然保护联盟,简称 IUCN)、国际水鸟与湿地研究局、国际保护鸟类理事会(简称 ICBP,即现在的国际鸟类组织)也参与项目活动。他们于 1962 年 11 月 12~16 日在法国开会,研究了保护湿地的问题。经过 8 年的多次会议协商,在荷兰政府的支持下起草了《湿地公约》的文本,公约的题目是《关于特别是作为水禽栖息地的国际重要湿地公约》(以下称《湿地公约》),当时文本的核心内容是保护水禽。最后于 1971 年 2 月 2 日在伊朗的旅游城市拉姆萨尔(Ramsar)召开了国际会议,次日有 18 个国家在公约文本上签了字。公约于 1975 年 12 月起生效,至 2004 年 5 月,签约成员已

---

① 本文由马英杰撰写。
② 范宗强:湿地、湿地公约、湿地国际,载《重庆绿化》,1998 年第 1 期,第 36~38 页。

达138个,全世界有1 367个湿地列入国际重要湿地名录,总面积达120.5百万公顷[①]。《湿地公约》是一个政府间公约,是湿地保护及资源合理利用、国家行动和国际合作框架。

《湿地公约》第二条指出每个缔约国在签署公约或交存批准书或加入书时应指定至少一个湿地,当然它也可以指定其他湿地。指定的湿地被列入由国际自然保护同盟掌管的名册中。应准确划定每个湿地的界限,可以包括河流区域、邻接湿地的沿岸区域、岛屿或湿地环绕的海水区域。列入名册的湿地的选择应基于它们在生态、植物学、动物学、湖沼学或水文学上的国际地位,同时考虑它们在各个季节对水禽的国际意义。具有下列任意一项或多项指标的湿地可被确认为具有国际重要意义:(1) 能很好地代表所在生物地理区域的基本特征并处在自然或接近自然的状态;或能很好地代表一个以上生物地理区域的一般特征并处在自然或接近自然的状态;或在某个主要的,特别是处在跨国区域上的流域或海岸生态系统中,能在水文、生物或生态作用方面很好地代表湿地所具有的自然功能;或是所处生物地理区域上稀有和特殊的特定湿地类型的代表。(2) 是一些稀有、易危和濒危植物或动物物种或亚种的具有可评估价值的集合地,或是上述任意一种或亚种的具有可评估价值的个体集中分布地;或因其拥有的动植物物种的质量和特异,对维持所在区域的遗传与生态多样性具有特殊价值;或因其植物或动物栖息地正处于其生物周期的关键阶段而具有特殊的价值;或因拥有一种或多种原产植物或动物物种或群落而具有特殊的价值。(3) 正常状况下维持了20 000只水禽;或正常地维持着特殊类别的水禽或湿地价值、生产力或多样性之指示水禽的大批个体数量;或者如果种群数据可获知,正常地维持某一水禽物种或亚种之1%的个体数量。(4) 维持代表了湿地效益和/或价值的一定数量原产鱼类的亚种、种或科,或其生活期的一定阶段,或其物种相互作用的一部分和/或种群数量,因而能对全球的生物多样性作出贡献;或无论是否在该湿地区域上或以外的区域,是某些鱼类及其产卵地、生长地和/或鱼群洄游线路的重要食物来源的依靠[②]。

《湿地公约》第二条第6款规定,将一处湿地列入名册决不损害湿地所在的缔约国的主权,但缔约国同时承担责任,包括养护、管理和合理利用迁徙水禽群,制定和实施促进对列入名册的湿地进行保护的计划。公约第四条规定,促进保护湿地包括设立自然保护区并对保护区予以充分的照管。缔约国既有

---

① http://www.ramsar.org
② 《国际重要湿地名录地鉴定标准》由第四届和第六届湿地公约缔约国大会通过。

权在名册中增加位于其领土内的其他湿地和扩大名册上已列湿地的范围,也可以出于紧急的国家利益而从名册中删去某个湿地或缩小其范围(第二条第4款)。然而,在后面的情况中湿地资源的所有损失应由该国予以赔偿,尤其应在同一地区或其他地区为水禽设立新的、与其以前生境相当的自然保护区。公约第五条对缔约国之间的合作出了规定,缔约国应就公约义务的履行进行协商,尤其是当一个湿地位于一个以上的缔约国领土或者几个缔约国共享水系时,缔约国应当努力协调并积极支持彼此关于保护湿地和动植物的政策与规章。显然,这一条规定已超过了仅仅对水禽的保护,但在实践中却很重要。公约第六条规定:缔约国可以召开关于保护湿地和水禽的大会;大会是协商性的,内容是关于公约的适用以及湿地名册的增改。经多数表决通过,大会可以就湿地和动植物的保护、管理及合理开发向缔约国提出一般或具体的建议。公约还有一条值得特别注意的规定,它要求缔约国的会议代表团应包括湿地或水禽方面的专家,"鉴于这些专家在科学、行政或其他相应工作中获得的知识与经验"(第七条第1款),这样就可以吸收独立的专家和非政府组织参加会议。由自然保护协会组成的非政府组织——国际自然保护同盟作为公约的执行局负责召集和组织缔约国会议。

　　地处北美大陆地区的美国和加拿大,湿地资源丰富,鉴于湿地的重要性,两国对湿地都采取"可持续管理"的政策和制度。所有湿地均经调查分类后分级管理,重要湿地则优先保护,并落实在法定计划中,开发湿地需得到当局的许可。在美国,依据清洁水法第404节由工兵署核发"许可证",严格管制湿地的开发行为,由环保署、国家海洋渔业署、渔业及野生动物署等部门协助审核。在许可审核过程中,环境影响评估是最重要的一环。在此过程中,环保署应制定政策与纲领,并享有最终批准权。除联邦政府制定措施外,一些州、镇政府也制定相应的法律,采用地方性管理条例。联邦政府、州政府、非政府之间这种共同管理可以达到综合整体保护,这些举措使得美国湿地的骤减得到了极大的缓解。减缓冲击或弥补后果的"缓和措施"是发放开发许可证的附带条件。"零净损失政策"也是如此,确需填埋湿地时,开发者须建"等面积"湿地,以迫使开发者审慎开发或选择替代方案。以美国新泽西州为例,在10年前该州的湿地破坏已得到控制,每年毁损湿地不到一公顷。2002年12月,美国政府发布了一项"全国湿地缓和行动计划",再次强调了要实现"零湿地损失"的义务,管理当局希望通过大量官方计划和具体的湿地保护对策,以及联邦、州、地方政府之间的共同努力逐渐恢复、提高湿地资源的价值核功能。该项计划的主要目的是加强"湿地弥补减缓措施"的实施,从而达到"湿地零净损失"的目标。在这项计划中,工兵署、环保署、农业部、内务部、联邦运输管理局、国际海洋气象局共同更新了湿地减缓措施的管理指南,旨在进一步明确利益主体的责任,从而确保到达预期的目标[①]。

从1954年到1974年,由于美国城市的发展而导致湿地面积大面积减少,大城市郊区的发展成为区域湿地面积减少、质量退化的主要原因。针对这种情况,美国各级政府采取一系列相应措施,出台相应的法规,开展湿地保护示范项目,开展公众教育项目,实施补偿政策,即通过建设人工湿地补偿开发占用湿地,以保证区域湿地总量的相对稳定,采取一系列的湿地生态措施[②]。

在加拿大安大略省的"湿地政策声明"及执行指南手册中,阐述了从政策制定到行动落实的制度化程序。所有的规划机关均应当制定保护省内重要湿地的规划,借助土地规划保护湿地,同时达到湿地零损失目标。在省方认定的重要湿地上不允许有开发行为。一旦湿地确定后,所有规划机关应依《规划法》将湿地保护纳入正式计划、分区管制法和其他发展决策当中,并且鼓励规划机关保护非省属方认定的重要湿地。此政策为了弥补省方认为不重要的湿地,尽可能地保全湿地,对毗邻湿地的土地开发,在不减损湿地功能的情况下才能获准许可,并须进行"环境影响评估"。等级评定需要足够的调查或测绘信息。在加拿大的湿地保护过程中,通过正式规划,依法确定湿地的法律地位是工作重点,而"环境影响评估"是"开发许可"准予的关键[③]。

(二)我国的湿地保护情况简介

中国于1992年加入《湿地公约》以来,一直积极履行公约规定的义务,积极抢救和恢复湿地资源,一批曾遭受破坏的天然湿地得以保护。据不完全统计,我国约有滩涂和盐沼210万公顷,咸海水域(0~5m)270万公顷。我国的滨海湿地以杭州湾为界,分为杭州湾以北和杭州湾以南两个部分。杭州湾以北的滨海湿地多为沙质淤泥质型海滩,由环渤海滨海和江苏滨海湿地组成。黄河三角洲和辽河三角洲是环渤海重要湿地,面积分别为530万公顷和60万公顷。辽河三角洲有世界第二大苇田——盘锦苇田,面积10万公顷。另外,环渤海尚有大沽河湿地、莱州湾湿地、无棣滨海湿地、马棚口湿地、北大港湿地和北塘湿地,环渤海湿地总面积约600万公顷。江苏滨海湿地主要由长江三角洲和黄河三角洲的一部分构成,仅海滩面积就达55万公顷,主要由盐城地

[①] 冯春涛:《北美大陆湿地资源保护及启示》,载《国土资源》2003年第5期,第44~45页。
[②] 冯春涛:《北美大陆湿地资源保护及启示》,载《国土资源》2003年第5期,第44~45页。
[③] 冯春涛:《北美大陆湿地资源保护及启示》,载《国土资源》2003年第5期,第44~45页。

区湿地、南通地区湿地和连云港地区湿地组成。杭州湾以南的滨海湿地以岩石性海滩为主,主要河口与海湾有钱塘江口—杭州湾、晋江口—泉州湾、珠江口河口湾和北部湾等。在海湾、河口的淤泥质海滩,分布有红树林湿地。我国海南至福建北部及台湾岛西海岸都有红树林自然分布区,浙江南部海岸有移植的红树林繁衍。

在《中国湿地保护行动计划》所确立的框架下,中国逐步建立了中央政府和地方政府多部门参与、多层次运作的湿地保护管理体系。依据《湿地公约》确定国际重要湿地的标准,截至2001年底,中国共有21块湿地被列入《湿地公约》国际重要湿地名录,其中8块为滨海湿地。它们分别是1992年列入的东寨港自然保护区、米埔和后海湾国际重要湿地和2001年列入的上海市崇明东滩自然保护区、大连斑海豹自然保护区、广东湛江红树林自然保护区、广东惠东海龟自然保护区、广西山口红树林自然保护区和江苏盐城自然保护区。

1. 东寨港自然保护区

位于海南省琼山县,面积3 337.6公顷,主要保护对象是以红树林为主的北热带边缘河口港湾和海岸滩涂生态系统及越冬鸟类栖息地。东寨港有红树林植物26种,半红树林和红树林伴生植物40种,占中国红树林植物种类的90%;该地栖息的鸟类有159种,其中列为中澳保护候鸟协定的鸟类有35种(名录共有81种),列入中日保护候鸟协定的有75种。东寨港是许多国际性迁徙水禽的重要停歇地和连接不同生物区界鸟类的重要环节。

2. 米埔和后海湾自然保护区

位于香港西北部,总面积1 500公顷。湿地区内主要有鱼/虾池塘、潮间带滩涂(包括咸水滩涂)、红树林潮间带滩涂等3种湿地类型。湿地区内高等植物约190种、鱼类约40种、鸟类约280种。主要保护对象为鸟类及其栖息地。

3. 上海市崇明东滩自然保护区

位于低位冲积岛屿——崇明岛东端的崇明东滩,在长江泥沙的淤积作用下,形成了大片淡水到微咸水的沼泽地、潮沟和潮间带滩涂。区内有众多的农田、鱼塘、蟹塘和芦苇塘,沼生植被繁茂,底栖动物丰富,是亚太地区春秋季节候鸟迁徙极好的停歇地和驿站,也是候鸟的重要越冬地。

4. 大连国家级斑海豹自然保护区

保护区沿岸海底地势陡峭坡度较大,均为基岩水深多在5~40米,主要保护物种为斑海豹,被列入国家二级保护水生动物。

5. 江苏大丰麋鹿自然保护区

典型黄海滩涂湿地,物种丰富多样,具有显著的生态价值、社会价值和经济价值。

6. 广东湛江红树林国家级自然保护区

本湿地是中国大陆最南端而且是最大面积的海岸红树林湿地。据初步调查有红树植物24种、鸟类82种及丰富的浅海生物资源。退潮后露出大面积裸滩为水禽的觅食和栖息提供优良场所。

7. 广东惠东港口海龟国家级自然保护区

该湿地位于南中国海的大亚湾与红海湾交界处,海水、沙滩环境质量良好,一直以来是幼龟和雌龟栖息地,也是中国大陆目前唯一的绿海龟按期成批的洄游产卵的场所,是我国目前唯一的海龟自然保护区。

8. 广西山口国家级红树林自然保护区

该区内有百年树龄红海榄、木榄群落,高大连片,在中国极为罕见;还有儒艮、白海豚、文昌鱼、中国鲎、马氏珍珠贝、黑脸琵鹭、黑嘴鸥等濒危野生动物。

9. 江苏盐城保护区

(盐城沿海滩涂湿地)保护区地处江淮平原,位于太平洋西海岸。582千米的海岸线,广阔的淤泥质潮滩形成了中国沿海最大的一块滩涂湿地,孕育着大量的生物,保证了数百万计水禽的迁徙,满足了丹顶鹤等濒危物种的越冬安全。

(三)我国湿地保护中面临的问题

虽然我国现在非常重视湿地的保护,但是湿地受到的破坏仍然很严重。近40年来,特别是最近10多年以来,由于围海造地、围海养殖、砍伐等人为因素,中国红树林面积由40年前的4.2万公顷减少到现在的1.46万公顷,不及世界红护林总面积1 700万公顷的千分之一[①]。由于红树林资源的减少,海岸滩涂的生态环境受到了严重的破坏,造成了海堤崩溃、海岸侵蚀、海水入侵等严重的环境后果。珊瑚礁是中国南部海域最富特色的景观和自然资源,多年来由于无度、无序的开发,已使珊瑚礁受到严重破坏。海南是中国最主要的珊瑚礁区之一,由于过度开采,约有80%的珊瑚礁资源被破坏。文昌市部分海岸线近10年内已经向陆地一侧后退约230米,年均岸线侵蚀后退20米。其结果不仅对依赖珊瑚礁生存的海洋生物造成严重影响,同时也使其丧失了护岸功能和旅游等经济、社会价值。海岸侵蚀在中国滨海湿地区是较普遍的问题,尤其在中国南部海区更为明显。海浪、潮流、飓风、植被破坏、开采矿物和砂石是造成海岸侵蚀的主要因素。在沙质海岸区,由于采挖建筑用沙,已使许多良好的沙质海岸遭受破坏,海岸侵蚀加剧。在渤海湾沿岸的天津、河北、山

---

① 夏东兴等:《我国海域使用存在问题100例》,海洋出版社1999年版,第220～221页。

东等地,因大量采挖贝壳沙用于建筑、饲料等,使许多岸段的贝壳堤消失,也造成了海岸严重侵蚀。一些沿海湿地的破坏,使许多沿海城镇受到海水严重的侵蚀和渗透,海水对淡水系统的影响直接威胁着当地的淡水资源供应。我国沿海从南到北都有海草资源分布,海草床是浅海水域初级生产力最高的生物栖息地之一。目前,我国海草床生态系统正受到人类活动的严重威胁,例如海南岛龙湾非常适合海草生长,但由于近几年对虾养殖业的发展,导致该海域海菖蒲、泰莱草叶面上的沉积物层加厚,光合作用能力降低,整片海草床呈现老化和退化趋势。① 双台子河口 1987 年天然芦苇湿地面积为 6.04 万公顷,2002 年减少为 2.4 万公顷,15 年间减少了 60.3%。据初步估算,我国累计丧失滨海湿地面积约 219 万公顷,占滨海湿地总面积的 50%。由于滨海湿地消失,许多鸟类等珍稀动物的生存受到严重威胁。湿地水禽由于过度猎捕、捡拾鸟蛋等导致种群数量大幅度下降,特别是在鸟类迁徙季节,一些人使用排铳、地枪、农药等方法,不择手段地进行猎取,严重破坏了水禽资源。

(四)《中国湿地保护行动计划》

为了进一步保护我国的湿地,由国家林业局牵头,外交部、国家计委、财政部、农业部、水利部等国务院 17 个部门共同编制了《中国湿地保护行动计划》(以下简称《行动计划》)于 2000 年 11 月公布实施。《行动计划》确定的中国湿地保护与合理利用的指导思想是根据中国人口、资源、生态和环境的现状,以维护湿地系统生态平衡、保护湿地功能和湿地生物多样性,实现资源的可持续利用为基本出发点,坚持"全面保护、生态优先、突出重点、合理利用、持续发展"的方针,充分发挥湿地在国民经济发展中的生态、经济和社会效益。《行动计划》确立了中国湿地保护的总行动目标是全面加强中国湿地及其生物多样性保护,维护湿地生态系统的生态特性和基本功能,重点保护好在国际与国家领域内具有重要意义的湿地,保持和最大限度地发挥湿地生态系统的各种功能和效益,保证湿地资源的可持续利用,使其造福当代惠及子孙。至 2005 年基本遏制人为因素导致的天然湿地数量下降趋势;实施封山植树、退耕还林、平垸行洪、退田还湖、以工代赈、移民建镇,加固干堤、疏浚河湖的湿地综合治理措施,建立退化湿地的恢复与合理利用的示范;通过强有力的宣传活动,在全社会形成了解、认识、关心湿地,重视湿地保护的环境和氛围;同时积极进行人才培养,为湿地保护和可持续利用打下坚实的基础;通过制定和实施《中国湿地保护条例》以及相关的湿地保护与合理利用的管理规范,逐步建立起中国

---

① 引自国家海洋局发布的《2002 年中国海洋环境质量公报》。

湿地保护的法规体系，进而为建立比较完善的湿地保护与合理利用的国家政策、法律体系奠定基础；建立起协调的湿地管理机构和部门间有效的协调机制，为中国湿地保护行动计划在全国有效的实施提供管理保障；通过严格执法、加大管理力度、建立湿地开发的评估制度等多方面的措施，有效遏制改变天然湿地用途或严重破坏湿地生态功能的商业性开发利用活动；将湿地资源的调查、评价、监测与国土资源调查等衔接，完成全国湿地资源调查，初步建立中国湿地监测体系和湿地数据信息管理的框架；编制中国湿地自然保护区建设发展规划和湿地合理利用示范建设规划，并与土地利用总体规划相协调。建设10处国家级的湿地保护与合理利用试验示范区；扩大湿地自然保护区面积，基本形成中国湿地生物多样性就地保护网络体系；增加中国列入《湿地公约》国际重要湿地名录的湿地保护区，扩大中国在国际湿地保护方面的影响。至2020年，在中国建立起比较完善、科学、规范的湿地保护与管理体系，使中国的天然湿地及其生物多样性基本得到有效保护，同时力争使退化湿地得到不同程度的恢复治理，节水农业和湿地合理利用技术得到广泛使用，使中国湿地能明显地发挥生态、经济、社会效益。具体体现是：建立起比较完善的湿地保护与合理利用的法律法规及其政策体系；使具有国际或国家重要意义的湿地得到有效保护，并形成了比较完善的湿地保护网络；一批重要的湿地资源得到恢复，生态功能明显提高；建立推广一批适合中国国情的若干湿地保护和合理利用模式，建立起较为完善的湿地监测体系；湿地保护与国家以及区域经济协调发展，有效地发挥综合效益；初步形成湿地保护与合理利用的良好管理秩序。

  2004年由林业局牵头，十个部委参加的第一个湿地保护工程规划《全国湿地保护工程规划》（以下简称《规划》）的出台，标志着我国湿地保护事业迈上了规范化、加速发展的新轨道。《规划》定出了我国湿地保护建设的具体目标。从2004年到2010年的7年间，要划建湿地自然保护区90个，投资建设湿地保护区225个，其中重点建设国家级保护区45个，建设国际重要湿地30个，油田开发湿地保护示范区4处，富营养化湖泊生物治理3处；实施干旱区水资源调配和管理工程2项，湿地恢复71.5万公顷，恢复野生动物栖息地38.3万公顷；建立湿地可持续利用示范区23处，实施生态移民13 769人。按照《规划》，到2030年，我国将完成湿地生态治理恢复140万公顷，建成53个国家湿地保护与合理利用示范区，全国湿地保护区达到713个，国际重要湿地达到80个，90%以上天然湿地得到有效保护，湿地生态系统的功能和效益得到充分发挥，实现湿地资源的可持续利用。另外，还将建立比较完善的湿地保护、管理与合理利用的法律、政策和监测科研体系。

论我国海洋特殊保护区域的分类保护[①]

海洋特殊保护区域是指国家在特定海域对其资源、环境和生态系统等采取分类保护、整治和恢复等措施的海域,它是海洋环境和资源保护的一个重要方面。由于海洋特殊区域环境具有特定的自然和历史特征,它对科学、文化、教育、历史、美学、环境的改善、经济的发展,甚至对人们身心健康和情操的陶冶都有重要的价值。

我国是一个发展中的海洋大国,可管辖海域面积为 300 万平方千米,大陆海岸线长 18 000 多千米,面积在 500 平方米以上的岛屿 6 500 多个,岛屿岸线长 14 000 多千米。我国海域有着优越的自然环境和丰富的自然资源,海洋的开发和利用在国民经济的发展中占有举足轻重的地位。改革开放以来,我国海域使用管理和海洋环境保护工作逐步加强,社会各界合理开发与保护海洋的意识不断增强。目前我国已经建立起了比较完善的海洋特殊区域保护体系,不合理用海和海洋生态环境严重恶化的趋势得到缓解,大面积海域水质基本保持在良好的状态。目前我国海域的特殊区域主要包括重点海域、渔业水域、海洋自然保护区、海滨风景名胜区、海洋特殊保护区、海洋生态示范区等。本文将对我国的海洋特殊区域的保护体系进行分析,并提出建议与对策。

一、重点海域

重点海域是指经批准划定的污染严重的海域。我国《海洋 21 世纪议程》确定:渤海的辽河口、锦州湾、天津毗连海域,黄海的大连湾、胶州湾,东海的长江口、杭州湾、舟山群岛周围海域和厦门西海域,南海的珠江口附近海域等污染比较严重,有必要进行重点整治和保护。

对污染严重的海域进行污染治理和环境恢复,是开发利用海域资源、抑制海洋生态环境进一步恶化和保持沿岸经济可持续发展的迫切需要。在科学利用海域环境吸收容量的同时,对超负荷排放的污染物实行一次性或分期削减的办法,以恢复环境质量;利用经济手段协调局部的区域性发展速度和规模,促使老企业技术更新和设备改造;依靠科学技术进步和推行清洁生产技术,使

[①] 本文发表于《海洋开发与管理》2004 年第 4 期,第 38~42 页,作者是徐祥民、马英杰。

海域恢复到适于沿岸社会经济发展和保障人们生活质量的良好环境状态。在污染严重的海域,对原有污染源实行综合治理和改造,对新污染源实施严格控制,增强工业废水和城市污水处理能力,提高处理率和达标率。科学规划海域使用功能,合理估算海域的环境吸收容量,对主要污染物实施限定排放浓度和总量控制制度。通过综合管理和海域治理使海域环境污染恶化趋势得到减缓,并逐渐恢复其生态系统的结构与功能,达到可持续利用的生态环境。对重点海域运用综合管理模式进行经济、资源、环境等多目标优化,将资源管理和应急管理与环境管理和保护有机地结合起来,促进海域的综合治理,并运用人工生态方法逐步恢复海域生态系统。加强污染防治与综合环境保护示范工程建设;完善工业废水和城市污水处理系统;适当建设深海排放系统;对重点排污口和重污染区实施表层沉积物疏浚。

海洋环境保护法规定:国家建立并实施重点海域排污总量控制制度,确定主要污染物排海总量控制指标,并对主要污染源分配排放控制数量。具体办法由国务院制定。国家根据海洋功能区划制定全国海洋环境保护规划和重点海域区域性海洋环境保护规划。毗邻重点海域的有关沿海省、自治区、直辖市人民政府及行使海洋环境监督管理权的部门,可以建立海洋环境保护区域合作组织,负责实施重点海域区域性海洋环境保护规划、海洋环境污染的防治和海洋生态保护工作。为贯彻执行海洋环保法,我国海洋功能区划将重点海域作为一个重要的组成部分。根据海洋功能区划,我国的重点海域有30个,包括近岸海域、群岛海域及重要资源开发利用区。

二、渔业水域

"渔业水域"作为一个法律用语,最早出现在1979年国务院发布的《水产资源繁殖保护条例》中。在1987年的《渔业法实施细则》和《海洋环境保护法》中,对渔业水域的含义作了这样的界定:"渔业水域是指鱼虾类的产卵场、索饵场、越冬场、洄游通道和鱼虾贝藻类的养殖场。"

《渔业法》也对渔业水域的区划作了原则规定,即:"各级人民政府应当……采取措施,加强水域的统一规划和综合利用。""国家对于水域利用进行统一规划,确定可以用于养殖业的水域和滩涂。"国家环境保护总局根据国务院有关文件的规定,主持进行了全国近岸海域环境功能区划工作。共划定了638个近岸海域环境功能区,其中包括了203个水产养殖区和18个海洋渔业水域,沿海各省、自治区、直辖市的近岸海域环境功能区划方案,业经有关省、自治区、直辖市人民政府批准实施。2001年2月,农业部以公告形式向社会发布了《中国海洋渔业水域图》(第一批),对黄渤海区、东海区、南海区三个海区,分别按中上层鱼类、底层鱼类、虾蟹类、头足类、大型浮游动物(主要是海蜇)以及国家和省级海洋自然保护区、水产种质资源保护区、水生野生动植物保护区、幼鱼资源保护区(线)等进行编制。农业部还将发布《中国内陆渔业水域图》、《中国海洋渔业养殖水域图》等。依法划定的渔业水域,是对渔业水域生态环境实施监督管理的依据,具有法定效力。

《海洋环境保护法》规定,国家渔业行政主管部门"负责保护渔业水域生态环境工作"。渔业水域生态环境的保护,要在人民政府的统一领导下进行,渔业行政主管部门应当会同或者协同有关部门依照《海洋环境保护法》和《水污染防治法》的规定,采取有效的对策措施,防止对渔业水域生态环境的人为破坏。这些对策措施主要包括:①在鱼、虾、蟹、贝幼苗的重点产区直接引水、用水的,应当采取避开幼苗的密集期、密集区,或者设置网栅等保护措施。②在鱼、虾、蟹洄游通道建闸、筑坝,对渔业资源有严重影响的,建设单位应当建造过鱼设施或者采取其他补救措施。③禁止围湖造田。严格限制围海造地和其他围海工程。沿海滩涂未经县级以上人民政府批准,不得围垦;重要的苗种基地和养殖场所不得围垦。④严格限制在渔业水域中建设沙石场。确需建设的,必须按照有关主管部门规定的地点、范围、作业方式和数量采挖。⑤禁止在红树林集中分布水域建设毁坏红树林及其渔业生态系统的海岸工程建设项目。禁止砍伐红树林和在红树林地毁林挖塘、围堤、采砂及其他毁坏红树林渔业生态环境的活动。⑥禁止在珊瑚礁集中分布区建设毁坏珊瑚礁及其渔业生态系统的海岸工程建设项目。禁止采挖、填埋渔业水域的岸礁。严格限制采挖、填毁环礁及其他破坏渔业生态环境的活动。⑦严格限制在重要渔业湿地建设油田、盐场、围垦或者兴建其他建设项目。确需进行的需经批准并采取有效措施维护建设项目周围湿地的生物多样性及湿地渔业生态系统结构和功能的完整性。⑧严格限制可能导致国家重点保护的水生野生动物生存环境受到影响的建设项目。确需兴建的,应当征得渔业行政主管部门的同意,并由建设单位负责采取措施保证物种延续。⑨进行水下爆破、勘探、施工作业,对渔业资源有严重影响的,作业单位应当事先同有关县级以上人民政府渔业行政主管部门协商,采取措施,防止或者减少对渔业资源的损害。⑩引进水生动植物物种,应当进行科学论证,避免对渔业水域生态环境造成危害。⑪有计划地选划和建设以保护渔业生态系统为主要内容的自然保护区。⑫对用于渔业并兼有调蓄、灌溉等功能的水体,有关主管部门应当确定渔业生产所需的最低水位线,维护渔业生物的生存空间。

三、海洋自然保护区

海洋自然保护区是指以海洋自然环境和资源保护为目的，依法把包括保护对象在内的一定面积的海岸、河口、岛屿、湿地或海域划分出来，进行特殊保护和管理的区域。加强各种海洋自然保护区的建设是合理开发利用海洋资源、保护海洋生物多样性和防止海洋生态环境全面恶化的最有效途径之一。1988年7月，中国确立了综合管理与分类型管理相结合的新的自然保护区管理体制。11月份，国务院又确定了国家海洋局选划和管理海洋自然保护区的职责。建立海洋自然保护区是保护海洋生物多样性最有效的方式。

至2002年底，我国已建成海洋自然保护区76个，其中国家级海洋自然保护区21个，地方级海洋自然保护区55个。中华白海豚、斑海豹、海龟、文昌鱼等珍稀濒危海洋动物以及红树林、珊瑚礁、滨海芦苇湿地等典型海洋生态系统得到重点保护。由于加强了管理和宣传，滥砍滥用保护区内红树林的现象已基本杜绝，通过人工造林使区内红树林逐步恢复，保持了红树林生态系统基本生命过程和功能，丰富了生物多样性。

我国保护自然保护区的立法除了一些环境和资源保护法律的规定外，主要是由国务院颁发的《自然保护区条例》和《森林和野生动物类型自然保护区管理办法》，以及原国家环境保护局和原国家土地管理局联合发布的《自然保护区土地管理办法》，国家海洋局1995年5月29日正式发布施行的《海洋自然保护区管理办法》等组成。

根据《海洋自然保护区管理办法》，海洋自然保护区的选划、建设和管理，实行统一规划、分工负责、分级管理的原则。国家海洋行政主管部门负责研究、制定全国海洋自然保护区规划；审查国家级海洋自然保护区建区方案和报告；审批国家级海洋自然保护区总体建设规划；统一管理全国海洋自然保护区工作。沿海省、自治区、直辖市海洋管理部门负责研究制定本行政区域毗邻海域内海洋自然保护区选划；提出国家及海洋自然保护区选划建议；主管本行政区域毗邻海域内海洋自然保护区选划、建设、管理工作。海洋自然保护区分为国家级海洋自然保护区和地方级海洋自然保护区。国家级海洋自然保护区是指在国内、国际有重大影响，具有重大科学研究和保护价值，经国务院批准而建立的海洋自然保护区。地方级海洋自然保护区是指在当地有较大影响，具有重要科学研究价值和一定的保护价值，经沿海省、自治区、直辖市人民政府批准而建立的海洋自然保护区。

如果说海洋自然保护区所保护的区域面积相对于广阔的海洋只是较小

的、有限的一部分,而对全部海洋生态健康和自然平衡的作用不宜过高估计的话,那么海洋自然保护区对于海洋生物物种和种群的保护作用,则具有普遍意义。其中,特别是拥有商业价值的物种保护,对于人类的持续发展更是至关重要。海洋生物中的濒危物种,通常是指在生物分类表上接近灭绝的物种。但对持续发展的资源永续利用而言,还应该含有另外的含义。一是"经济性灭绝"物种。许多有商业价值的物种现在并没有受到生物物种灭绝的威胁,但是它们受到了大量的开发,因此仍然被国际自然和自然保护同盟列在濒危物种的"红皮书"中的'受商业性威胁'类。受商业性威胁是指那些作为永续的商业资源的种群的大部分或全部已经受到威胁,或将受到威胁,除非控制对它们的开发。二是海区濒危物种。同一物种或种群,在某些海区可能属于正常生物种,而对另外一些海区,因开发或其他原因使种群数量严重下降,不仅失去经济上的商业价值,而且甚至已濒临在海区消亡的境地。以上两种物种濒危的情况,虽然和通常的物种濒危意义不同,但在所指的条件下,也属一种类型的生物物种濒危。"经济性灭绝"和区域性物种濒危,是当前海洋生物资源持续利用的两大威胁,为保持资源的商业开发价值,当前有效的方法仍然是建立自然保护区,把濒危资源生物种的繁殖和活动区保护区管理起来,然后再通过一定办法将其分散到繁殖开发区内,使开发区的这类生物种群得到恢复和发展。

四、海滨风景名胜区

海滨风景名胜区是我国风景名胜区的重要组成部分,是按法定的条件和程序划定的,自然景物、人文景物比较集中,环境优美,并具有一定观赏、文化或科学价值,可供人们游览、休息或进行科学、文化活动的海滨区域。海滨风景名胜区是自然和文化历史遗产的保留地,是自然和人类历史发展的见证。保护海滨风景名胜区,不仅对保护和改善海洋环境有着重要作用,而且对于开展科学、文化、历史、艺术研究,丰富人们的精神文化生活,激发国民的民族自尊心和爱国情操,乃至对促进旅游事业、推动地区经济发展,都有着重要作用。

在海滨风景名胜区保护方面,我国制定和颁布了《风景名胜区管理暂行条例》及其《实施办法》,同时还在《环境保护法》、《海洋环境保护法》、《城市规划法》、《矿产资源法》等法律中,对风景名胜区的保护作了规定。综合有关法律、法规的规定,其主要内容包括以下几个方面。

《风景名胜区管理暂行条例》规定各级风景名胜都应当制定风景名胜区规划。其内容要求包括:确定风景名胜区的性质;确定风景名胜区范围及其外围保护地带；划分景区和其他功能区；确定保护和开发利用风景名胜资源的措施；确定游览接待容量和游览活动的组织管理措施；统筹安排公用、服务及其他设施；估算投资和效益；规划其他的事项。

海滨风景名胜区规划，应当在所属人民政府领导下，由主管部门会同有关部门组织编制，并应广泛征求有关部门、专家和人民群众的意见，进行多方案的比较和论证。风景名胜区规划经主管部门审查后，报审该风景名胜区的人民政府审批，并报上级主管部门备案。按景物的观赏、文化、科学价值和环境质量、规模大小、旅游条件等，我国的海滨风景名胜区分为3级，即市(县)级、省级和国家重点海滨风景名胜区。市(县)级海滨风景名胜区，由市、县主管部门组织有关部门提出风景名胜资源调查评价报告，报市、县人民政府审定公布，并报省级主管部门备案；省级风景名胜区，由市、县人民政府提出风景名胜资源调查评价报告，报省、自治区、直辖市人民政府审定公布，并报国务院建设主管部门备案；国家重点风景名胜区，由省、自治区、直辖市人民政府提出风景名胜资源调查评价报告，报国务院审定公布。

我国风景名胜区保护工作于1979年启动，国务院于1985年颁布《风景名胜区管理条例》。目前我国有国家级风景名胜区151处，约占国土面积的1％。其中国家级滨海风景名胜区12个。大部分海滨风景名胜区位于大中城市附近，每年吸引了大量的国内外游客。

五、海洋特别保护区

海洋特别保护区是指在我国管辖海域，以海洋资源可持续利用为宗旨，对海洋资源密度高、所在区域产业部门多、开发程度大、生态敏感脆弱的海域，依法划出一定范围予以特殊保护管理，以确保科学、合理、安全、持续有效地利用各种海洋资源，达到最大社会经济、生态效益的目的。它本质上是一种兼顾海洋资源可持续开发和生态环境保护，通过特殊的协调管理手段，促进海洋与环境可持续发展的特定区域。

"海洋特别保护区"一词正式出现是在1982年的《海洋环境保护法》上。该法规定："国务院有关部门和沿海省、自治区、直辖市人民政府根据海洋环境的需要，划出海洋特别保护区……"1999年修订后的海环法也规定："凡具有特殊地理条件、生态系统、生物与非生物资源及海洋开发利用特殊需要的区域，可以建立海洋特别保护区，采取有效的保护措施和科学的开发方式进行特殊管理。"为了落实海洋环保法，推进海洋特别保护区的建设，国家海洋行政主管部门组织了有关专家和管理人员，根据我国海洋自然资源和环境在开发利用下所暴露的问题与矛盾,对海洋特别保护区的性质、作用等进行了分析研究。据此对海洋特别保护区进行了如下的规定。

根据《海洋环境保护法》和国务院有关规定,国家海洋行政主管部门会同有关涉海行业主管部门,依据全国海洋功能区划和有关海洋科学调查研究成果,对我国管辖海域的海岸带、河口、海湾和群岛海域进行综合调查和全面评估,编制全国海洋特别保护区发展规划。沿海地区海洋行政主管部门应当组织编制地方海洋特别保护区发展规划,纳入国家、地方或行业的相关计划,并组织实施。海洋特别保护区根据海洋资源和生态环境特征可分为海岸带、河口区、海湾和群岛海域等类型。根据目前海洋特别保护区建设面临的实际情况,海洋特别保护区暂不分级。

在我国管辖海域,凡具备下列条件的海区应当建立海洋特别保护区:(1)具有特殊海洋资源和生态环境特征的海岸带、河口区、海湾和群岛海域;(2)已受到损害的典型海洋自然生态环境或海洋生态环境敏感与脆弱的海域;(3)海洋资源密度大和开发利用程度高的海域;(4)具有重要开发价值的海洋资源或海洋高新技术产业发展潜力区;(5)其他需要特殊保护的海域。

海洋特别保护区的建立,由拟选划海洋特别保护区所在的省(地、市或县)海洋行政主管部门根据全国和地方海洋特别保护区发展规划,提出建区申请,征求有关部门意见进行综合论证,经海洋特别保护区评审委员会评审同意,由上一级海洋行政主管部门提出审核意见,经拟建特别保护区所在的省(地、市或县)人民政府审批。海洋行政主管部门组织成立海洋特别保护区评审委员会,并制定评审标准和要求,负责海洋特别保护区评审的日常工作。建设海洋特别保护区须经评审委员会评审通过后方可报批。

我国第一个地方政府批准建立的海洋生态特别保护区,是由宁德市人民政府于2002年3月正式批准设立,管理站是保护区的管理机构。它的成立,标志着海洋特别保护区开始投入运行。特别保护区将建立健全海洋生态环境管理体系,在更大范围内协调管理海洋资源开发与生态环境保护,实现海洋经济、社会与生态环境可持续发展。

六、海洋生态示范区

生态示范区是指以生态学和生态经济学原理为指导,以协调社会、经济发展和环境保护为主要目标,统一规划,综合建设,生态良性循环,社会经济全面、健康、持续发展的示范性行政区域。1995年国家环保总局决定在全国开展以县域为单位的生态示范区建设试点工作,共有农业生态、乡镇工业、资源合理利用、生态恢复、防止污染、生物多样性保护为主要内容的6种类型。目前全国已有111个生态示范区建设试点、50个国家生态农业试点县和数万个县、乡、村级生态农业试点。

生态示范区建设是推动区域社会经济可持续发展的一场重大革命。其根本目标是，按照可持续发展的要求和生态经济学原理，合理组织、积极推进区域社会经济和环境保护的协调发展，建立良性循环的经济、社会和自然复合生态系统，确保在经济、社会发展方面，满足广大人民群众不断提高的物质文化生活需要的同时，实现自然资源的合理开发和生态环境的改善。全国生态示范区建设试点自正式启动以来，发展迅速，在推进试点地区经济、社会和环境保护协调发展的同时，对周边地区产生了良好的辐射作用，使生态示范区建设成为区域社会、经济可持续发展的一种理想载体和组织形式。

我国海洋生态示范区是我国生态示范区的一部分。在全国第一批通过验收的33个生态示范区中就有6个属于海洋生态示范区。这些海洋生态示范区都处于重要的经济发展区，对全国的经济发展有着重要的影响。

七、海洋特殊区域管理中存在的问题和对策

尽管我国已经建立起了一套比较完善的海洋特殊区域的保护体系，但我国海洋自然生态的形势依然十分严峻，沿岸海洋开发活动、污水排放和人为破坏等现象还没有从根本上杜绝，仍威胁着珍稀濒危海洋动物的生存和典型海洋生态系统的稳定。目前我国自然保护区保护管理存在的突出问题是发展快，投资少，保护管理机构不健全，有法不依等。为了依法保护和建设好我国的海洋特殊区域，特提出以下对策和建议。

(1)以人为本进行管理。海洋特殊区域也是当地人的生活资源，如果将整个区域都保护起来或者统管起来，而不为当地人提供一种可以生存的方式，就等于断了一些人的活路，那将会造成难以处理的后果。2004年夏天的菊花岛事件就是矛盾激化的后果。菊花岛呈长葫芦形，面积13.5平方千米，地势南高北低，最高海拔198.2米，海岸线长27千米，是渤海湾中最大的岛屿。早在1988年，菊花岛连同兴城的首山、温泉、古城被国务院批准为国家级风景区，并称为"兴城海滨风景名胜区"。岛上共有3 200多名居民常住，以渔业和旅游业为主要收入来源，过着日出而作、日落而息的田园生活。岛内居民邻里和睦，关系融洽，治安良好，秩序井然，各种案件几乎没有。岛上农民为了开发旅游环岛道路义务修建了环岛公路，而地方政府却将这些道路的经营权卖了出去。除此以外，当地政府还把滩涂承包给私人，把磨盘山包给一家公司搞开

发,留给岛民们维持生存的资源所剩无几了。岛民们找了乡里很多次,问题仍然没有得到解决,最后发展成聚集起数千人坐在道路上表示抗议。由于道路受阻,游客无法上岛,而且当时正处于旅游旺季,短短一个月就造成损失数百万元。从这个事件可以看出,不论对什么样的特殊区域进行管理,首先要解决好当地百姓的生计问题,以人为本是管理的基础。

(2)加强领导和协调,建立海洋特殊区域保护综合决策机制。由于我国的重点海域、渔业水域、海洋渔业水域、海洋自然保护区、海滨风景名胜区、海洋生态示范区等都位于我国近海海域或滨海陆地上。一个地区可能既是重点海域、渔业水域、海洋自然保护区,同时又是海滨风景名胜区和海洋生态示范区,由不同的主管部门负责不同的工作,机构重复设置。管理对象虽然是同一个,但是不同的管理部门的管理措施和手段是不同的。这就造成了众多的承担不同管理职责的部门,对同一个管理对象发出不同有时是相互矛盾的指令,令被管理者不知所措,整天忙于应付各种检查和汇报。

另外,因为在这类区域里面不但有渔民村、驻军部队,还有各种企事业单位,所以开展的工农业生产和环境保护应注意各方面的协调关系,考虑各方利益,以免出现混乱局面。笔者建议,各种特殊区域的管理机构都应该与特殊区域所在地的地方人民政府密切合作,根据当地的经济、环境等特点,制定海洋特殊区域管理的全面规划;在作好全区规划的同时,规范建设管理和旅游开发秩序;建立和完善各级政府对本辖区生态环境质量负责、各部门对本行业和本系统生态环境保护负责的责任制;明确资源开发单位、法人的生态环境保护责任。

(3)增加海洋环境保护资金投入。在各种海洋特别区域上尽管设立了众多的管理机构,但对每一个管理机构的资金投入都不够,另外由于海洋的特殊性,有些地方交通不便,难以形成有效的管理。笔者认为,国家在海洋环境保护的资金投入和政策上要给予优惠支持,各级政府应增加海洋生态环境保护的投入。要逐步建立海域使用生态补偿、资源开发补偿、遗传资源惠益共享等生态补偿机制。生态保护投入应按照事权划分的原则,中央政府主要负责重点海域、国家级海洋自然保护区、国家级海滨风景名胜区、生态功能保护区的生态保护与自然恢复的建设投入,而各级当地政府应负责各管辖范围内的特殊区域的建设的投入。

(4)强化资源保护,作好承载力分析,实行绿色管理。承载力是指生态系统维持健康生物,使其保持生产力、适应性和更新能力的综合性能力。对于海洋环境而言,承载力是指海洋生态系统临界容量。分析它的目的是便于实行容量控制。由于我国海洋自然保护区大多与滨海风景名胜区相重叠,有些还是需要特殊保护的人文和自然遗迹。同时,其附近海域也可能是国家批准划定需要加大力度治理的重点海域,综上所述,特殊区域与经济发展联系的中间环节的环境承载力,成为判断经济是否持续发展的一个重要指标。有些特殊区域生态系统脆弱,环境承载力低,要认真作好承载力分析。根据对经济承载量、当地居民心情承载量和资源空间承载量的综合分析,实行绿色管理,制定合理有效的保护措施,切实保护好沙滩、生物、水、景观文化等资源,严禁污染性、破坏性、干扰性、低效能、高消耗项目上马。此外淡水资源是发展海洋特殊区域的瓶颈因素,要提高资源效用,降低旅游对环境的不良影响,提倡节能、节水和水的循环利用,采取各种节约措施减少能源耗费,采取环保措施减少污染。例如实行垃圾分类收集集中处理,采取具有环保功能的交通工具和能源等。另外,如充分利用本区风力资源丰富的条件,选用风力发电等措施。

(5)将海洋特别保护区作为海洋自然保护区的一种,进行统一管理,而不是分开进行管理。按照《海洋环境保护法》,由国家海洋行政主管部门负责海洋自然保护区和海洋特别保护区的管理,既然海洋自然保护区和海洋特殊保护区在实质上没有很大的区别,就应当将他们一起管理,而没有必要进行分类管理。

(6)加强与有关科研机构建立长期合作关系,对海洋生态资源进行持续研究和检测,提高海洋特殊区域管理的科学内涵,并依照开发服从生态保护的原则,避免短期行为,定期对各种海洋特殊区域内的旅游景点、生产企业及其环境变化实行监测,由规划设计部门作出总体规划,实行计划开发。

(7)强化监督,理顺保护管理体制。要按照海洋特殊区域内的自然生态保护的需要方式,理顺管理体制,加强法制。各级资源开发与生态环境监督管理,必须政企分开;资源开发、生产力布局、经济结构调整与生态建设必须坚持环境影响评价和"三同时"制度;生态保护必须坚持统一立法、统一规划、统一监管理。

山东省海洋自然保护区与生态省建设①

海洋自然保护区是指对具有重要经济价值、社会价值或者科学文化价值的生态系统、濒危珍稀海洋野生动植物的集中分布区、重要渔业水域、海洋资源、历史遗迹和景观等采取有效措施予以保护的区域。加强海洋自然保护区的建设是合理开发利用资源、保护生物多样性和防止生态环境全面恶化的最有效途径之一。根据国家环保总局2003年发布的《生态县、生态市、生态省建设指标(试行)》规定,建设海洋自然保护区也是生态省建设的重要任务之一。

一、山东省海洋自然保护区的设立情况

山东省是一个海洋大省,海岸线长 3 120 千米,占全国海岸线总长度的 17%,居全国沿海省市第二位。滩涂面积 3 200 多平方千米,占全国的 15%,居全国沿海省市第二位。负 15 米等深线以内的浅海面积 1.33 万平方千米,内外渔场面积 17 万平方千米。沿海岛屿 326 个,岛屿面积 136 平方千米。岛岸长 600 多千米,面积在 1 平方千米以下,有水源的岛屿有 35 个,有人居住的有 34 个。距岸 11 海里之内的岛屿有 170 多个,相对集中的岛群共 12 个。山东省有国家级海洋自然区 2 个,占全国国家级海洋自然保护区数量的 9.5%,地方海洋自然保护区 6 个,占全国地方海洋自然保护区总数的不到 11%(表1)。

表1 我省国家级和地方海洋自然保护区

自然保护区的名称	地点	面积（公顷）	主要保护对象	自然景观	批准机关	建立日期	级别	业务主管部门	管理机构
黄河三角洲自然保护区	东营市	153 000	原生湿地生态及珍稀动植物	海洋海岸	国务院	1992	国家级	林业	
长岛自然保护区	山东长岛	5 300	鹰、隼等猛禽及候鸟栖息地	野生动物	国务院	1988	国家级	林业	

---

① 本文的作者是马英杰。

(续表)

自然保护区的名称	地点	面积（公顷）	主要保护对象	自然景观	批准机关	建立日期	级别	业务主管部门	管理机构
庙岛群岛海洋自然保护区	山东长岛	875 600	斑海豹及其生境	野生动物	国务院	1991	省级	环保	国家海洋局
荣成天鹅自然保护区	荣成市	10 500	大天鹅及珍禽生境	野生动物	山东省政府	2003	省级	林业	
滨州海滨湿地自然保护区	沾化县	168 200	海滨湿地、鸟类	海洋海岸	国务院	2001	地(市)级	林业	
日照前三岛海洋自然保护区	日照市	41 200	海洋生态系、渔业资源	海岛及周围水域	山东省政府	1992	地(市)级	海洋	
桑沟湾自然保护区	荣成市	6 667	海珍生物	野生动物	山东省政府	1987	县级	环保	
即墨海洋生物自然保护区	即墨市	915	海洋经济生物	野生动物	山东省政府	1994	县级	环保	
青岛大公岛海岛生态系统自然保护区	青岛市	1 600	鸟类、海洋生物资源及栖息繁殖环境	海岛	山东省政府	2001	省级	山东省政府	待国务院批
千里岩海岛生态系统自然保护区	烟台市	1 823	长绿阔叶林、鸟类	海岛	山东省政府	2002	省级	山东省政府	待国务院批

二、山东省海洋自然保护区的现状分析与对策

通过分析山东省海洋自然保护区的现状,可以发现有以下几个方面值得注意。

1. 自然保护区数量和面积较少

国家环境保护总局2003年发布的《生态县、生态市、生态省建设指标(试行)》规定,生态省的物种多样性指数应达到0.9%,珍稀濒危物种的保护率应

达到 100%。而山东省海洋自然保护区的数量相对于全国的水平来说较少,珍稀物种的保护没有跟上。很多应该建立海洋保护区的地方没有建立。例如灵山岛是我国北方海拔最高的岛屿,周围是鲍鱼、海参等海珍品的繁育地,按照自然保护区条例应当建立海洋自然保护区。再如,乳山市的黄垒河—乳山河河口湿地自然保护区具有典型河口湿地景观,是北方海洋生物区系的代表,应当建立保护区。青岛市的胶州湾是国家一级保护动物黄岛柱头虫和多鳃孔舌形虫的栖息地,现在青岛要在胶州湾上一个大炼油项目,对其生存会造成一定的影响,所以建议划定一个区域作为保护区对其进行保护。青岛市沙子口是国家二级保护动物文昌鱼的生长地,但是由于近岸经济发展迅速,污染非常严重,文昌鱼的栖息地受到了严重的破坏,文昌鱼的数目比 10 年前减少了很多倍,如果不进行保护在青岛地区会有灭绝的危险。

《自然保护区条例》第十一条规定,建立海上自然保护区,需经国务院批准。虽然山东省人民政府在 2001 年和 2002 年分别批复建立青岛大公岛岛屿生态系统自然保护区和千里岩岛海洋生态系统省级自然保护区,但是由于国务院尚没有批准,所以在一些正式的自然保护区统计的文件和出版物中都没有将它们收录在内,对它们的管理造成了混乱与不便。

2. 以科学的发展观进行管理

从上表可知,山东省已建的海洋自然保护区大都位于海滨、近海海域或海岛上,与当地群众生活密切相关。例如长岛上不但有渔民村、驻军部队,还有各种企事业单位,千里岩上有驻军部队。按照法律规定,自然保护区可以分为核心区、缓冲区和实验区。法律还规定,自然保护区内保存完好的天然状态的生态系统以及珍稀、濒危动植物的集中分布地,应当划为核心区,禁止任何单位和个人进入;除经特殊批准外,也不允许进入从事科学研究活动。核心区外围可以划定一定面积的缓冲区,只准进入从事科学研究观测活动。缓冲区外围划为实验区,可以进入从事科学试验、教学实习、参观考察、旅游以及驯化、繁殖珍稀、濒危野生动植物等活动。原批准建立自然保护区的人民政府认为必要时,可以在自然保护区的外围划定一定面积的外围保护地带。而风景名胜区则是按法定的条件和程序划定的,自然景物、人文景物比较集中,环境优美,并具有一定的观赏、文化或科学价值,可供人们游览、休息或进行科学、文化活动的海滨区域。换句话说,风景名胜区是允许人进入的,是可以参观、活动的,而自然保护区对人的进入和活动是有限制的。

荣成天鹅湖自然保护区既是风景名胜区也是自然保护区。每年的 11 月份,总会有许多天鹅来到荣成市成山镇的湖面上过冬,到来年二三月份才走,多的年份天鹅数量可达到七八千只。因此,有人称这片湖面为"东方天鹅湖",位列世界四大天鹅湖之一。天鹅湖由3个独立的潟湖组成,即月湖(天鹅湖)、朝阳湖(朝阳天鹅湖)以及养鱼湖(马山港天鹅湖)。2000年,山东省政府批复成立荣成天鹅湖省级自然保护区,将3个湖区全部划定为保护区的核心区。流入月湖的淡水主要有小江河、金水河、二村东河以及花夼河等4条河流,其中,小江河水源主要来自降水。近年来,小江河上游的芦苇沼泽地上新建了许多鲍鱼养殖场,原先的自然沙堤也被石砌的人工堤取代。如此造成的后果是,原先的淡水河变成了养殖场现在的排污河,并且残存芦苇沼泽里的淡水由于石堤的阻拦也无法流入小河,由于没有淡水补给并且向河内排入大量的养殖废水,小江河事实上已变成一条咸水河。金水河水源主要来自上游的芦苇湿地,河水目前也被污染,污染源主要来自上游的一家电子元件厂。此外,金水河还流经一片正在兴建的别墅住宅区,小区的生活污水如处理不当很可能加剧目前的污染状况。天鹅湖区周边的原生栖息地主要为芦苇沼泽和海岸滩涂,由于多年围垦、筑堤、开挖池塘以及近年来兴建旅游度假设施等开发活动,目前这两种栖息地已经被破坏殆尽。芦苇沼泽不仅可以为天鹅湖提供和涵养水源,也是许多湿地鸟类的觅食和活动场所;而海岸滩涂则是大天鹅在岸上休息、理羽等活动的主要场所。因此,大天鹅等越冬水禽的栖息地不仅包括湖区的水面,湖区周边的芦苇沼泽和海岸滩涂对它们同样重要。野生动物都喜爱在不受打扰的环境中活动,如果栖息环境中各种干扰因素超出它们可忍受的限度,即使其他条件再优越,它们对所栖息的环境也不会再继续利用。目前,天鹅湖内大天鹅等越冬水禽面临的环境干扰,主要来自各种开发建设和人为活动——湖区周边还在进行挖塘、清沙以及筑堤等。此外,湖区周边也没有设置阻止游人和机动车进入的明显标志,一些靠岸饮水或上岸休息的天鹅经常被过往的人员和车辆惊飞。3年前,当地一家渔业公司为了搞旅游和养殖开发,开展了纳潮海湾生态系统可持续发展示范工程,治理工程开始于1999年,工程总投资1.9亿元。目前投入资金6000万元,仅完成工程总量的1/3。按照工程规划,清淤之后湖区平均水深将达2.6米,纳潮量增加,水质可以得到明显改善,有助于湖区生态系统的良性恢复。防止湖区"沼泽化"是提出清淤工程的主要原因。然而,沼泽却恰恰是大天鹅等许多水禽最适宜的栖息地。大叶藻主要生长在湖区的潮间带,是大天鹅越冬期的主要食物。可行性报告认为清淤之后可使大叶藻增殖,却未提及清淤也可能破坏大叶藻在湖底的生长基质,从而导致大叶藻在一段时期内减少甚至死亡。目前的做法是将湖底清出的淤泥直接堆积在湖边。沉淀下来的海沙有部分已被运走,但大部分仍然滞留在岸边。而黑色的塘泥则全部流入附近的芦苇沼泽和农田,严重破坏了天鹅湖周边的栖息环境。天鹅湖及其周边的栖息地现状丝毫不容乐观,一些栖息地被破坏的现象更是触目惊心。一般认为,水、食物和隐蔽物是野生动物赖以生存的三大基本要素,对大天鹅等水禽而言,这些基本要素都或多或少地受到了影响。在水源方面,目前流入月湖的淡水大部分已遭到污染,而残留的水系不是被改道就是入湖口处干扰过大,致使鸟类难以利用。花夼河入湖口处是月湖大天鹅目前最主要的饮水区,这里时常聚集着上百只的大天鹅等候饮水,而花夼河水已经被污染。

荣成大天鹅自然保护区的管理显然没有达到《自然保护区管理条例》所要求的标准。在离入湖口处不足百米的地方这两年连续兴建了4处虾塘,看塘人的小屋后面还立着保护区核心区的红色界桩,这显然不符合法律的规定。在花夼河入湖口的另一侧,几处虾塘依然在施工,照此趋势,用不了多久花夼河入湖口就将被完全合围。在湖边,连片的虾塘已经向湖区推进了数百米。天鹅湖的环境明显变坏。2004年冬天与前几年同期比较,来天鹅湖越冬的大天鹅的数量较往年明显减少,而死亡个体却同比增多。

环境保护与发展当地经济是自然保护区发展一直要面临的难题,正因为如此,保护区的任何举措都要慎之又慎,应当以科学的发展观来对海洋自然保护区进行管理,否则将为动物保护带来不可挽回的影响。在海洋自然保护区内开展旅游、工农业生产和自然保护区环境保护活动,应注意各方面的协调关系,考虑各方利益,以免出现混乱局面。所以,建议各海洋自然保护区的管理机构都应该与有管辖权的地方人民政府密切合作,根据当地的经济、环境等特点制定海岛自然保护区的全面规划,规范建设管理和旅游开发秩序。建立和完善各级政府对本辖区生态环境质量负责、各部门对本行业和本系统生态环境保护负责的责任制,明确资源开发单位、法人的生态环境保护责任。对于与风景名胜区相重叠的海洋自然保护区,要认真作好自然保护区的承载力分析。实行绿色管理,制定合理有效的保护措施,切实保护好沙滩、生物、水、景观文化等资源,鼓励对环境保护有利的旅游设施的建设,严禁污染性、破坏性、干扰性、低效能、高消耗项目上马。

3.增加海洋环境保护资金投入,强化对海岛自然保护区的管理

海岛的形成,多是由于海平面上升使山峰与大陆分离,长期的风化剥蚀强化成今日特殊的生态系统。不同类型的岛屿,各具不同的自然环境。海岛和大陆沿岸相比,风强、浪大、流急、水清。岛陆一般土层较薄,淡水资源缺乏。因与陆地长期隔离,海岛生态系统常显示鲜明的特点,可保留陆地罕见的动植

物资源。岛滩因坡度大,潮差相对偏小,一般很窄,且主要是岩礁和沙砾礁。环岛浅海因受岛屿影响,其水文气象、地质、沉积和生物、化学环境等与无岛正常海域有很大差异。另外,由于我国海岛横跨38个纬度,地处热带、亚热带和温带,气候差异非常大,加上各个岛的开发历史不同,环境差异也相当显著。从某种意义上说,一个海岛就是一个独立的生态系统。海岛与大陆以水相隔,交通不便,使得海岛具有自身的特殊性,要想进行有效的保护和管理,就应当配备先进的设备和管理手段。国家应该在海岛自然保护区环境保护的资金投入和政策上给予优惠支持,各级政府应增加海岛生态环境保护的投入。要制定政策,鼓励单位和个人对海岛进行有益的开发,加强基础设施的建设。同时也应当建立海岛使用生态补偿、资源开发补偿、遗传资源惠益共享等生态补偿机制。生态保护投入应按照事权划分的原则,中央政府负责国家级海岛自然保护区、各级地方人民政府负责各级地方海岛自然保护区的生态功能保护区的生态保护与自然恢复的建设投入。

政府的管理对海岛自然保护区的保护至关重要。有些区域虽然已经划定为自然保护区,但管理措施跟不上,根本无法达到保护的目的。如青岛大公岛,2001年被山东省人民政府批准为省级自然保护区,主要保护对象为鸟类、海洋生物资源及栖息繁殖环境,但是至今未采取有效的措施,岛上的鸟网随处可见。大公岛是国家动物红色名录收录的动物扁嘴海雀[①](Synthliboramphus Antiquus)的繁殖地,按照现在这种状态,扁嘴海雀和其他在此停留的鸟类的命运甚是令人担忧。

再者对海岛自然保护区进行管理,应当体现对当地风土人情的保护,鼓励当地居民积极参与,并公平获得分享旅游业社会经济效益的权利,有必要从资金、技术、文化、教育等方面采取倾斜政策,挖掘当地文化内涵,最终使当地居民自觉投身到生态保护的行动中。

4. 对海洋自然保护区资源进行合理利用

《生态县、生态市、生态省建设指标(试行)》提出,生态县的恩格尔系数应小于40%。要达到这个目标需要不断增加沿海群众的收入,提高生活水平。但是由于我国人口仍然在增长,资源的匮乏日益严重。提高人民群众的生活质量,使他们也能分享社会文明和进步就越发不容易。

山东省的滨海湿地自然保护区有着丰富的自然资源,对其在保护的基础上进行合理的利用是摆在各级政府面前的一项重要任务。

---

① http://www.china.org.cn/chinese/huanjing/735847.htm

加强近岸海域环境功能区环境管理的建议[①]

按照国家环境保护总局关于对全国沿海地区开展近岸海域环境功能区划的工作部署,在沿海地区的近岸海域环境功能区划工作完成后,即组织进行近岸海域环境功能区划的统汇、统编工作,编制全国的近岸海域环境功能区划。目前,沿海省、自治区、直辖市的近岸海域环境功能区划方案和调整方案已先后经人民政府批准实施。全国的近岸海域环境功能区划报告也已经编制完成。为充分发挥近岸海域环境功能区划的作用,加强近岸海域环境功能区的环境管理,国家环境保护总局于1999年12月10日公布了《近岸海域环境功能区管理办法》,2001年11月20日又举办全国近岸海域环境功能区划管理培训班。可见,加强近岸海域环境功能区的环境管理,是沿海环境保护部门在当前和今后一个时期内的一项重要工作。

一、全国近岸海域环境功能区划工作的基本情况

近岸海域,是相对于远海而言的,其范围也随着海洋法的发展有所变化。20世纪70年代以前,按照传统海洋法的规定,领海以外是公海。近岸海域的范围是指一国领海外界线向陆一侧的海域。由于传统海洋法对领海的宽度并没有作出统一规定,不少沿海国家的领海宽度为3海里,因此,历史上的近岸海域范围是比较狭窄的。1982年签订的《联合国海洋法公约》,打破了传统海洋法旧观念,不仅规定领海宽度从领海基线测算起,向海一侧最大可划到12海里,而且把海洋划分为内水、领海、毗连区、群岛水域、用于国际航行的海峡、专属经济区、大陆架、公海和国际海底区域等9种海域。其中内水、领海、毗连区、群岛水域、用于国际航行的海峡、专属经济区、大陆架等7种海域为沿海国家管辖海域,占全部海洋面积的38%,约为1.4亿平方千米;公海和国际海底区域占全部海洋面积的62%,约为2.2亿平方千米。《联合国海洋法公约》于1994年11月16日生效。我国1996年5月15日批准公约。根据公约规定,近岸海域范围应当为我国管辖的全部海域。但考虑到我国目前海洋污染情况和海洋开发利用情况,《近岸海域环境功能区管理办法》规定,近岸海域是指与

---

① 本文作者为胡增祥。

沿海省、自治区、直辖市行政区域内的大陆海岸、岛屿、群岛相毗连,《中华人民共和国领海及毗连区法》规定的领海外部界限向陆一侧的海域。渤海的近岸海域,为自沿岸低潮线向海一侧12海里以内的海域。近岸海域与沿海陆地是同一整体,是当今海洋资源开发利用活动集中的区域,又是受海岸工程建设、沿岸生产和生活及船舶活动影响大、海洋环境污染和生态破坏比较严重的区域。近岸海域是国家现阶段海洋环境保护的重点区域,又是沿海地方各级人民政府对其环境状况最为关注的区域。

开展近岸海域环境功能区划工作,是国家环境保护总局加强我国近岸海域环境管理的重要举措。这项工作从1989年初开始,通过试点,在沿海各地区全面展开。其间沿海地方各级人民政府环境保护部门做了大量工作,最终形成了经沿海省、自治区、直辖市人民政府批准的区划方案。国家环境保护总局对沿海省、自治区、直辖市人民政府批准的本行政区域的区划方案,组织了统编汇总。汇总结果:全国近岸海域环境功能区共划定638个,其中一类80个,占总数的12.5%;二类284个,占总数的44.5%;三类104个,占总数的16.3%;四类170个,占总数的26.7%。在638个近岸海域环境功能区中,海洋渔业水域18个;海上自然保护区和珍稀濒危海洋生物保护区79个;水产养殖区203个;海水浴场、海上运动或娱乐区32个;工业用水区26个;滨海风景旅游区45个;海洋港口水域178个;海洋开发作业区33个;预留区、综合区24个。另有混合区34个。

近岸海域环境功能区划,是国家和沿海地方各级人民政府制定海洋环境保护目标,将海洋环境保护工作纳入国民经济和社会发展计划的基本依据,是国务院和沿海地方各级人民政府环境保护部门和其他职能部门依法进行海洋环境监督管理的重要手段。划定近岸海域环境功能区,并依法对其实施有效管理,对于在海洋环境保护领域,贯彻执行国家环境保护方针、政策,实现国家制定的环境保护目标具有现实和深远的意义。

二、近岸海域环境管理中存在的主要问题

自《中华人民共和国海洋环境保护法》实施以来,在国务院有关部门和沿海地方各级人民政府的共同努力下,建立了我国海洋环境保护监督管理体制,形成了海洋环境保护法律体系,在海洋环境污染防治和资源保护等方面取得了很大成绩。但与沿海经济社会发展需要、控制环境污染、改善环境质量的要求相比,还存在一定的差距。目前,在近岸海域环境管理中存在的主要问题主要表现在以下几个方面。

(一)不少干部和群众缺乏保护海洋环境的责任感和紧迫感

海洋环境是由海水水体、生活于其中的海洋生物、海床、底土和环绕其周围的海岸、滨海陆地,以及邻近海面上空的大气等自然要素构成的统一整体,是全球生命支持系统的重要组成部分,是保证经济可持续发展的宝贵财富。沿海地区发展的优势在于合理开发海洋,沿海经济的振兴在于合理开发海洋,沿海的持续发展仍需要依赖于海洋。为此,世界各国都关注海洋,重视海洋环境保护工作,不少沿海国家还把海洋开发与保护列为其发展战略的重要内容。

我国既是大陆国家,也是海洋国家。沿海11个省、自治区、直辖市,以占全国14%的土地,承载着占全国40%相对富裕的人口,创造了占全国60%的国民生产总值,为我国经济的快速发展作出了巨大贡献。

但是,我们应当注意到,沿海在取得这些社会效益和经济效益中,有些是以污染环境,甚至牺牲环境为代价实现的。时至今日,有些沿海城镇的工业废水和生活污水未经处理就直接排放入海;有的为了眼前利益,违法捕捞海洋水产资源,破坏红树林、珊瑚礁等。这说明,有些人的思想观念陈旧,法制观念淡薄,严重缺乏保护海洋环境的责任感和紧迫感。这种状况,在一定程度上影响了海洋环境保护法律、法规的有效实施,阻碍着海洋环境保护工作的进展,是当前海洋环境保护监督管理工作中的一大障碍。

(二)海洋环境保护管理机构不够健全

1982年《中华人民共和国海洋环境保护法》颁布后,国务院有关部门和沿海地方各级人民政府环境保护部门,相继加强了海洋环境保护管理机构和队伍建设,为海洋环境保护监督管理和法律、法规的有效实施奠定了基础。但是,近几年来,由于种种原因,沿海地方政府环境保护部门的海洋环境保护管理机构建设有些削弱,有的地区甚至至今仍没有建立海洋环境保护管理机构,也没有分工专人负责海洋环境保护工作,海洋环境保护工作至今没有列入环境保护的议事日程。

海洋环境保护管理机构是实施海洋环境保护监督管理的组织保证。世界银行在1995年提出的《世界发展状况报告》中指出,"一个国家要保护环境,建立有力的环境保护机构和实施正确的政策是基本前提。在过去20年中,各国人民已经懂得在促进发展方面应该更多地依赖市场,而较少地依赖政府。但是,环境保护恰恰是政府必须发挥中心作用的领域,市场不能或几乎不能为制止环境污染和破坏提供什么鼓励性措施"。21世纪是人类全面认识海洋、开发利用海洋和保护海洋环境的新世纪。如果沿海各级人民政府环境保护部门迟迟不能建立健全海洋环境保护机构,配备专职海洋环境保护管理人员,就不能履行法律赋予的对本行政区域的海洋环境保护工作实施组织协调和监督检查的职责,也不能圆满地完成环境保护部门主管的海洋环境保护工作。

(三)行使海洋环境监督管理权的部门之间缺乏有力的协调配合机制

我国《环境保护法》确立了国务院环境保护行政主管部门对全国环境保护工作统一监督管理,其他有关部门依照法律规定分工负责的管理体制。我国《海洋环境保护法》规定了国务院环境保护行政主管部门、国家海洋行政主管部门、国家海事行政主管部门、国家渔业行政主管部门、军队环境保护部门,各自对海洋环境保护工作监督管理的具体职责。近20年来,国务院环境保护行政主管部门依照法律赋予的职责,组织编制《全国海洋环境保护"八五"计划和十年规划》,组织行使海洋环境保护监督管理权的部门联合进行全国海洋环境保护工作执法检查,开展《公元2000年中国近海环境污染预测与对策研究》等。沿海地方环境保护行政主管部门依照法律赋予的职责,在本行政区建立了由行使海洋环境保护监督管理权的部门共同组成的联合执法队伍和海洋环境保护工作协调会议制度等。这些措施,一度体现了环境保护行政主管部门对海洋环境保护工作统一监督管理的法律地位,有利于调动其他行使海洋环境保护监督管理权的部门的积极性,有利于把行使海洋环境保护监督管理权的部门团结起来。但是,由于没有将这些实践经验加以总结,使其制度化、规范化、法制化,真正建立起紧密的协调、配合工作机制,因此,这些好的做法既不会长期坚持下去,也不会对其他管理部门具有约束力,难以形成一支和谐的执法群体。这种工作状态,严重影响了海洋环境保护工作,削弱了监督管理的力度。

(四)海洋环境保护法律体系不够完备

《中华人民共和国海洋环境保护法》实施以来,国家相继制定了6项配套的行政法规和11项海洋环境标准,国务院有关部门和沿海地方人大及政府制定了一些地方性法规、部门规章、政府规章和标准,基本上形成了海洋环境保护的法律体系,使海洋环境保护工作有法可依、有章可循。但相对于我国沿海11个省、自治区、直辖市和40多个有地方性法规、规章制定权的沿海地区来说,目前制定的海洋环境保护地方性法规和标准还不足10件,远远不能适应海洋环境保护工作的需要。

根据《中华人民共和国立法法》规定,省、自治区、直辖市,省、自治区所在地的市和国务院批准的较大的市的人民代表大会及其常务委员会、人民政府,根据本行政区具体情况和实际需要,在不与法律、行政法规相抵触的前提下,可以制定地方性法规和规章。《中华人民共和国环境保护法》规定:"省、自治区、直辖市人民政府对国家环境质量标准中未作规定的项目,可以制定地方环境质量标准";"省、自治区、直辖市人民政府对国家污染物排放标准中未作规定的项目,可以制定地方污染物排放标准;对国家污染物排放标准中已作规定的项目,可以制定严于国家污染物排放标准的地方污染物排放标准"。1990年12月,《国务院关于进一步加强环境保护工作的决定》指出:"各级人民政府、环境保护部门和有关部门应当根据职责权限,制定和完善环境保护规定和实施办法,健全环境保护法制"。据此,享有地方性法规、规章制定权的沿海地区,应当根据法律规定和国务院的决定,结合本行政区的具体情况和实际需要,尽可能制定出具有地方特色、操作性较强的地方性法规、规章和标准。

(五)海洋环境保护执法力度较弱

近20年来,行使海洋环境保护监督管理权的部门,在其职责范围内依法行政,做了大量工作,查处了大量海洋环境违法案件。但是,从总体上来说,海洋环境保护执法力度还明显不足。在一些沿海地区和部门中,仍然存在着有法不依、违法不究的现象;对一些法律规定的必须执行的法律制度,其执行率还不高;对一些群众关心、反映强烈的海洋环境问题没有得到及时和妥善解决。如果不尽快克服当前管理不力、执法软弱的现象,海洋环境保护法律、法规就不会得到有效实施,海洋环境质量就会影响全国环境保护目标的实现。

三、加强对近岸海域环境功能区的环境管理的建议

为加强对近岸海域环境功能区的环境管理,执行国家海水水质标准,国家环境保护总局于1999年12月10日制定并公布了《近岸海域环境功能区管理办法》。该办法明确了近岸海域的范围和各类环境功能区的含义,开展近岸海域环境功能区划工作的程序、各类环境功能区应当达到的海水水质类别、对近岸海域环境功能区环境管理的主管部门、管理制度和措施等。为贯彻执行该办法,国家环境保护总局曾在发布该办法时,下达了贯彻执行该办法的实施意见。根据沿海各地区近一年来对近岸海域环境功能区环境管理的工作情况,我认为,当前在对近岸海域环境功能区的环境管理工作中,应当重点抓好以下几项工作。

(一)制定近岸海域环境保护规划,并将其纳入人民政府的工作计划

《海洋环境保护法》第九条规定:"沿海地方各级人民政府根据国家和地方海洋环境质量标准的规定和本行政区近岸海域环境质量状况,确定海洋环境

保护的目标和任务,并纳入人民政府工作计划,按相应的海洋环境质量标准实施管理。"依照这个规定,保护和改善近岸海域的海洋环境是沿海各级人民政府的一项重要职能。沿海地方各级人民政府应当根据国家制定的环境保护目标和本地区的实际情况,制定本地区的海洋环境保护规划,确定本地区的重点控制海域、重点控制污染源和重点控制污染物及海洋环境保护的具体目标、任务和实施措施,并纳入人民政府工作计划,摆上重要议事日程,对本地区近岸海域环境保护工作实施统一领导,充分发挥各部门、各单位的力量,有计划、有步骤地集中财力物力解决对本地区经济发展影响较大、群众反映较强的海洋环境问题,使近岸海域环境功能区的水质状况符合相应的海水水质标准。

(二)实行排污总量控制制度,带动陆源污染的综合治理

《海洋环境保护法》第三条规定:"国家建立并实施重点海域排污总量控制制度"。近岸海域的水质状况与环境功能区保护目标的差距,主要是由于一些地区陆源污染物的排放量长期超过近岸海域环境承载能力造成的。因此,要改善近岸海域的海洋环境质量,必须严格控制陆源污染物的排放总量,确保陆源污染物入海总量稳步下降,逐步使陆源污染物入海总量与海域环境的承载能力相适应。渤海、长江口—杭州湾、闽东海域、珠江口和海南岛周围海域是国家确定的实行排污总量控制的重点海域。国家环境保护总局负责制定重点海域区域性的排污总量控制计划,报国务院批准实施。沿海省、自治区人民政府对实现陆源污染物达标排放仍不能达到近岸海域环境功能区水质保护目标的其他近岸海域,也应当实行排污总量控制制度,由省、自治区人民政府环境保护部门制定近岸海域排污总量控制计划,报同级人民政府批准实施。在实施总量控制的海域,要以排污总量控制为中心,加快老污染源的治理。对现有陆源排污单位超过污染物排放标准的,或者在规定的期限内未完成污染物排放量削减任务的,或者造成海洋环境严重污染损害的,要限期治理或者关闭、停业;对生产设备工艺落后严重污染海洋环境的,要实行淘汰。环境保护部门应当定期进行工业污染源和农业污染源的调查和评价,切实实行工业污染防治和农业污染防治并重的方针,在抓好工业污染点源防止和城市污水集中治理的同时采取有效措施,减少和控制农业、农村和海水养殖业污染物的入海量。

(三)健全和完善全国近岸海域环境监测网,加强环境功能区的环境监测

《海洋环境保护法》第十四条规定:"依照本法规定行使海洋环境监督管理权的部门分别负责各自所辖水域的监测、监视。"为了准确掌握和评价近岸海

域环境功能区的环境质量状况及发展趋势,加强重点污染源的监督管理,沿海县级以上环境保护部门应当对本辖区有关部门的海洋环境监测工作实施统一规划、组织和协调。1994年建立的全国近岸海域环境监测网,其网络组织和监测站位布局不适应近岸海域环境保护工作的需要。1999年底,中国环境监测总站会同有关部门,按照全国近岸海域环境功能区的分布情况,已初步对近岸海域的监测站位作了适当调整和补充,但还应当进一步加以完善,尽快做到每个功能区都设有1～2个监测站位。同时,还应当加强入海河口和主要排污口的监测。沿海各省、自治区、直辖市人民政府环境保护部门应当建立重点污染源排污监控系统,配备污染源连续自动监测和规范化计量设施,对重点污染源的排污状况实行在线监测,为环境保护部门的严格执法提供可靠信息。

(四)加强海洋环境保护法制建设,强化近岸海域环境功能区的监督管理

进行近岸海域环境功能区划,是国家为保护和改善海洋环境而采取的一项重大行政措施,经沿海县级以上地方人民政府批准的区划方案是具有约束力和强制力的法规性文件,任何单位和个人都不得擅自改变区划方案规定的功能区的功能、位置、面积和保护目标。为了加强对近岸海域环境功能区的管理,1998年11月4日,国家环境保护总局下发了《关于排入不同类别海域的污水执行标准有关问题的通知》,1999年11月10日发布了《近岸海域环境功能区管理办法》。明确规定:"沿海县级以上地方人民政府环境保护行政主管部门对本行政区近岸海域环境功能区的环境保护工作实施统一监督管理。"沿海地方各级人民政府要根据环境保护部门履行海洋环境管理职责的需要,加强环境保护部门中的海洋环境管理机构和管理队伍的建设。沿海省、自治区、直辖市和较大的市的人大常委会和人民政府应当加强地方海洋环境保护立法。环境保护部门和其他行使海洋环境监督管理权的部门要加强监督管理人员的素质训练,规范执法行为,提高执法水平。环境保护部门应当会同法制和行政监察部门开展经常性的海洋环境保护行政执法检查活动,及时处理和纠正违反《海洋环境保护法》及配套的管理条例和《近岸海域环境功能区管理办法》的行为。

(五)建立沿海地区重大污染事故应急体系

我国沿海不断发生重大污染事故,今后一段时间内有可能进入发生重大海上污染事故的高峰期。为做好海上重大污染事故的应急反应工作,《海洋环境保护法》规定除国家制定重大海上污染事故应急计划外,沿海县级以上地方人民政府及船舶、港口、装卸站、海洋石油平台和可能发生重大海上污染事故

的单位,都应当制定重大海上污染事故应急计划,以形成国家、地区和基层单位相结合的重大海上污染事故应急体系。依照这个规定,沿海省、自治区、直辖市和港口城市都应当制定本地区海上重大污染事故应急计划,组建由人民政府主管领导牵头的应急指挥机构,建立应急防治队伍,配备相应的应急防治设备和器材,建立应急通信、监测和监视系统。国家环境保护总局负责制定沿海企事业单位重大海洋环境污染事故应急计划编制纲要。沿海县级以上地方人民政府环境保护部门和海洋、海事、渔业部门应当督促检查管辖范围内的可能发生重大海洋环境污染事故的单位,制定污染事故应急计划,并组织应急计划培训和演习。

(六)依靠科技进步,实施绿色工程规划

强化海洋环境管理对控制近岸海域环境恶化趋势具有重大作用。但其潜力是有限的,要从根本上改善近岸海域的环境质量,必须在继续强化管理的同时,把改善经济结构、推动科技进步、采取工程措施摆上重要地位。沿海县级以上地方人民政府环境保护部门,应当依照《海洋环境保护法》有关采用清洁生产工艺、淘汰落后工艺设备、建设海岸防护设施、沿海防护林、城镇园林和绿地的要求;对海岸侵蚀和海水入侵地区进行综合治理;对具有重要经济、社会价值的已遭到破坏的海洋生态进行整治恢复;加强城市污水综合整治和保护海洋生态等规定,编制绿色工程规划,确定工程项目,落实资金来源,明确建设单位,纳入本地区国民经济和社会发展计划及《中国跨世纪绿色工程规划》,按照国家规定的程序审批和组织实施。

(七)在坚持海洋环境污染防治的同时,加大海洋生态保护力度

《海洋环境保护法》对海洋生态保护提出了明确要求。沿海县级以上人民政府及其有关部门,在抓好各种类型的污染源防治的同时,应当采取有效措施加强对海洋生态的保护。对符合法律规定建立海洋自然保护区条件的区域,要开展海洋自然保护区的选划、规划工作,有计划地建立海洋自然保护区;对具有重要经济、社会价值的已遭受破坏的海洋生态,要实施抢救性保护;对海岸侵蚀和海水入侵地区,要禁止采挖砂石,严格控制开采地下水,进行综合治理;对典型的海洋生态系统和海洋生物物种高度丰富的区域,要结合沿海陆域经济、社会和环境条件进行综合评价,有选择地开展生态示范区的建设;要合理开发利用海涂土地资源,严格控制围海造地和其他围海工程;要严禁破坏红树林、珊瑚礁和滨海湿地生态系统;开发利用海洋自然资源,要采取措施保护生态环境。

(八)建立近岸海域环境功能区环境统计指标体系

近岸海域环境功能区统计指标体系,包括各有关海洋环境保护管理部门对所管理的污染源及其排放污染物情况的统计。以沿海地区人民政府环境保护部门为例,其统计指标体系包括陆源和海岸工程建设项目两大方面。

陆源是指从陆地向海域排放污染物,造成或者可能造成海洋环境污染损害的场所、设施等。其统计范围是:(1)沿海陆源排放单位和直接向海域排放的;(2)沿海陆源排放单位所排废水、污水经由市政排水管网排入海域的;(3)沿海陆源排放单位所排废水、污水经由排污河(沟、渠)排入海域的;(4)沿海陆源排放单位所排废水、污水进入城市污水处理厂处理后排入海域的;(5)海岛县和海岛市的全部废水和污水。

海岸工程建设项目是指位于海岸或者与海岸连接的,为控制海水或者利用海洋完成部分或者全部功能的,并对海洋环境有影响的建设项目。主要包括:(1)港口、码头、造船厂、修船厂;(2)滨海火电站、核电站;(3)浅海滩涂石油勘探开发、岸边油库、滨海矿山、化工、造纸和钢铁企业;(4)固体废弃物处理工程、城市废水排海工程和其他向海域排放污染物的建设工程项目;(5)入海河口处的水利、航道工程、潮汐发电工程、围海工程、渔业工程、跨海桥梁及隧道工程、海堤工程、海岸保护工程;(6)其他一切改变海岸、海涂自然性状的开发工程建设项目。

陆源和海岸工程建设项目统计指标,包括沿海地区陆源废水排放、处理情况;沿海地区陆源固体废物排放、处理、综合利用情况;沿海农田、果园、林地施用农药、化肥、生长素情况;近岸海域污染治理情况;陆源排污登记、征收排污费情况;海洋环境污染损害事故情况;海岸工程建设项目"环评"、"三同时"制度执行情况;海洋自然保护区建设情况;海洋环保机构和人员情况;海洋环境保护法制建设和执行情况;海洋环保宣传教育情况。

(九)建立近岸海域环境功能区环境综合整治定量考核制度

1989年国务院环委会作出《关于城市环境综合整治定量考核的决定》,指出环境综合整治是城市政府的一项重要职责,市长对城市的环境质量负责。把环境工作列入市长的任期目标,并作为考核政绩的重要内容。

10多年来,国家和省级政府分别对37个重点城市和330多个城市进行了定量考核。通过考核,加强了各级领导对城市环境保护的责任感,形成了市长统一领导、各有关部门分工负责、广大群众积极参与的城市环境综合整治管理体制和运行机制,为建立近岸海域环境功能区环境综合整治定量考核制度,提供了经验,奠定了基础。

建立近岸海域环境功能区环境综合整治定量考核制度,有三种方式:一是在原有城市环境综合整治定量考核制度的基础上,增加对近岸海域环境功能区考核的内容,如入海污染物总量控制指标、环境功能区海水水质达标指标等,形成具有近岸海域环境功能区环境特点的定量考核制度,单独考核。二是确定近岸海域环境功能区定量考核指标,将其纳入城市环境综合整治定量考核制度之中,统一考核。三是将单独考核与统一考核结合起来,在实行城市环境综合整治定量考核的地区统一考核;在尚未实行城市环境综合整治定量考核的地区单独考核。

(十)以实施碧海行动计划为载体,全面推进近岸海域环境保护工作

为全面实施《跨世纪绿色工程规划》和《全国环境保护工作(1998~2002)纲要》,切实加强近岸海域环境保护工作,经国务院批准,于1998年12月,国家环境保护总局以渤海为重点启动《碧海行动计划》。目前,《渤海碧海行动计划》已编制完成。国家环境保护总局决定在此基础上,在沿海其他地区全面推进《碧海行动计划》。河北、天津、山东的碧海行动计划,已经省、市人民政府批准实施。

《碧海行动计划》的指导思想是:坚持可持续发展战略,促进两个根本转变,增强沿海地区社会经济发展后劲,以整治陆源污染为重点,加强法制,强化监督,分层推进,重点抓好沿海城市污染严重的毗邻海域、河口及海湾,促进近岸海域环境质量的改善,努力实现海洋生态环境的良性循环。这项计划的实施,将有力地促进全国沿海地区对近岸海域环境功能区的管理工作。

推进《碧海行动计划》应当重点抓好重点控制海域、重点河口和重点污染物。大力推进陆源污染的治理,强化海岸工程建设项目对海洋环境和生态影响的"环评"工作,按照"三同时"的要求,严格审批程序;未达到要求的,一律不准投入使用,严格控制新的污染源;对超标排放污染物的企业,要坚持"按期达标、逾期关停"的原则,分期分批、依法逐项下达限期治理任务。坚持污染防治与生态保护并重的方针,加强对海岸带和海洋渔业生态环境的保护,在重点地区建立一批自然保护区,努力搞好沿海地区生物多样性的保护。沿海各地区要加强对实施《碧海行动计划》的领导。海洋环境保护各有关管理部门,要加强协调,通力合作,共同推进《碧海行动计划》。

(十一)加强近岸海域环境保护宣传教育,鼓励公众参与海洋环境保护

21世纪的中国,将继续加快社会主义现代化建设。在社会主义现代化建设进程中,如何正确处理环境与经济发展的关系,实现环境与经济良性循环,

在相当程度上取决于各级领导的决策水平和公众环境意识的高低。近年来，通过多种形式的宣传教育，人们对海洋环境问题和海洋环境保护工作有了一定的认识，但从我国经济社会发展和环境保护事业的需要来说还远远不够。

目前，我国近岸海域环境问题较为严重，除自然因素外，主要是由于人类对海洋资源的不合理开发利用造成的。其中有些损害海洋环境的行为，是由于人们保护海洋环境的意识不强造成的。环境意识与法制观念的强弱，直接影响到人们的生产方式和生活方式。

近岸海域环境保护宣传教育的根本任务是提高全民族保护海洋环境的意识和法制观念，实现道德、文化、观念、知识、技能等方面的全面转变，真正树立起可持续发展的新观念，自觉参与、共同承担保护海洋环境，造福后代的责任与义务。

划定近岸海域环境功能区是控制陆源污染，合理开发利用海洋资源，保护和改善近岸海域环境，促进沿海经济持续发展的有效手段。但是，目前真正了解划定近岸海域环境功能区法律意义的部门和人员还不够普遍。因此，应当把加强近岸海域环境保护宣传教育列为保证近岸海域环境功能区实施的一项重要措施。

加强近岸海域环境保护宣传教育不仅是沿海环境保护部门的一项日常工作，也是宣传教育部门和全社会的一项长期的工作任务。

(十二) 开展近岸海域环境保护的国际交流与合作

我国环境保护的一条成功经验是：立足国情，借鉴、引进国外成功的经验和技术，并不断加以发展和创新。我国政府一贯以积极的态度参与保护全球环境，加强国际环境交流与合作，努力提高我国解决环境问题的能力，发挥在环境与发展国际合作领域中的作用，支持并积极参与联合国系统开展的环境事务，是历届联合国环境署的理事国，与联合国环境署进行了卓有成效的合作。同时，与联合国其他有关组织保持密切合作关系，并通过参加东北亚地区环境合作、西北太平洋行动计划、东亚海洋行动计划协调体等，对亚太地区的环境与发展作出了贡献。

近岸海域环境保护是世界各国关心的焦点。开展近岸海域环境保护国际交流与合作，对加强我国近岸海域环境功能区管理，具有极大的促进作用。沿海各级地方人民政府环境保护部门，应当通过开展近岸海域环境保护国际交流与合作，借鉴和引进国外先进经验和技术，把本地区的海洋环境问题解决得更好。

山东生态省建设的保障措施[①]

改革开放以来,山东经济和社会事业取得了长足的发展,经济实力显著增强。经过多年努力,坚持发展与保护相结合的方针,实施海洋大省、科教兴省和可持续发展的战略,我省生态建设稳步推进,环境整治成效明显,生态环境质量总体较优。但受自然和人为因素影响,部分地区生态环境比较脆弱、产业结构不尽合理、资源浪费与局部环境污染加剧。为适应当今世界发展新趋势,迎接入世带来的机遇与挑战,充分发挥我省生态环境优势,全面提高经济综合竞争力,推进山东现代化建设进程,应当以可持续发展战略为指导,全面推进生态省的建设。

一、生态省的基本条件

生态省是指社会经济和生态环境协调发展,各个领域基本符合可持续发展要求的省级行政区域。生态省建设的具体内涵是运用可持续发展理论和生态学与生态经济学原理,以促进经济增长方式的转变和改善环境质量为前提,抓住产业结构调整这一重要环节,充分发挥区域生态与资源优势,统筹规划和实施环境保护、社会发展与经济建设,基本实现区域社会经济的可持续发展。

生态省建设的核心思想是全面实施可持续发展战略,实现经济效益、社会效益与环境效益的统一,实现近期效益与长远效益的统一。生态省的经济发展,要跨越"高消耗、高污染"的传统工业化发展阶段,突破"先污染后治理"、"先破坏后恢复"的传统经济发展模式,运用现代科学技术和管理方法,利用优美的生态环境,发展高效的生态型经济。建设生态省将以生态合理性为准则,鼓励有利于资源和生态环境保护的思想观念和社会经济活动,摒弃破坏资源和生态环境的观念和行为。

根据《生态县、生态市、生态省建设指标(试行)》,生态省的基本条件包括以下几点:

(1)制订了《生态省建设规划纲要》,并通过省人大审议、颁布实施。
(2)全省80%以上的地市达到生态市(地)建设指标。

[①] 本文的作者是胡增祥、徐文君。

(3)全省县级(含县级)以上政府(包括各类经济开发区)有独立的环保机构,并为一级行政单位,乡镇有专职的环境保护工作人员。环境保护工作纳入市(含地级行政区)党委、政府领导班子实绩考核内容,并建立相应的考核机制。

(4)国家有关环境保护的法律、法规、制度及地方颁布的各项环保规定、制度得到有效的贯彻执行。

(5)污染防治和生态保护与建设卓有成效,三年内无重大环境污染和生态破坏事件。

山东生态省的建设必须按照生态省的基本条件,制定《生态省建设规划纲要》,建立相应的考核机制,保障国家和地方制定的环境保护法律、法规和制度得到有效的贯彻执行。

二、生态省的建设指标

生态省建设指标包括经济发展、环境保护和社会进步三类。在山东生态省的建设过程中,应当将环境保护和经济发展以及社会进步结合起来,不能将生态省建设片面理解为单纯的环境保护和生态建设,不能认为生态环境良好就是生态省。生态省的产业发展要减少对环境的影响,有利于改善生态环境,并利用生态环境促进产业自身发展。在生态省建设过程中,要逐步形成与生态环境相协调的产业结构和生产方式,从传统的高投入、高消耗、低效益、低产出的粗放型增长方式,逐步转向低投入、少消耗、高效益、高产出的集约型增长方式;大力发展高效农业、旅游业和科技含量高的新兴工业,并引导各类产业向生态化方向发展。鼓励发展生态农业、生态旅游等与生态环境相互促进的产业。发展知识经济、服务业等不依赖物质消耗增长而实现经济增长的产业以及综合利用废弃物的产业。各项产业的发展都要与生态环境建设相互协调、相互促进,在生态环境可持续利用的基础上,实现各个产业之间的协调持续发展。在各产业领域,通过优化内部生产结构、延长产业链、采用环保工程等手段,提高资源利用效率和经济效益,减少废弃物的排放,促进生态环境的良性循环。

三、生态省建设的保障

建设生态省,应当结合我省的实际,加强对生态省建设的保障,促进生态省的建设。

(一)法律保障

1. 研究制定相应的政策行政规章

尽快研究出台和清理修订一批生态环境方面的政策和行政规章,建立健全生态省建设的法律体系,为生态省的建设提供良好的法律基础,保障生态省的建设有法可依。按生态省建设的要求,抓紧在生态环境保护和生态产业发展方面滞后的立法工作,对我省现有法规进行清理复核,对不利于生态环境保护、生态产业发展的有关内容和不够完善的法规进行修改,制定相应的实施细则,使其配套、完善。

2. 加大生态建设的执法力度

建设生态省应当建立健全执法机构,提高执法人员素质,强化执法检查,将定期检查与经常检查相结合,逐步杜绝有法不依、执法不严、执法效率不高的现象。加大资源环境执法检查监督力度。各级政府和有关部门也要按照生态省建设目标任务,对生态环境的突出问题,提出专项治理方案,明确目标进度,落实责任,加强督查,狠抓落实。

(二)机制保障

1. 建立和完善生态省建设的决策管理机制

加强生态省建设的组织协调,形成省、市、县分级管理、上下联动、务实高效的管理决策系统。加强各级政府对生态省建设的领导。生态省建设是一项跨市县、跨部门、跨行业的综合性系统工程,必须切实加强领导。各级政府和有关部门要把生态省建设作为一件大事,列入议事日程。政府及环境、林业、旅游、建设、水利、工业、农业、教育等有关部门,要依据生态省建设纲要制定具体实施计划,各司其职,精心组织并实施。实行生态省建设一把手负责制和目标责任制,由各级党政一把手亲自抓、负总责,把生态省建设成效列入工作业绩考核内容。

2. 建立健全环境与发展综合决策机制

在制定国民经济和社会发展中长期规划、产业政策、产业结构调整和生产力布局规划、区域开发等计划时,都要充分考虑生态环境的承载能力和建设要求,进行必要的环境影响评估。各个部门在制定和实施经济、社会、环境政策时,要相互协调配合,提倡在考虑全面信息基础上进行综合决策。生态省的建设目标要纳入各级政府的国民经济和社会发展中长期规划和年度计划,每年在政府工作报告中,应具体部署工作目标和建设任务。切实做到生态环境保护和建设贯穿于社会经济发展的全过程。

3.认真实行环境影响评价制度、"三同时"制度

在项目审批阶段,应当进行环境影响评价,对有较大环境影响、不符合规划布局的建设项目予以否决,从源头上杜绝环境破坏的可能。严格控制新建项目产生的环境污染。进一步加强新建项目环境保护审批管理,严格执行新建项目"环境影响评价"制度。严格执行环保设施与主体工程同时设计、同时施工、同时投入使用的"三同时"制度,确保新建项目污染物排放量控制在规定的标准和总量指标内。

4.完善环境税费制度

按照"资源有偿使用"的原则,对主要自然资源征收资源开发补偿税费,完善资源的开发利用、节约和保护机制。按照"污染者付费"的原则,逐步实行按排污总量进行收费,并逐步向城镇居民收取排污费,将排污费调整到合理水平。所征收的资源和环境保护税费,实行集中管理,重点用于生态环境建设。

5.建立生态环境建设的公众参与机制

通过推行下列活动:城镇生活垃圾的定点分类堆放、组织资源回收利用活动、义务植树造林活动、环保义务劳动和志愿者行动、设立公众举报电话、奖励举报人员、建立环保问题公众听证会制度等公众参与活动,培育公众的生态意识和保护生态的行为规范,激励公众保护生态的积极性和自觉性,在全社会形成爱护生态环境的社会价值观念、生活方式和消费行为。

6.建立健全监督机制

加大执法监督力度。充分发挥广播、电视和报刊等新闻媒体的舆论监督作用,及时报道和表彰生态省建设的先进典型,公开揭露和批评污染环境、破坏生态的违法行为,对严重污染环境、破坏生态的单位和个人予以曝光。并增加投诉渠道,鼓励广大群众检举揭发各种违反生态环境保护法律法规的行为。

(三)经济保障

1.建立以生态环境为导向的经济政策

运用产业政策引导社会生产力要素向有利于生态省建设的方向流动。定期公布鼓励发展的生态产业、环境保护和生态建设优先项目目录,对优先发展项目在现有优惠政策的基础上提供更加优惠的政策。凡对生态环境有不良影响的建设项目和生产企业,要取消享受现有优惠政策的待遇,不再享受税收等各项优惠。

2.加大资金投入

各级政府要切实增加生态环境保护与建设的投入。全省财政每年对生态环境保护与建设的投入占财政总支出的比例,以及全社会生态环境保护与建

设的投入占国内生产总值的比例要达到全国先进水平。创造条件设立生态建设专项资金。加大资金投入力度。各级财政要将生态建设资金列入本级预算，逐年增加投入。

3. 多渠道筹措资金

鼓励社会力量参与生态省建设，多渠道筹措生态省建设资金，建立多元投入机制，促进社会资本对生态建设的投入。制定土地等优惠政策扶持生态产业发展，推进经营性生态项目产业化进程，支持生态项目融资。同时，紧紧抓住生态环境保护是当今国际合作热点的有利时机，扩大宣传，开展形式多样的交流、合作，开拓国际援助渠道，争取利用国际资金和技术援助及优惠贷款。

（四）技术保障

1. 大力引进推广先进适用科技成果

在清洁生产、生态环境保护、资源综合利用与废弃物资源化、生态产业等方面，积极开发、引进和推广应用各类新技术、新工艺、新产品，有效利用国内外先进技术成果。对科技含量较高的生态产业项目和有利于改善生态环境的适用技术，给予享受高新技术产业和先进技术的有关优惠政策。

2. 制定生态产业和环保产品标准

组织有关部门和专家，借鉴国内外经验，制定符合山东省情的生态产业标准，配合生态产业优惠政策，推动生态产业快速健康发展。明确生态省建设的技术规范，加强食品安全监测，建立完善绿色食品、有机食品、环境标志产品认证制度和年检制度。

3. 建立生态环境信息网络

加强生态环境资料数据的收集和分析，及时跟踪环境变化趋势，提出对策措施。通过信息网络向国内外发布生态省建设的有关信息，提高国际知名度。建立健全生态省建设监测网络。建立生态环境动态监测系统，整合行业监测网络，开展生态效益型经济预测分析，定期发布生态省建设进展情况与生态环境质量信息，强化灾害天气及生物安全等的预报，建立生态省建设的快速反应系统。

（五）科教、文化保障

1. 加强生态省建设的科教支撑

加强资源与生态环境重点学科建设和环境污染监控等基础领域的研究，开展具有国内领先水平的科技攻关，鼓励科研单位、高等院校、生产企业研究开发绿色产品和循环经济新技术；加快环保科研成果的推广转化。鼓励科研机构、高等院校与生态示范区、生态农业示范基地、生态工业园区等建立产学研体系,拓宽生态环保科技成果转化渠道;建立生态环境教育中心与科研基地,加强生态省建设的人才培养和基础研究。

2. 加强专业人才队伍建设

健全激励机制,吸引省外生态环境保护和生态产业领域的专业人才到山东工作。积极与国内高等院校和科研院所建立合作关系,建立生态环境领域的专家库,组建生态省建设的专家咨询队伍。加强本地技术骨干队伍的培养,逐步建立一支懂技术、懂管理的人才队伍。

3. 加强生态文化建设

生态文化建设的主要任务是普及生态科学知识和生态教育,培育和引导生态导向的生产方式和消费行为,形成提倡节约和保护环境的社会价值观念。要把生态文化建设作为社会主义精神文明建设的重要组成部分,使全社会树立起建设生态省的共同理想和坚持可持续发展的共同信念,通过报刊、广播和电视等媒体,积极开展群众性生态科普教育活动。实现公众生态意识的显著提高,在全社会树立起科学的生态观。

我国浅海滩涂开发利用中的问题和对策[①]

我国是一个发展中的沿海大国,大陆岸线绵长曲折,有着宽阔的潮间带滩涂和浅海区域,全国滩涂面积约 200 万公顷,水深 10 米以内的浅海面积约为 73 400 多平方千米,水深 10～15 米的浅海面积约为 426 万公顷。浅海滩涂拥有丰富的海洋渔业、海洋石油、滨海砂矿、海洋能源、港口运输、海水制盐和滨海旅游等资源,是中华民族赖以生存和发展的基本物质条件之一。开发利用好和保护好浅海滩涂资源,对正确处理人口、资源和环境的关系,促进经济与社会的可持续发展具有重要的意义。但是,不合理的开发利用也给我国浅海滩涂环境与资源造成很大危害,引发了一些新的问题和矛盾。本文通过对目前我国浅海滩涂开发利用现状分析,提出一些对策建议。

一、我国浅海滩涂开发利用现状

1. 发展种植业、林业和畜牧业

我国沿海地区的土地面积,占全国土地面积的 15% 左右,而人口却占全国的 49%。每平方千米的人口密度比全国平均水平高出 4 倍以上,人多地少成为沿海地区的突出矛盾。辽河、黄河、长江、珠江等大中型河流每年入海的泥沙量约为 20 亿吨。全国沿海每年淤涨成陆的面积为 2.67 万～3.33 万公顷,为围垦提供了条件。20 世纪 50 年代以来,各地加快了围垦步伐,全国累计围垦面积达 120 万公顷,建成了一大批粮、棉、油、糖、林、果等商品基地。新增粮、棉、糖生产能力 200 万～300 万吨。

2. 开展浅海滩涂海水养殖业

我国每年进入海域的营养物质达数千万吨,沿海水质肥沃,生产力高。水深 10 米以内可供养殖的面积 133.33 万公顷,其中浅海面积 66.67 万公顷,滩涂约 66.67 万公顷,可供养殖的鱼、虾、蟹、贝、藻类不下几十种。20 世纪 80 年代中期以来海水养殖业迅速发展,养殖的区域不断扩大,养殖的种类和方式不断增加,养殖产量从 1987 年的 192.6 万吨增加到 1997 年的 791 万吨,占海洋渔业产量的比重从 27% 上升到 36%。

[①] 本文是 1999 年为国家环境保护总局提供的咨询报告,作者为胡增祥、华敬炘、马英杰。

3. 加快港口建设

我国沿海有 160 多处 10 平方千米以上的海湾和数百千米适合建设港口的岸线。改革开放以来,以港口建设和集装箱、煤炭、石油、矿石、粮食等大宗货物专业化泊位建设为重点,配套建设后方集疏运通路,加快装运卸系统建设。在强化老港口技术改造、提高吞吐能力和效率的同时,新建了大东港、京唐港、黄骅港、日照港、湄州港、东渡港、蛇口港、三亚港、洋浦港等一大批新的港口,使我国吞吐量在 1 000 万吨以上的海港达 15 个。1997 年底,沿海主要海港货物吞吐量达 9 亿多吨。

4. 勘探开发浅海滩涂油气资源

中国海域分布着大面积沉积盆地,可供油气勘探的面积在 60 万平方千米以上,海洋石油储量 240 多亿吨、天然气 8 万多亿立方米。截止到 1997 年,中国与 18 个国家和地区的 67 家公司签订了 130 多个合同,引进资金约 60 亿美元,发现含油气构造 106 个,获石油地质储量 17 亿吨、天然气 3 500 亿立方米。另外已有 20 个油气田投入开发,形成了海洋石油天然气产业。1997 年中国海洋原油产量突破 1 629 万吨,天然气产量达到 40 亿立方米,产值约 200 亿元。

5. 开发滨海砂矿

我国沿海有 2/3 的岸段属于砂质海岸,滨海砂矿主要分布在海南、广东、广西、福建和山东等省沿岸。在滨海砂矿中,已探明工业储量的砂矿有 13 种。重要矿产地有 91 处,各类矿床 208 个,其中大型矿床 44 个,中型矿床 50 个,小型矿床 114 个,另有 106 个矿点。各类砂矿总储量 15.27 亿吨,其中石英砂 7.2 亿吨,铸型用砂 6.9 亿吨,水泥标准砂 0.92 亿吨,重矿物砂矿 2 500 万吨。目前开采的矿床 30 多处,1995 年,全国滨海砂矿总产量 92 251 吨,总产值 6 329 万元。

6. 开发利用海洋能源

据估算,我国海洋能蕴藏量约 4.2 亿千瓦,其中沿海潮汐能 1.1 亿千瓦,波浪能 0.23 亿千瓦,温差能 1.5 亿千瓦,盐差能 1.1 亿千瓦,海流能 0.2 亿千瓦。目前,我国已建成潮汐发电站 8 座,装机总容量为 6 120 千瓦,年发电量 1 400 多万千瓦/小时;用于航标灯(船)波力发电装置 170 多台;正在建设装机容量为 20 千瓦和 8 千瓦的两个波力发电站,一艘 5 千瓦浮式波力发电船,一座 10 千瓦的潮流实验电站。

7. 建立海水淡化产业

我国海水淡化研究始于 20 世纪 50 年代末,经过几十年的发展,目前科研和生产已具相当规模,并进入推广应用阶段。据不完全统计,全国从事海水淡化研究的单位有 100 多个,有关产品生产的单位 150 多家,在各个领域使用淡化装置已达数千台,海水淡化日产 1 万多吨。

8. 发展海盐及盐化工业

海水制盐是我国开发利用海洋资源最早的产业之一。我国拥有 8 400 多平方千米宜盐土地,沿海还有丰富的地下卤水资源,全国现有盐田 41.6 万公顷。近年来,我国海盐生产工艺有了很大改进,机械化和电气化水平有了很大提高。1993 年,全国盐业产量达 2 993 万吨,其中海盐 2 144 万吨,居世界首位。目前,我国有盐化工厂 50 多个,产品 55 种,产量为 50 多万吨,1995 年总产值达到 45.1 亿元。

9. 开发滨海旅游业

中国历史悠久、沿海人文景观分布密度大、种类多,具有"阳光、沙滩、海水、空气、绿色"五大旅游要素,有很强的观赏性和趣味性。据调查,我国沿海有旅游景点 1 500 多处,其中海岸景点 45 处、岛屿景点 15 处、沙滩景点 100 多处、海底景点 5 处、自然生态奇特景点 27 处、山岳及人文景观 181 处,国家历史文化名城 16 座,国家重点风景名胜区 25 个,全国重点文物保护单位 130 多个。目前开发和部分开发的旅游景点 300 多处,占旅游景点总数的 1/5。1995 年,沿海城市旅游人次达 980 多万人次,国际旅游外汇收入 40 多亿美元,折合人民币约 360 多亿元。到 2000 年,全国旅游业年创汇可达到 140 亿美元,国内旅游收入 2 600 亿元,旅游总收入争取占到全国生产总值的 5%。

二、浅海滩涂开发利用存在的主要问题

浅海滩涂的利用为我国沿海地区的经济发展带来了很大益处。它在一定程度上解决了人多地少、粮食不足问题,为缓解土地紧张和开拓新的经济开发模式发挥了重要作用,为城市经济建设和工业用地提供了空间资源。但是,在我们看到浅海滩涂开发利用带来经济效益的同时,也需要注意到在开发利用中产生的一些问题。

1. 开发利用不足

全国滩涂面积约 200 万公顷,目前仅围垦滩涂 120 万公顷,占 34%,尚有 66% 的滩涂未开发。在已开发的浅海滩涂中,有不少没有被充分地利用起来,如江苏省的盐城沿海地区,由于淡水资源不足,内部工程不配套,至今围而未垦的土地竟多达 8.67 万公顷左右。

2. 开发利用不合理

有些地区在兴建围海工程中带有较大的盲目性,忽视了地形、水利、波浪和潮汐等自然条件的特点,缺乏内部工程的配套,造成大面积荒滩不能垦殖,大面积水面无法利用。有些地方开发不当、利用单一,造成因采沙而侵蚀海岸,防护林因挖沙而被毁坏;有的富含稀土元素和贵重金属的海沙无法物尽其用,造成很大浪费。例如莱州湾东海岸是名副其实的黄金海岸,不仅岩金储量大,金含量高,而且海沙黄金品位高,这本来是淘金的宝贵原料,但现在每年却采挖百万吨以上黄沙用作建筑。还有的将适合建海水浴场的沙滩填平造地,将适合建港或养殖的浅海滩涂改为沿海工业用地等。

3. 产生某些矛盾和纠纷

有的地区在盐田外面围垦,排淡水于近岸,降低了盐业纳潮浓度;农、渔业堵塞排灌通道,影响了正常生产,威胁到盐田安全。而盐场高浓度盐水使附近农田盐渍化,纳潮排卤损害水产资源。渤海湾是中国对虾卵子、幼体和幼虾的重要繁育场所之一。但每年6月份,正当对虾幼体在近岸浅水觅食成长期间,由于盐场纳水和电厂抽用海水冷却,大量地损失了对虾资源。海水增养殖与滨海旅游的空间利用矛盾也很突出。海水增养殖多在海湾和海岛周围水域进行,虽然可为滨海旅游增添景观,却给海上旅游和航行带来不便。有时游船误入养殖区,会使养殖场受到一定程度的损害。更有甚者,两个相邻行政区为争夺毗连滩涂的开发利用而发生纠纷。因海域行政边界不清,造成海岛之争、滩涂之争的现象常有发生,对此,群众戏称为"海湾大战"、"滩涂大战"。这些问题,不利于社会安定团结,影响了沿海经济的顺利发展。

4. 生态环境受到破坏

由于围垦破坏了原有的生态环境,使不少物种大量减少或灭绝。例如,由于红树林生长的海滩是围海养殖的理想之地,红树林随时都有遭到毁灭的危险。据不完全统计,从20世纪60年代至今,海南省红树林面积减少52%,广西减少66%,广东减少83.5%,福建减少50%。近年来随着沿海经济的迅速发展,围海吹沙造地、搞房地产开发和围海养殖日益增多,红树林面临着更加严重的毁坏。再如珊瑚礁,半个世纪以前,珊瑚礁的主要危害来自风暴潮等不可抗力的破坏。但近20年来,人类对珊瑚礁的过度开发、沿海垦殖和污染等人为活动,已成为使珊瑚礁毁坏的最大危险。

三、对策建议

产生上述的原因是多方面的,其主要原因是对浅海滩涂的使用缺乏统一的规划和合理布局,海域权属不明、行政区界限不清,使我国浅海滩涂开发利用活动中的各种问题日趋严重。另外,人们的海洋环境保护意识薄弱,不能正确处理开发与保护的关系,加之管理部门力度不够,执法不严,使上述问题长期没有得到解决。为合理开发利用浅海滩涂资源,保护海洋环境,我们提出以下建议。

(1)严格执行近岸海域环境功能区划管理制度。近岸海域环境功能区是依据近岸海域的自然属性和社会属性以及自然资源开发利用状况,根据沿海地区经济和发展规划,对不同海域使用功能的水质实行分类管理的区域。例如:海洋渔业水域和自然保护区应为一类水质;海水浴场和海上娱乐区应为二类水质;海滨风景旅游区和一般工业用水区应为三类水质;港口水域和海洋开发作业区应为四类水质等。目前,全国11个沿海省、自治区、直辖市,46个沿海地市和150多个沿海县市基本上完成了本行政区的近岸海域环境功能区划工作。在此基础上,应当对其进行全国近岸海域环境功能区划统一汇总,并制定相应的管理法规,使环境功能区法制化、制度化。

(2)严格实行海域使用证制度和有偿使用制度。对批准使用海域的,颁发海域使用证;使用者应当按照使用证规定的用途从事海域开发利用活动。获准使用海域从事生产经营活动的,必须依法交纳海域使用金。

(3)严格执行海洋环境保护法律制度。进行围海工程、挖砂采石等必须根据国家有关规定,严格执行环境影响评价制度;建设项目的环境保护设施,必须与主体工程同时设计、同时施工、同时投产使用;向海洋环境超标排放陆源污染物的单位和个人,必须依照国家有关规定缴纳一定数额的排污费,用于污染防治;对造成海洋环境严重污染或者排放陆源污染物超过国家或地方污染物排放标准的企业事业单位,由人民政府责令限期治理。对于逾期未完成治理任务的,要责令其关闭、停产或者转产。严禁破坏红树林和珊瑚礁。

(4)加强海洋环境保护法制教育,尤其是提高各级领导干部的环保意识和法制观念。国务院在"关于环境保护若干问题的决定"中,把加强宣传、提高全民族环境保护意识作为一项重要内容,说明党和国家对环境宣传教育的重视。加强环境宣传教育,特别是海洋环境宣传教育,提高全体公民的海洋意识和环境意识,是非常重要的。由于长期疏于宣传教育,有相当一部分人根本没有海洋环境意识,不知道应该如何保护和改善海洋环境,更不知道如何合理利用和保护浅海滩涂。所以应该大力推进环境宣传教育的社会化、经常化,调动宣传、教育、新闻、文化、艺术等部门,开展多种形式的宣传教育。广泛宣传党和国家关于海洋环境保护的方针政策和法律法规,使滩涂开发者不仅知道"开发利用浅海滩涂",而且懂得保护海洋环境。环境保护部门是环境宣传教育的组织、协调和实施机构,应该建立健全宣传教育机构,增加投入,广泛、深入、持久地开展环境宣传教育活动。

(5)加强法律监督,认真抓好法律的实施。法律监督包括国家机关的监督和社会力量的监督。法律实施是指国家的法律在社会现实中的具体运用和实现。这两方面的有机结合才能保证法律的实施。任何一项法律,一经颁布都要付诸实施,否则便是一纸空文。实践证明,把法律上的规定变为现实,是一个比较复杂的过程,需要通过多种方式,进行各种活动,才能完成。它一方面要求行政、司法机关及其公职人员严格执行法律,正确适用法律,以保证法律的实现;另一方面还要求一切国家机关、社会组织和个人都必须遵守法律。各级人大及其常委会要履行法律监督权,定期开展执法检查活动。执法机关要自觉接受群众监督和舆论监督,及时解决法律监督中暴露出来的问题,使宪法和法律得到全面实施。

(6)依据法律和政策,及时处理开发利用中的纠纷。在处理纠纷时,应当既尊重历史,又要照顾到开发利用现状,按照有利于团结、有利于统一管理,有利于开发利用和保护环境自然资源的原则,兼顾双方的利益,实事求是,提倡互谅互让的精神,及时、果断、明确地解决问题,防止矛盾激化。

我国无居民海岛的管理对策[①]

海岛是我国领土的重要组成部分,是特殊的海洋资源与环境的复合区域。不论是有常住居民海岛还是无居民海岛,都与我国海洋权益息息相关,具有重要的政治、经济、军事价值。开发利用无居民海岛,是发展海洋经济、建设海洋强国的需要,是促进整个国民经济持续健康快速发展的重要因素。由于受地理位置、自然环境等因素的影响,无居民海岛具有一些不同于一般岛屿的特征,经济基础较差,生态系统更为脆弱。加之我国关于无居民海岛的法律制度不健全,目前仍然存在着掠夺式开发现象,挖沙、炸岛采石等严重改变海岛地貌的事件时有发生,造成资源环境的严重破坏。

一、无居民海岛的界定

按照1982年《联合国海洋法公约》规定,岛屿是四面环水并在高潮时高于水面的自然形成的陆地区域。我国海岸线漫长,海域幅员辽阔,岛屿众多。据统计,海岛面积在500平方米以上的有6 500多个,500平方米以下的岛屿有上千个。其中有常住居民的海岛460多个,占全国海岛总数的6%;无居民海岛约占全国海岛总数的94%。岛屿面积约占全国陆地面积的8%;无居民海岛的面积占我国海岛总面积的2%。

何谓"无居民海岛"? 首次作出界定的是2003年7月1日起开始施行的《无居民海岛保护与利用管理规定》。《规定》指出:"无居民海岛,是指在我国管辖海域内不作为常住户口居住地的岛屿、岩礁和低潮高地等。"由此可见,海岛是否成为公民"常住户口居住地"是区分有居民海岛与无居民海岛的唯一标准。根据这一规定,不作为常住户口居住地的海岛,即使有人常年在岛上进行海水养殖、旅游、军事等活动,也被视为无居民海岛。

二、无居民海岛的重要地位

20世纪90年代以来,随着陆上资源的日益匮乏和环境的不断恶化,世界上越来越多的沿海国家为摆脱人口、资源、环境三大问题的困扰,逐渐把目光

[①] 本文发表于《海洋开发与管理》2004年第6期,第26~29页,作者为胡增祥、徐文君、高月芬。

投向了深邃的海洋,在全球掀起了一股开发利用海洋的热潮。无居民海岛作为海洋资源的重要组成部分,在全球政治、经济、军事格局中的地位日益突出。21世纪是海洋世纪,海洋和海岛开发将成为各国现今和未来经济发展的重要支柱,保护、开发海岛也就成为我国建设海洋强国、促进经济可持续发展的重要因素。

1. 政治地位

在我国已经公布的77个领海基点中,有一半以上位于无居民海岛上。可见,无居民海岛在海洋划界和确定国家管辖海域范围中,具有不可忽视的作用。海岛除可以作为测量领海宽度基线的基点外,在其他海洋区域的划界中也占有重要的地位,其中最为重要的是在大陆架问题上的作用。例如,1973年加拿大和丹麦关于划分格陵兰和加拿大之间的大陆架的协定,就把岛屿作为划界的基点,赋予了岛屿与其他陆地领土完全相同的效力。在1968年伊朗和沙特阿拉伯划界协定中,也给予了伊朗的哈尔克岛"半个效果"。哈尔克岛距伊朗本土约17海里,而伊朗主张12海里的领海,所以该岛已经在领海以外,但该岛面积较大,两国协议给予该岛半个效果,即划出两条线,一条使哈尔克岛发挥完全的效力,而另一条则对该岛的存在弃之不顾,然后把这两条线之间的海床地区在两国之间平分。鉴于海岛的政治地位,一些沿海国家曾为此引发争议,甚至不惜付诸武力解决。例如:希腊位于巴尔干半岛南端,三面临海,面积13万多平方千米,其中岛屿面积就达2万多平方千米。土耳其则地跨亚、欧两大洲,濒临地中海和黑海,面积78万平方千米。这两个毗邻而居、都有过痛苦历史的国家,本应友好相处,但却于1995年为一个在爱琴海上距土耳其海岸不到4海里、方圆不足1平方千米的荒岛——伊米亚岛(土耳其称其为卡尔达克岛)大起争端,双方恶语相加,针锋相对,甚至刀枪相见。从地图上看,爱琴海位于希腊与土耳其之间,海中星罗棋布着3 000多个岛屿,其中有的岛屿距土耳其沿岸只有几十海里甚至只有几海里。根据1932年意大利和土耳其签署的条约,伊米亚岛等绝大部分岛屿划归希腊所有。但由于这些岛屿距土耳其海岸近在咫尺,土方一直未予承认,为此争吵不断。1996年2月15日,欧洲议会就伊米亚岛争端召开会议,强调"希腊的边界是欧盟外界边界的一部分",土耳其必须"遵守国际条约"。欧盟主席则呼吁两国通过"国际仲裁"或海牙国际法院来实现"和平解决"。希土两国伊米亚岛风波虽然暂时平息,但问题并没有得到根本解决。

2. 经济地位

无居民海岛及其周围海域拥有丰富的海洋资源,生活着大量的海洋经济动植物,蕴藏着丰富的石油、贵重金属,拥有众多的优良港湾和宝贵的旅游资源,具有巨大的经济价值。开发利用无居民海岛,不仅是发展海洋经济、建设海洋强国的需要,而且可以弥补陆上资源的不足。开发海岛、建设海岛,不仅是我国海洋经济体系的重要环节,而且是促进整个国民经济持续、健康、快速发展的重要基地。例如,青岛市的长门岩,由岛群组成,岛上植被繁茂,覆盖率达60%。红山茶(耐冬)、红楠是长门岩岛群特种植被,为亚热带常绿阔叶林木,在北方实属罕见。现有自然生长的珍贵红山茶数百棵,树龄大都在100年以上,最大的有600余年,具有重要的科研和观赏价值,青岛市把红山茶奉为市花。另外,岛上鸟类繁多,主要有黄鹰、小斑鸠、黑腰叉尾海燕、白鹭、海鸥、海鸭等。每当海鸟飞落,遮天蔽日,数以万计,故渔民又称长门岩为万鸟岛。岛上有水井3眼,渔船码头两个。岛周围水域海珍品和鱼类非常丰富,有盘鲍、海参、海螺及石花菜、黑鲷、鲳鱼等,垂钓可得。

3. 军事地位

无居民海岛是天然的军事屏障,其中有不少海岛是我国国防的前沿阵地,在空防和海防预警体系中有着不可替代的作用,具有重要的军事战略意义。

三、我国无居民海岛的管理现状

无居民海岛由于受地理位置、自然环境等因素的影响,土地贫瘠,植被缺乏,生物多样性程度低,生态系统脆弱,加之面积较小,环境容量有限,生物种群相对孤立,生态平衡一旦被破坏就很难恢复。同时,无居民海岛经济基础薄弱,经济发展往往受到大陆或附近大岛的制约,不可能形成独立的市场环境,大多数无居民海岛必须依靠岛外经济体系的支持才能维持岛上人员的活动。在生活条件上,无居民海岛一般缺乏淡水,交通、通讯、电力、燃料等基础设施,不能适应经济建设的需要。以上这些因素决定了无居民海岛发展速度慢、开发难度较大,急需采取有力措施予以保护。

2003年7月1日起开始施行的《无居民海岛保护与利用管理规定》,填补了我国长期以来对无居民海岛管理无法可依的空白,对保护、保全无居民海岛,合理开发、利用无居民海岛,促进沿海经济、社会持续发展,已经显示出了不可低估的作用。但是,这与沿海经济、社会发展实际需要相比,目前我国有关无居民海岛的立法阶位不高,法律制度还不够健全,管理手段较弱、力度不强,大部分无居民海岛基本上仍然处于无人管理状态。登临、开发、利用无居民海岛的自主性、随意性较大,开发利用海岛的单位和个人保护海岛的法律意识淡薄,经常出现掠夺式开发现象。挖沙、毁礁、炸岛、采石等严重改变海岛地貌的事件时有发生,临岛海域周围的水产资源过度开发,造成海岛资源环境的严重破坏,危害了国家海洋权益、国防和军事安全。

四、加强无居民海岛保护与管理的对策建议

为尽早、尽快地改变和扭转当前无居民海岛的管理不力状况,建议国家和有关部门采取以下措施。

(一)抓住《无居民海岛保护与利用管理规定》实施一周年之机,开展广泛深入的宣传教育活动

通过这种活动,进一步提高广大干部和群众,特别是沿海地区的干部和群众的法律意识和思想观念,牢固树立全面、协调、可持续的科学发展观。开发、利用无居民海岛应当遵循"先保护,后开发"、"重点保护,适度开发"、"多自然发展,少人为改造"的原则,统筹城乡发展、统筹区域发展、统筹经济社会发展、统筹人与自然和谐发展、统筹国内发展和对外开放的要求,走循环经济之路,实现经济效益、社会效益和环境效益相统一。

(二)加快海岛立法步伐,力争"中国海岛法"在5年内出台

换届后的第十届全国人大及其常委会立法工作的目标是:基本形成中国特色的社会主义法律体系,同时着重强调立法的重点是:提高立法质量。按照这一目标,列入本届常委会立法规划的有76件立法项目,其中包括"海岛保护法"。海岛立法符合社会主义初级阶段国情,客观环境和立法条件也比较成熟。从2004年3月到2008年3月的5年内,只要有关部门能够抓紧时间,提交出一份质量好的海岛立法草案送审稿,就可以进入人大常委会的立法程序予以审议。但是,立法规划是滚动的、指导性的,有些立法项目虽然没有列入规划,但如果需要而且立法条件也确实成熟了,仍然可以列入立法计划;如果确有必要,立法规划本身也可以根据实际情况加以调整。海岛立法也是这样,虽然将其列入了本届人大常委会的立法规划,如果我们届时拿不出一个有质量的海岛立法草案建议稿,仍然有可能错过已经到来的立法时机,结果使海岛立法无限期地拖延下去。因此,建议国家海洋行政主管部门紧紧抓住这一立法良机,开展立法调查和研究,争取在2005年之前提出海岛立法草案建议稿,经过努力工作,使海岛法于本届人大任期内出台。

(三)建立强有力的管理机构,明确对无居民海岛的行政管理权限

无居民海岛管理体制,是为执行国家保护无居民海岛的职能而设立的组织系统。如果缺少一个强有力的管理和执法机构,无居民海岛的保护与合理

利用就是纸上谈兵。如果建立了专职机构，明确了其管理职能和职责，把无居民海岛的管理和保护纳入其日常工作范围内，并与国务院其他有关部门密切合作，联合执法，实行执法责任制度，做到"有法可依，有法必依，执法必严，违法必究"，我国无居民海岛的保护工作才有望得到根本好转。

（四）实行无居民海岛功能区划制度，按照无居民海岛的不同功能予以分类保护和管理

无居民海岛的功能区划原则，应着重无居民海岛的自然环境、生态系统的特性，根据不同岛屿的自然状况，确定其不同的功能，以经济和社会发展的需要统筹安排各行业用海用岛，强调在海岛开发利用的同时，必须注重海岛及周围海域生态环境的保护。

无居民海岛功能一般分为以下4种类型。

1. 严格保护类无居民海岛

对于领海基点所在的无居民海岛应当进行严格保护，禁止采石、挖沙、砍伐、爆破、射击等破坏性活动。在领海基点周围1千米范围内的区域，除可以进行有利于领海基点保护的工程建设项目外，禁止进行其他工程建设项目。

2. 特殊保护类无居民海岛

特殊保护类无居民海岛是指已经建立海洋自然保护区或海洋特殊保护区，以及符合建立条件但尚未建立保护区的无居民海岛。海岛是一个独特的生态系统，建立海岛自然保护区，既能为人类保存一部分海岛生态系统的"本底"，又能通过一些适当的保护工作，减少或消除一些人为的不利影响，维持生态平衡，促进可再生资源的繁殖、恢复和发展。根据《海洋环境保护法》规定，具有下列条件之一的无居民海岛，应当建立海岛自然保护区：(1)典型的海岛自然地理区域、有代表性的海岛自然生态区域，以及遭到破坏但经保护能恢复的海岛自然生态区域；(2)海岛生态物种高度丰富，或者有珍稀、濒危生物物种的天然集中分布区的无居民海岛；(3)具有特殊保护价值的岛屿；(4)自然遗迹具有重大科学文化价值的海岛；(5)其他需要予以特殊保护的无居民海岛。凡具有特殊地理条件、生态系统、生物与非生物资源及开发利用特殊需要的海岛，可以建立海岛特别保护区。

3. 可开发类无居民海岛

可开发类无居民海岛是指基点海岛或者无其他保护标志，也不具备建立海岛自然保护区或特殊保护区的条件，但岛屿及其周围海域具有丰富的生物与非生物资源、旅游资源或港口资源，具有较大的开发利用价值的无居民海岛。对于此类无居民海岛，可以在保护与开发相结合的前提下，在合理的范围

内进行适度的开发和利用。开发此类海岛及其周围海域的资源,应当采取严格的生态保护措施,不得造成海岛地形、岸滩、植被以及海岛周围海域生态环境的破坏,保证海岛的可持续利用。

4. 暂不开发类无居民海岛

此类海岛是指目前不具有开发利用价值的无居民海岛。这类海岛的开发利用价值不大,经济效益不高。在现阶段,如果强行开发造成的生态损失可能会大于可获得的经济效益,在这种情况下,应以保护海岛生态环境为原则,暂时不予开发。

(五)实行无居民海岛开发许可证制度,规定相应的申请、审批程序和监督检查制度

要求开发者在开发和利用无居民海岛之前,进行科学的论证和规划;在提出开发申请的同时提交利用方案及保护方案。

(六)制定无居民海岛及周围海域资源开发规划,按海岛资源、环境价值、客观需要和开发条件归类,逐步予以实施

(七)对无居民海岛的资源环境状况进行详细的调查,建立无居民海岛资源环境动态监测和信息管理系统,为开发和保护提供科学的依据

无居民海岛是我国的宝贵财富。中国作为海洋大国,对于这一重要自然资源的利用与保护应该走在世界的前列,在海岛立法、管理与利用方面走出一条无居民海岛可持续发展的新路。

下 篇
渔业及渔业资源的法律保护

溢油污染造成的海洋渔业损失赔偿及计算[①]

随着海上油类货物运输的增加,船舶溢油事故也日益增多,由此产生了一些损害赔偿问题,要解决损害赔偿问题,首要问题是确定事故责任和损失的数额。溢油事故发生后,带来的损失是多方面的,一般包括人身伤害、环境损害、渔业损害、旅游损失等。本文仅探讨溢油污染海域或岸边后造成的海洋渔业损失的计算问题,这里的渔业损失是指油污染在船外造成的第三方的损失。

一、法律依据

(1)民法通则第一百一十七条规定:"损坏国家、集体财产或者他人财产的,应当恢复原状或者折价赔偿。受害人因此遭受其他重大损失的,侵害人也应当赔偿损失。"第一百二十四条规定:"违反国家保护环境防止污染的规定,污染损害环境造成他人损害的,应当依法承担责任。"

(2)《海洋环境保护法》规定,造成海洋环境污染损害的责任者,应当排除危害,并赔偿损失,对破坏海洋生态、海洋水产资源、海洋自然保护区,给国家造成重大损失的,由依照本法规定行使海洋监督管理权的部门代表国家对责任者提出损害赔偿要求。

(3)《民法通则》和《海洋环境保护法》规定:我国缔结或者参加的与民事以及海洋环境保护有关的国际条约与国内法有不同规定的,适用国际条约的规定;但是我国声明保留的条款除外。

(4)1969年《国际油污损害民事责任公约》(下称《油污公约》)将油污损害赔偿的范围确定为:①由油污造成的灭失或损害;②采取预防措施所开支的费用;③预防措施引起的进一步灭失的损害。

(5)1992年《油污公约》议定书进一步明确了油污损害的赔偿范围。将油污损害定义为:①油类从船上溢出或排放引起的污染在该船外造成的灭失或损害,不论此种溢出或排放产生于何处。但是,由于环境的损害(不包括此种损害利润的损失)的赔偿,应限于已实际采取或将要采取的合理的恢复措施的费用;②预防措施的费用及预防措施造成的进一步灭失或损害。1992年的公

[①] 本文发表于2004年的《江苏海事高层国际会议论坛文集》,作者是马英杰。

约在1969年公约的基础上对环境损失加了一个限定。

(6)国际海事组织于2000年10月召开的法律委员会第82届会议上通过的1992年《油污公约》议定书的修正案,提高了船舶所有人的油污损害责任限额和基金赔偿限额。修正案规定的限额比1992年议定书规定的限额提高了50.37%。2000年修正案反映了国际上在处理油污事件上的一个趋势,即加大赔偿力度。

二、渔业损失赔偿的特点

船舶溢油造成渔业损害赔偿的特点有3个方面:

(1)损害发生于船外,而非船内。

(2)赔偿的请求人包括两类:①受影响的渔民会提起直接渔业生产损失赔偿。这种诉讼多是由大量的渔民参加的集体诉讼;②国家渔业行政主管部门代表国家提起的天然渔业资源的损失。

(3)赔偿数额巨大。

三、渔业损失赔偿的计算

(一)法院判案,最高人民法院的司法解释是重要的依据

《最高人民法院关于审理船舶碰撞案件财产损害赔偿的规定》提出,请求人可以请求赔偿对船舶碰撞或者触碰所造成的财产损失,船舶碰撞或者触碰后相继发生的有关费用和损失,为避免或者减少损害而产生的合理费用和损失,以及预期可得利益的损失。因请求人的过错造成的损失或者使损失扩大的部分,不予赔偿。赔偿应当尽量达到恢复原状,不能恢复原状的折价赔偿。此规定提出如果遭到碰撞的船只是渔船的话,渔船鱼汛损失,以该渔船前3年的同期鱼汛平均净收益计算,或者以本年内同期同类渔船的平均净收益计算。计算鱼汛损失时,应当考虑到碰撞渔船在对船捕鱼作业或者围网灯光捕鱼作业中的作用等因素。

此规定主要考虑的是受碰撞的渔船本身遭到的损失,虽然也规定船舶碰撞或者触碰造成第三人财产损失的应予赔偿。但是本规定没有明确提到溢油污染在船外对渔业生产、渔业资源造成的损失应该包括哪些部分,怎样计算。所以在计算由于船舶溢油污染造成的渔业生产和渔业资源损失的时候,应当以第一部分提到的法规和农业部出台的《水域污染事故损失计算方法规定》作为计算依据。

(二)根据1996年农业部出台的《水域污染事故损失计算方法规定》,因

渔业环境污染、破坏直接对受害单位和个人造成的损失,在计算经济损失额时只计算直接经济损失

因渔业环境污染、破坏不仅对受害单位和个人造成损失,而且造成天然渔业资源和渔政监督管理机构增殖放流资源的无法再利用,以及可能造成的渔业产量减产等损失,在计算经济损失额时,将直接经济损失额与天然渔业资源损失额相加。

1. 直接经济损失额的计算

直接经济损失包括水产品损失、污染防护设施损失、渔具损失以及清除污染费和监测部门取证、鉴定等工作的实际费用。

(1)水产品损失额按照当时当地工商行政管理部门提供的主要菜市场零售价格来计算。水产品损失量包括中毒致死量和有明显中毒症状但尚能存活以及因污染造成不能食用的。由于水产品损失量既包括成品,也包括半成品、苗种。而计算损失量,最终以成品损失量表示,因此苗种、半成品与成品损失量的换算比由渔政监督管理机构根据不同种类和当地实际情况而定

$$水产品损失额 = 当地市场价格 \times 损失量$$

(2)养殖损失按实际损失额计算:养殖种类亲本和原种的死亡损失价格,计算时要根据其重要程度按高于一般商品价格的50%～500%计算,具体价格由渔政监督管理机构确定。

(3)捕捞停产损失油污事故发生后,受影响的船只不得不停止作业。不同马力的船只,不同的渔民每天的收入是不同的。相同马力的船只使用不同的网具的收入也不相同,所以为了方便计算,通常取平均值进行计算

$$捕捞停产损失 = 受影响的船只每天平均捕捞收入 \times 停产的实际天数$$

(4)网具的损失是指受污染后,原油粘附在网上影响继续使用,会造成网具的损失。有些时候受损失的网具往往有几种,损失应将不同的网具损失加起来。

$$渔网渔具的损失 = 受损渔网数 \times 渔网价$$

(5)污染防护措施费用是指在油污事件后,为防止或减轻污染损害,而由任何人所采取的任何合理措施,如对漂浮在海面上的油迹喷消油剂、动用船只打捞浮油、为防止浮油扩散而设置浮栅栏等。在此需要说明的是,因消油剂有毒性,因此造成的海洋生物的损害,以及在喷洒过程中人员中毒受到的伤害,均应算作直接损失。

2. 由于天然渔业资源受到损害而造成的渔业生产损失

海水一旦受到污染后,损失是惨重的。油类在海水中能够存在很长时间,

虽然油类会因为一些物理或化学过程而分解,但在一年后,仍然有6％的油没有分解,而存在于海水之中。如果使用消油剂,也应该考虑到消油剂的毒副作用。

在这里需要说明的是,尽管《最高人民法院关于审理船舶碰撞案件财产损害赔偿的规定》提出,因请求人的过错造成的损失或者使损失扩大的部分,不予赔偿。但是由于《油污损害民事责任公约》1992年议定书明确规定:油污损害包括:预防措施的费用及预防措施造成的进一步灭失或损害。所以在处理国际溢油污染案件的时候,由于使用消油剂而造成的进一步损害也应当由溢油责任者赔偿。

溢油事故发生后,除了在短期内使鱼中毒死亡的急性毒害作用外,也存在着慢性的毒副作用。慢性的毒副作用表现在以下两个方面:

(1)由于油的急性毒性作用使得鱼的饵料生物大量死亡,鱼类缺少食物不可能生长。

(2)水中长期有油存在,鱼类饵料生物和鱼类本身的生长都会受到抑制,所以天然渔业资源肯定会受到损害。

《水域污染事故损失计算方法规定》规定:天然资源损失计算由渔政监督管理机构根据当地的资源情况而定,但不应低于直接经济损失中水产品损失额的3倍。

现在最大的争议就是天然渔业资源的损害造成的渔业生产的损失应当算作经济损失还是应当算作环境损失。

第一,如果算作经济损失,可以根据历年的鱼类捕获量、资源量等计算出损失。由于《水域污染事故损失计算方法规定》没有详细规定具体算法,可以由渔政监督管理机构聘请专家根据具体情况进行计算,在具体计算过程中,历年的捕获量是重要的参考资料。

笔者认为,如果在人口众多渔业发达的国家近岸海域发生溢油事故,应当算作经济损失。因为在这些国家,渔业资源直接关系到沿海群众的生存,在正常情况下,海域中每年新生的可捕资源也基本上全部被捕捞上岸,渔业资源肯定会变成渔民的经济收入,所以渔业资源的损失应当作为经济损失来对待。

第二,如果算作是环境损失,就应当按照1992年《油污公约》的规定,应限于已实际采取或将要采取的合理的恢复措施的费用。在此要注意的是,恢复环境是指将环境在事故发生的当时恢复到原来的形状,而不是事故发生后很长时间回复到原来的形状。

各种海洋生物的生存紧密相连,我们可以用下图来表示海洋中的食物链。

营养物质→浮游生物→浮游动物→小鱼虾→大鱼虾
                              ↓
                           海鸟 海兽

根据上面的食物链可知:要恢复原状并不仅仅是去掉水中的油类,而且还要使各种生物恢复到原来的水平,缺少任何一个环节,鱼类都生长不好。

如果任环境自行恢复的话,即使数年后油污完全消失了,由于鱼虾等的生长需要一定的低等生物量作为基础(1:10),其恢复也需要一定的时间,据估计最长需要6年的时间才能完全恢复到原来的水平。

所以采取恢复措施的费用应当包括以下几个部分:

①消除水中污染油类的费用:可以加入微生物促进油类降解。

②使水中浮游植物达到原水平的费用:可以向水域中加入高浓度的浮游植物。

③使水中浮游动物达到原来水平的费用:向水中加入活的浮游植物。

④使水中的小鱼虾达到原来水平的费用:向水中加入活的小鱼虾。

在这里没有计算将可捕捞的鱼虾的数量恢复到原来水平的费用,因为在直接损失中已经算入了水产品的损失,如果再在这里进行计算就有重复计算之嫌。

笔者认为,如果按照这种方法计算,所需的费用巨大,尽管可以使受害方得到合理的赔偿,但是船方恐怕难以承受,难以实施。

(三)案例

艾克森·美孚石油公司(Exxon Mobil)的艾克森·瓦迪兹号油轮(Exxon Valdez)1989年在阿拉斯加外海漏油引起严重海洋污染一案中,美国联邦法官裁定,艾克森·美孚石油公司应赔偿原告45亿元罚款和22.5亿元的利息。其损失评估主要包括直接经济损失和恢复环境的费用。其环境损害恢复措施包括:①物理恢复法,用热水冲洗附着在海滩砾石上的油污;②生物修复法,现场加入大量石油降解菌。笔者认为这样做仅仅起到消除部分油污的作用而其他方面并没有得到恢复。如果将恢复生物链的费用加上的话,费用将更加巨大。

对于是否赔偿渔业资源的损失,国内有争议,但大都得到了赔偿。

例如,1997年"海威"轮溢油事件,二审法院判决赔偿渔业资源损失。1999年广东海洋水产厅诉台州东海海运有限公司案件,二审法院最终也判决赔偿台南渔业资源损失。

(四)结论

根据以上分析,笔者认为,海域受到溢油污染后,天然渔业资源的损失应当作为经济损失得到赔偿,应该根据海域中的生物量、历年的捕获量等进行计算。如果将其作为环境损失,赔偿费应当是恢复原状的费用,而恢复渔业环境的费用将是巨大的,难以承受。再者,根据《1969年油污损害民事责任公约》的1992年议定书,如果是经济损失的话,毫无疑问地会得到赔偿,而如果把它当作环境损失的话,无确切的赔偿依据。所以,在损失计算方面应当切合实际,才能被人接受。

On the Calculation and Indemnification of Fishery Loss Caused by Oil Pollution

With the increase of oil transportation by sea, oil spill accidents have been increasing too. Therefore, some problems about indemnification occurred. To solve these problems, the first step is to make certain the responsibility of the accident and the amount of loss. Oil spillage accidents incur a series of consequences in many aspects, including physical injury, environmental damages, fishery losses and tourism losses, etc. This paper focuses only on the calculation and indemnification of fishery losses caused by oil pollution. Here, the fishery damage is part of the damages outside the collided ships, while not inside the ships.

1. Legal basis

(1) Oil spill pollution is a tort, and the tortfeasor's liability is provided by Article 117 of the General Principles of Civil Law of the People's Republic of China (GPCL), "Any one who damages the property of the state, a collective or another person shall restore the property to its original condition or reimburse its estimated price. If the victim suffers other great losses therefrom, the infringer shall compensate for those losses as well." Article 124 provides further that, any person who pollutes the environment and causes damages to others in violation of state's provisions for environmental protection and the prevention of pollution should bear civil liability in accordance with the law.

(2) Marine Environmental protection Law of the People's Republic of China is the basic law on Marine Environmental protection, Oil spill cases shall also be governed by it. It stipulates that the person who causes pollution damage to the marine environment is liable to eliminate the pollution and compensate for the losses. To those who damage the marine ecology, marine fishery resources, marine natural reserves and cause heavy losses to the state, the state organ which exercises supervision and administration on

the sea shall claim compensation against the tortfeasor on behalf of the state.

(3) According to General Principles of the Civil Law of the PRC, Environmental Protection Law of the PRC and Marine Environmental Protection Law of the PRC, if an international treaty regarding indemnification of oil pollution losses which China is a member country contains provisions differing from those contained the laws of the PRC, the provisions of the international treaty shall prevail, unless the provisions are ones on which China has announced reservations.

(4) International Convention on Civil Liability for Oil Pollution Damage (1969) defines the scope of indemnity for oil pollution: ①the loss or damage caused by oil pollution; ②the expenses of taking preventive measures; ③the damage of further loss caused by preventive measures.

(5) Protocol of 1992 Relating to International Convention on Civil Liability for Oil Pollution Damage limits the scope of oil damage by a definition: ①Loss or damage caused outside the ship carrying oil by contamination resulting from the escape or discharge of oil from the ship, wherever such escape or discharge of oil may occur, and includes the costs of preventive measures and further losses or damages caused by preventive measures. But as the compensation of environment damage (not including the loss of interests) is limited to the expenses of reasonable restoration measures which have been taken actually or will be taken. ② The damage of further loss caused by preventive measures. It is clear that Protocol 1992 gives a limitation to the environmental loss on the basis of CLC 1969.

(6) The Amendment of Protocol of 1992 Relating to International Convention on Civil Liability for Oil Pollution Damage was promulgated at the 82th meeting of the Law Committee of the International Marine Organization in Oct. 2000. The Amendment increases the limit amount of liability for oil pollution and the limit amount of fund compensation which belong to the owner of the oil tanker.

The limitation provided by the Amendment is 50.37% more than that in Protocol 1992. The Amendment of 2000 reflects an international tendency to deal with oil pollution cases, that is to enhance compensation.

2. Characteristics of the indemnification of fishery losses

(1) The fishery losses occurred outside the collided ships while not inside the collided ships

(2) The claimants for compensations include two parts: ① The affected fishermen claim compensation for direct losses in fishery product. Generally it may form a class action. ② The competent fishery administration department claim compensation for losses in natural fishery resources.

(3) The amount of compensation is enormous.

3. Calculation and controversy on indemnification of fishery losses

(1) Judicial interpretation is one of the legal basis for decision of a case. The Provisions on the indemnification of property losses in ship collisions of the Supreme Court provides that the claimants may claim compensation for the property losses in ship collisions, relatives cost and damages, reasonable expenses for taking preventative measures, including the expectable interest. But the further losses caused by the claimant's faults shall not be indemnified. It also provides that if one of the collided ships is a fishing boat, the loss of the fishing boat shall be the average income in the counter—time of previous 3 years, or be the average income of the same boat in the same time. In the calculation of fishing catch the role of the collided fishing boat in trawl and purse seine operation.

Although it provides that the property losses of a third party shall also be indemnified, it doesn't specify the scope of the loss in fishery product and fishery resources. About the calculation of the loss of fishery product and fishery resources we should turn to the Method for Calculation of Losses of Water Pollution Accidents issued by the ministry of Agriculture.

(2) In 1996, the Ministry of Agriculture promulgated Method for Calculation of Losses of Water Pollution Accidents. Although it is only a department rule, it plays an important role in the fishery loss calculation in oil pollution. From this document, we can see the loss can be put into 2 categories: direct economic loss and fishery resource loss.

1) Calculation of direct economic loss

The direct economic loss includes the loss of aqua-product, the loss of anti-pollution facilities, the loss of fishing gear and the expenses to eliminate the pollution, and the actual expenses for loss evaluation and evidence taking.

a. The loss of natural aqua-product

The loss of natural aqua-product shall be calculated according to the current retail price offered by the local Industry and Commerce Administration Agencies. The amount of loss of natural aqua-product includes the price of dead animals and kelp caused by oil pollution, the price of the survived animals with obvious poisoned symptom but are not eatable because of the pollution. The aqua-product includes processed and semi-processed product, fry of aquatic animals(the price of fry shall be calculated as they had grown up into adult animals, the calculation parameter shall be determined by the local fishery administration agencies according to the actual situation.)

The natural aqua-product loss = the price of aqua-product in local market × the amount of aqua-product

b. The loss of artificial aquaculture

The loss of artificial aquaculture shall be calculated according to the actual loss. It shall include the price of dead original stocks, which shall be confirmed by local fishery administration agencies. The price of stocks shall be 50%~500% higher than the price of common merchandise.

c. The loss from fishing suspension

After oil pollution accident, fishing boats have to stop their operation. As fishing boats with different power and different fishermen may produce different income per day, and even boats with the same power may produce income because of different fishing gear. Here, we will calculate the loss with average income.

Loss from fishing suspension = the average fishing income per day of the affected boats × the actual days of suspension

d. The loss of fishing gear

If fishing nets are contaminated by oil, they will be damaged and can not be used further. If different kinds of fishing nets were damaged, the total loss shall be the sum of their prices.

The loss of fishing gear = the number of damaged nets × the price of the fishing nets

e. The expenses of anti-pollution measures

Anti-pollution measures refer to any reasonable measures taken by any one to prevent or alleviate the damage of pollution, such as using oil-cleanser on the spot of pollution, using vessels to recover floating oil, laying out floating railings to prevent floating oil from dispersing. Here we should pay attention to the fact that oil-cleanser is noxious, marine creatures as well the worker in touch with it may be damaged by it, all of the loss of creatures and people's health shall be considered as direct loss.

2) Losses of natural fishery resources

Once the seawater is contaminated, the loss is heavy. Oil can exist for a long time in the sea. Oil may be discomposed through some physical or chemical process, but 6% of the oil shall still exist in the seawater a year later.

The long-term poisonous effect of oil-cleanser should also be considered. Although the Provisions on the indemnification of property losses in ship collisions of the Supreme Court provides that the further losses caused by the claimant's faults shall not be indemnified. The amended (1992)CLC provides that the damage includes the expenses of further preventive measures. So in international oil pollution cases, the damage by oil cleanser shall also be indemnified.

Once the oil spillage accident occurs, the instant poisonous effect will cause the death of fish, while the chronic side effect may incur further loss, which is showed in the following aspects:

a. The death of bait creatures of the fish caused by the instant poisonous effects of oil makes fish lack of food for a long time; even there are still big fish in the sea, they will be starved.

b. The long time existing oil in sea water will retard the growth of fish as well as their bait and as a result, the natural fishery resources are definitely damaged.

Method for Calculation of Losses of Water Pollution Accidents provides that the natural resources loss should be calculated by local fishery administration agencies according to the local conditions, but the total amount shall be less than 3 times of the amount of direct aqua-product loss. But it doesn't give a formula to calculate it. In each special case, fishery experts shall be invited to do the detail calculation of the loss.

4. Controversy on the calculation and indemnification of fishery loss

(1) The controversy is that whether the loss of fishery production from the damage of natural fishery resources should be taken as economic loss or as environmental loss.

a. If it is taken as economic loss, it may be calculated through assessing the annual fish catch in recent years and the amount of fishery resources, etc. Method for Calculation of Losses of Water Pollution Accidents doesn't stipulate the detail calculation method for fishery resources loss, so I suggest that the local fishery administration agencies consult experts to calculate according to the concrete condition.

In the author's opinion, it should be taken as economic loss if oil spillage accidents take place in coastal areas of countries with large population and developed fishery industry. Because in these countries, fishery resources are essential to the survival of the people living in coastal areas. Under normal circumstances, the yearly recruitments of fishery resource are almost totally caught ashore, and the fishery resources will be surely become the fishermen's economic income, so the loss of fishery resources should be taken as economic loss.

b. If it is taken as environmental loss, according to CLC 1992, it should be limited in the expenses of reasonable measures which have been taken already or will be taken. But in the author's opinion, environmental restoration means to restore the environment to its original condition at the time when the accident happened, and not after a long time.

Marine creatures live on each other, we can use the following chart to show the food chain in the sea:

Nutritious materials ⟶ phytoplanktons ⟶ zooplanktons ⟶ small shrimps and fish ⟶ big fish, sea birds and marine mammals

According to above chart, to restore the environment to its original condition is not only to eliminate the oil from the sea, but also to restore the various living creatures to the original level. Every one knows that fish can not grow without food.

If we let the environment restore itself, it will take a long time to restore to its original condition, even though the oil pollution disappears after several years, the growth of fishery resources also need certain amount of inferior living creatures as their food (the ratio of amount of high creatures to lower is about 1 : 10). It is estimated that 6 years are needed to restore the environment completely.

As a result, the expense to restore environment should include the followings.

a. The expenses to eliminate oil from the sea, we can put into microorganisms to accelerte the decomposition of oil.

b. The expenses of restoring the phytoplanktons to its original level, we may put some high density phytoplanktons into the sea.

c. The expenses of restoring the zooplanktons to its original level, we may put live high density zooplanktons into the sea.

d. The expenses of restoring the shrimps and small fish to its original level, we may put live shrimps and small fish into the sea.

To avoid repetition, the expenses of restoring the harvestable fish and shrimps are not counted, because the loss of aqua-product has been counted in the direct loss.

In the writer's opinion, this method will cost much more than the above method, although it can give the victim reasonable compensation, the owner of the vessels maybe not be able to afford it.

(2) Related cases

1) In 1989, Exxon Valdez of Exxon Mobil Petroleum Company leaked oil and caused serious pollution in offshore area of Alaska. The federal judge of the United States gave a verdict that, Exxon Mobil should compensate the plaintiff 4 500 millions dollars together with 2 250 million dollars interest. The loss included direct economic loss and the expenses for environmental

restoration. The restoration measures include:

a. Physical restoration

To wash the greasiness on the sea-shore with hot water

b. Biological restoration

Put into a large amount of oil-eating bacteria on the spot of pollution.

But the writer thinks that this method could only eliminate part of the oil from the beach and sea water, and the other aspects of the environment could not be restored. If the expenses of restoring the marine living creatures food chain are added, the expenses would be much more.

2) In practice, there are some controversies on whether to compensate the loss of fishery resources in China, but in most of the cases, the victim got their compensation in this aspect.

For example, in the case of "Haiwei" oil spill in 1997, the compensation for fishery resources was judged for the victim.

In 1999, in the case the Fishery Administration Agency of East China Sea sued the Limited Company of Sea Transportation in Taizhou, the appeal court rendered a judgment that the tortfeasor pay the loss of fishery resources.

(3) According to above analysis, the author suggests that the loss of fishery resources should be regarded as economic loss. And the calculation should be conducted according to the amount of living creatures in the sea and the annual fish catches, etc. The Method for Calculation of Losses of Water Pollution Accidents is the applicable rule in the calculation of fishery losses. If it is considered as environmental loss, the expenses for restoring fishery environment will be too enormous to be afforded.

论中国现有渔业水域的法律性质和经营方式[①]

为全面贯彻"三个代表"重要思想,落实党的"十六大"、中央农村工作会议、全国农业工作会议精神,研究总结渔业发展中的新情况、新问题、新经验,探索新形势下渔业发展的新思路,推进渔业持续健康快速发展,农业部渔业局确定了2003年的渔业调研重点。《中国现有渔业水域权属性质和经营方式研究》是重点调研课题——《建立适合中国国情的渔业权制度研究》的分课题,其目的是弄清现有渔业水域权属性质和经营方式和存在的主要问题,为渔业管理和今后的渔业发展政策,提出有参考价值的意见和建议。本文在对7个沿海省和4个内陆省的18个县、市、区的渔业发展状况进行调查,并在研究我国不同时期的渔业经济和政策的基础上,根据法律规定和渔业生产实践,综合分析了现有渔业水域的性质及其经营方式,实事求是地指出了存在的主要问题,有针对性地提出了一些比较具体的对策建议。

一、渔业水域的概念

渔业水域,一般是指适宜水生经济动植物养殖、增殖、产卵、生长、洄游、索饵、越冬的水域,或者说是从事养殖、增殖和捕捞水生动、植物等渔业活动的水域。对渔业水域的概念,我国有关法律、法规都作出了规定。

从我国现行法律对渔业水域的定义性规定,可以说明中国现有渔业水域具有以下特点。

(1)中国现有渔业水域属于中华人民共和国管辖水域的组成部分,是中华人民共和国管辖水域中的渔业水域。中华人民共和国管辖水域包括中华人民共和国内水、领海、毗连区、专属经济区、大陆架以及中华人民共和国管辖的其他海域。

(2)渔业水域的内涵是鱼、虾、蟹、贝类的产卵场、索饵场、越冬场、洄游通道和鱼、虾、贝、藻类及其他水生动植物的养殖水域。

(3)渔业水域的位置和范围是由国家或者国务院渔业行政主管部门根据渔业资源状况、渔业环境条件和水生动植物的生长、繁殖规律依法划定的,具

[①] 本文发表于《中国海洋大学学报》2003年第1期,作者为胡增祥、马英杰。

有法律意义。

为加强渔业资源的保护、增殖、开发和合理利用,发展人工养殖,保障渔业生产者的合法权益,促进渔业生产的发展,国务院、县级以上人民政府及其渔业行政主管部门,根据渔业资源状况、渔业环境条件和水生动植物的生长、繁殖规律,依法划定了鱼、虾、蟹、贝类的产卵场、索饵场、越冬场、洄游通道,鱼、虾、贝、藻类及其他水生动植物的养殖水域和渔业资源保护区。农业部于2002年2月公布了第一批中国渔业水域。此外,在全国水环境功能区中,划出内陆渔业用水区1 930个。在近岸海域环境功能区划中,划出海水养殖区203个,海洋渔业区(捕捞区)18个。据《中国渔业经济》1984年统计,全国31个省、自治区、直辖市淡水水面1 760万公顷,其中可用于养殖的567万公顷,占总水面的32%。全国大陆沿岸15米等深线以浅的海域面积13.4万平方千米(未统计中国台湾),海水可养殖面积260万公顷;拥有海洋渔场281.8万平方千米。

二、现有渔业水域的权属性质

权属性质,即所有权和使用权的性质。所有权是指所有人依法对于所有物拥有的占有、使用、收益和处分的权利。

《宪法》规定:矿藏、水流、森林、山岭、草原、荒地、滩涂等自然资源,都属于国家所有,即全民所有;由法律规定属于集体所有的森林和山岭、草原、荒地、滩涂除外。

《水法》规定水资源属于国家所有。水资源的所有权由国务院代表国家行使。农村集体经济组织的水塘和由农村集体经济组织修建管理的水库中的水,归各农村集体经济组织使用。

上述规定说明,内陆渔业水域,包括天然的河流、湖泊和国家投资兴建的水库,属于国家所有。"农村和城市郊区的土地,除有法律规定属于国家所有以外,属于农民集体所有",其中包括农村集体经济组织的水塘和由农村集体经济组织修建管理的水库中的水。

据调查,黑龙江省密山市的内陆水域14.5万公顷。其中湖泊12.27万公顷,占84.4%;水库0.39万公顷,占2.7%;池塘0.4万公顷,占1.8%;河沟0.24万公顷,占11.1%。属于国家所有的14.13万公顷,占全部水域的97%;集体所有的0.24万公顷,占全部水域的3%。

江西省湖口县拥有水面0.72万公顷,其中国家所有的0.32万公顷,占全部水域的45%;集体所有的0.4万公顷占全部水域的55%。

云南省开远市内陆水域866.7公顷,其中国有水面600公顷,占全部水域的69%;集体所有的水面266.67公顷,占全部水域的31%。

江苏省吴江市内陆水域2.56万公顷,其中属于国家所有的0.61万公顷,占全部水域的24%;集体所有的1.95万公顷,占全部水域的76%。由集体经营的500公顷,占已养面积的2%,由个体经营的25 086公顷,占已养面积的98%。

广东省台山市,内陆水域属于国家所有的宜养水面1.2万公顷,已养3 666.67公顷;集体所有的2.27万公顷,已养1.38万公顷。其中由集体经营的866.67公顷,占已养水面的5%;私营的7 726.3公顷,占已养水面的44%;由个体经营的8 867公顷,占已养水面的51%。

广东省遂溪县,有内陆水域20.45万公顷,其中国有水域20.15万公顷,占全部水域的99%;集体所有水面3 026公顷,占全部水域的1%。已养面积2 192公顷,其中国有的239.6公顷,占已养面积的11%;个体经营的1 952.4公顷,占已养面积的89%。

对于海洋渔业水域,《海域使用管理法》规定:"本法所称海域,是指中华人民共和国内水、领海的水面、水体、海床和底土""海域属于国家所有,国务院代表国家行使海域所有权"。

但是,《海域使用管理法》的适用范围仅限定为我国的内水海域和领海。按照《中华人民共和国专属经济区和大陆架法》规定,在我国领海以外的专属经济区和大陆架范围内的渔业水域及其资源由我国行使主权权利和管辖权。

沿海11个省、自治区、直辖市在地方性渔业法规或规章中,对本行政区域养殖用的渔业水域的所有权和使用权,都作了不同程度的规定。

例如:辽宁省规定,使用海域从事生产经营活动的,实行海域使用证制度和有偿使用制度。使用国有水面、滩涂从事养殖业的单位和个人,应当向渔业行政主管部门提出申请,确认使用权。大连市规定,特种海产品增养殖的海区使用权,实行划区分级审批。大连市城市南部海域、县与县交界的海域经与有关部门和地区协商后,由市渔业行政主管部门审批;涉及共用渔场的海域由市渔业行政主管部门报请上级渔业行政主管部门审批;其他海域由所在地渔业行政主管部门审批。

浙江省规定,浅海、滩涂属国家所有。养殖水面、滩涂的所有权、使用权、承包经营权受法律保护,任何单位和个人不得侵犯。对可以养殖的滩涂和10米等深线内的浅海,要确定使用权,发给使用证。有些地方的浅海、滩涂使用权已经明确的,不要变动。

国家是国有土地和海域唯一的、统一的所有者。唯一性和统一性是我国一切国家财产所有权主体的基本法律特征。

国有土地和海域的所有权主体的唯一性决定除了国家以外,任何单位和个人包括国有单位以及社会团体等组织,在任何情况下都不能成为国有土地和海域的所有者。国有土地和海域可以依法确定给任何单位和个人使用,但无论是何种性质的使用,也无论有无使用期限,都不能改变国有土地和海域的所有权性质。

国有土地和海域所有权主体的统一性,要求只有国家才能行使国有土地和海域的所有权,其他任何单位非经国家授权或批准,不能享受国有土地和海域所有权中的任何权能。

三、现有渔业水域的经营方式

国有土地(滩涂)、水域和海域使用权,即依法使用国家所有土地(滩涂)、水域和海域的权利。国有土地(滩涂)、水域和海域使用权的主体非常广泛,任何单位和个人包括外国单位和个人,符合依法使用国有土地(滩涂)、水域和海域的条件的,都可以成为我国的国有土地(滩涂)、水域和海域的使用者。

国有土地(滩涂)、水域和海域使用权具有重要意义。国有土地(滩涂)、水域和海域的所有者——国家并不直接使用土地(滩涂)、水域和海域,而是由具体的单位和个人使用。国家只是通过采用行政手段如划拨、出让或租赁土地(滩涂)、水域和海域使用权,收取土地(滩涂)、水域和海域出让金和租税等措施来体现所有者意志,并不直接参与土地(滩涂)、水域和海域的使用而从中获得收益。

依法有偿受让取得的国有土地(滩涂)、水域和海域的使用权,成为一种完整意义上的财产权,可以依法转让、出租、赠与、继承、抵押。与一般通过划拨取得的国有土地(滩涂)、水域和海域使用权不同的是,"有偿"、"有期",这是国家凭借土地(滩涂)、水域和海域所有权对使用权进行的一种限制,是实现土地(滩涂)、水域和海域所有权的一项措施。

据调查,黑龙江省密山市可用于养殖的水面2.79万公顷,已养面积达2.12万公顷。目前,采取承包方式养殖的有3 867公顷,由国家经营的有1.73万公顷,占已养面积的83%,集体经营的2 600公顷,占已养面积的12%,个体经营的1 133.3公顷,占已养面积的5%。

青海省海南藏族自治州共和县对国家所有的龙羊峡水库采取承包方式经营,承包期为5年。目前,养殖证的发放工作正在进行。

江西省湖口县拥有水面7 200公顷,其中宜养面积5 326.7公顷,已养面积5 000公顷。由国家经营的2 000公顷,占已养面积的40%;集体经营的600公顷,占已养面积的12%;私营的366.67公顷,占已养面积的7%;个体经营的2 033公顷,占已养面积的41%,其中承包的水面4 567公顷,拍卖取得的5.3公顷,租赁经营的44.67公顷。

　　云南省开远市内陆水域866.67公顷,其中宜养水面853.33公顷,已养水面840公顷;有14.13公顷全民所有水面由国有单位经营,占已养面积的2%;部分水面是农民在自己承包土地上开挖的鱼塘,约666.67公顷。

　　江苏省吴江市内陆水域2.56万公顷,其中由集体经营的50公顷,占已养面积的2%,由个体经营的2.51万公顷,占已养面积的98%。

　　广东省台山市,内陆水域由集体经营的866.67公顷,占已养水面的5%;私营的7 726.6公顷,占已养水面的44%;由个体经营的8 867公顷,占已养水面的51%。

　　广东省遂溪县,有内陆水域20.45万公顷,已养面积2 192公顷,其中国有的239.6公顷,占已养面积的11%;个体经营的195.24公顷,占已养面积的89%。

　　据统计,2002年全国有淡水渔业乡5 660个,渔业户3 478 960户,渔业人口14 998 603人,渔业劳动力10 255 681人。淡水养殖面积为5 469 883公顷,其中国有淡水养殖面积为1 344 754公顷,占25%。淡水养殖产量1 694万吨,淡水捕捞产量224.8万吨。国有淡水养殖企业822个,其中盈利企业558个,利润总额14 341.37万元;亏损企业253个,亏损总额8 339.48万元。国有淡水捕捞企业41个,其中盈利企业30个,利润总额569万元;亏损企业11个,亏损总额920.1万元。

　　在海洋渔业方面,据调查,海南省文昌县对水域、滩涂采用承包、出让方式确权使用。拥有海域使用权证的经营者根据海域使用法可以进行转让或抵押。

　　河北唐山丰南区的海水养殖水面,国有占3%,集体占23%,个人占74%。海水已养水面、滩涂都是通过承包来确权的。目前承包家庭占全村家庭的比重为5%。

　　辽宁长海县,在已开发的海水养殖水域中国有占0.7%;集体占19%,个体占80%。主要通过联合开发,申请确权取得。瓦房店市,在已养殖的海水水域中,集体经营的1 400公顷,占8%,个人经营的1.59万公顷,占92%。海水已养水面、滩涂是通过个人申请办证、承包的形式确权的。通过承包的有

1.000 5万公顷。目前没有采用拍卖的形式。确权海域可以转让，个别也有抵押的。转让或抵押的条件是：双方协商后，向主管部门提出申请，主管部门批准后方可转让。抵押主要是用证件抵押，向银行贷款。

山东省荣成市在已养海水水面中，国有占10%、集体占90%。莱州市在已养面积中，国有开发利用的1%，集体开发利用的占79%，股份、私营、个体开发利用的占20%。通过承包的面积占总面积的70%，改制、租赁或拍卖的占30%。

江苏省启东市，国有海洋水域2.42万公顷，其中宜养面积1.50万公顷，规划用于养殖的1.43万公顷，已养1.4万公顷，占规划养殖面积的98%。其中私营的1.2万公顷，个人经营的2 000公顷。

广东省遂溪县，国有的598.9公顷，占已养面积的14%；集体经营的66.67公顷，占已养面积的1.6%；个体经营的3 540.3公顷，占已养面积的84%。

广东省台山市，有宜养海域24.6万公顷，规划用于养殖的3.33万公顷，已养1.53万公顷，其中集体经营的133.3公顷，占已养面积的0.8%；私营的6 333.3公顷，占已养面积的41%；个体经营的8 886.7公顷，占已养面积的58%。

调查情况说明，各地规划用于养殖的海洋渔业水域、滩涂，尚未得到充分开发利用，有的地区达到50%。在经营方式上多数地区由个体经营、私营和集体经营的水域、滩涂较多，国有的较少。个别地区，如山东荣成市，以集体经营为主，占已养面积的90%。

据统计，2002年全国海洋渔业乡383个，渔业村4 110个，渔业户1 428 559户，渔业人口5 443 159人，渔业劳动力2 873 012人。海水养殖面积为1 344 754公顷，海水养殖产量12 128 437吨，海洋捕捞产量14 334 934吨。国有海水养殖企业121个，其中盈利企业61个，利润总额2 288.30万元；亏损企业57个，亏损总额1 849.23万元。国有海洋捕捞企业40个，其中盈利企业10个，利润总额4 936.53万元；亏损企业28个，亏损总额11 982.09万元。

综合各地区对渔业水域的经营方式，我国现阶段是以公有制渔业（包括全民所有制和集体所有制）为主体，其他所有制渔业（包括个体渔业、私营渔业、中外合作经营和合资经营的渔业企业）为补充的经营结构。

目前，全民所有制渔业企业实行的经营方式主要有：①承包经营责任制；②租赁经营制；③资产经营责任制。

集体所有制渔业的经营方式主要有：①村级经济所有制；②对（单）船经济所有制；③股份合作所有制；④混合经济所有制。

我国宪法规定：国家在社会主义初级阶段，坚持公有制为主体、多种所有制经济共同发展的基本经济制度。国有经济，即社会主义全民所有制，是国民经济中的主导力量。在法律规定范围内的个体经济、私营经济等非公有制经济，是社会主义市场经济的重要组成部分。

邓小平同志指出："我们允许个体经济发展，还允许中外合作经营和外资独营的企业发展，但是始终以社会主义公有制占主体。""一个公有制占主体，一个共同富裕，这是我们必须坚持的社会主义的根本原则。"

实践证明，坚持以公有制渔业为主体，其他所有制渔业为补充的经营方式，有利于实现按劳分配为主的多种分配形式，有效地实现共同富裕，从而保证我国渔业能够始终沿着社会主义方向发展；有利于贯彻改革开放的方针，用现代化工业和科学技术武装渔业，用现代的科学管理方法管理渔业，实现渔业的市场化和现代化；有利于发挥社会主义制度的优越性，加快我国渔业的发展。

四、存在的主要问题

1. 现行渔业法中没有确立渔业权和渔业权人制度

渔业为一种特殊的生产活动，能否从事这样的活动或者能否进入渔业，取得渔业权，需要从法律上作出明确规定，以便规范渔业管理关系，保护渔业生产者的合法权益。一些国家和地区的实践经验证明，从法律上建立和实施渔业权制度，是确保国家对渔业实施有效管理的基石和核心。我国现行立法中，虽未出现"渔业权"用语，但实质意义上的渔业权制度是存在的。《渔业法》、《民法通则》和《渔业法实施细则》等法律、法规，对涉及渔业权的主要问题已作了规范。但是，由于在现行立法中没有明确渔业权及其渔业权人的概念、性质、权利和义务，以及渔业权的流转等，这就影响了渔业法的有效实施和全国渔业的健康发展。建立和实施渔业权制度，可以切实明晰渔业资源权属关系，有利于稳定渔业资源使用权关系，充分发挥渔业生产者的积极性；可以严格控制渔业投入强度，有利于渔业资源的优化配置，发展生态渔业；可以有效保障渔业生产者的合法权益，有利于稳定农业经济秩序和农村的长治久安；可以不断促进渔业经济效益的提高，有利于发展渔业生产，增加渔民收入；有利于养殖水域环境保护，实现渔业的可持续发展。

2. 渔业水域及其资源的权属关系不够明晰

我国在自然资源立法中,一般都明确规定自然资源属于国家所有。而《渔业法》既未明确规定"全民所有的水域、滩涂"的空间范围,也未明确界定渔业水域及其资源的概念,更未规定由哪一个部门代表国家行使国有渔业水域及其资源的所有权。因此,在实践中有的地区误认为与之相毗邻的养殖水域、滩涂属于本行政区所有,擅自占用或者出租、出让、转让,实行掠夺式开发。这种状况对《渔业法》的有效实施和执法管理带来不少困难。

3. 规划用于养殖的水面没有得到充分的开发利用

目前,不论内陆地区还是沿海地区,都对本地区的水域作了统一规划,确定了用于养殖的水域和滩涂。但迄今却没有得到充分开发利用。例如江西省湖口县规划用于养殖的面积为3 066.67公顷,已养面积2 746.7公顷,尚有333.33公顷可供开发利用。黑龙江省密山市规划用于养殖的面积为2 163.3公顷,已养面积2.12万公顷,尚有433.33公顷可供开发利用。广东省遂溪县规划用于养殖的1.387万公顷,已养面积4 200公顷,尚有9 667公顷可供开发利用。台山市规划用于养殖的3.33万公顷,已养1.53万公顷,尚有1.8万公顷可供开发利用。

4. 各地发放养殖证的工作进展不够平衡

调查资料表明,大多数地区养殖证的发放工作进展得较好,但个别地区的发证工作却相当滞后。例如,黑龙江省密山市已养面积2.12万公顷,发放养殖证500本,面积1 147公顷,只占应发面积的5.41%。青海省海南藏族自治州共和县的养殖证发放工作,目前正在进行。

有的沿海地区,对养殖用海,既要求养殖申请人向海洋部门申领海域使用证,又必须向渔业部门申领养殖证。有的地区,只需申领海域使用证。

5. 渔业承包期限与有关法律规定的期限不一致

《农村土地承包法》规定,"耕地的承包期为30年"。《海域使用管理法》规定,"海域使用权最高期限,养殖用海为15年"。但是,一些地方性法规对承包期的规定却长短不一。例如,江西省规定承包期为5年以上。河南省规定,承包期为15~30年。陕西省规定承包经营期限不少于30年。山西省规定,各种经营形式限期以不超过50年为宜。内蒙古规定,对承包开发或者改造治理渔业水面发展养殖的,使用权长期不变。在沿海地区,辽宁省瓦房店市,海域确权后,从事养殖的使用年限为6年;长海县,确权海域使用年限一般在8年以内。山东省荣成市,海域确权后,使用年限一般为10年,最长为15年。

6. 从事渔业的渔民所交纳的农业特产税尚未改为农业税

目前,一些沿海地区的海洋渔业,如江苏省的启东市,已根据国家有关政策将渔业特产税改为农业税,并下调了收税额度。广东省的台山市,自2003年7月1日起,停止收取特产税。而淡水渔业,即使同一沿海地区的淡水渔业,如江苏省的吴江市却仍然收取农业特产税,而且各地收取特产税的标准和额度差别很大。黑龙江省密山市,各乡镇按照池塘及生产效益不同收取特产税,分别为每亩缴纳64元、72元或者84元。江西省湖口县,养殖渔民按产值的8%征收,国有水面一般按10%征收;捕捞渔民每船(户)600元。

五、对策建议

(1)在我国制定的"物权法"和"民法典"中,确立渔业权制度。根据我国立法计划,全国人大及其常委会将先后制定"物权法"和"民法典"。如果能够在这两项法律中确立渔业权制度,将会从根本上解决现行渔业立法的缺陷。为此,建议农业部抓住机遇,拟订一项关于建立我国"渔业权制度"的立法建议,详细提出渔业权制度的条款内容。借鉴国外和我国台湾地区的立法规定,结合我国的具体情况,我们认为,可以把渔业权具体区分为养殖渔业权、定置渔业权、内水捕捞渔业权和近海捕捞渔业权四种。在确立渔业权制度的基础上,制定水产养殖管理条例,规范养殖权;制定定置渔业管理条例,规范定置渔业权;制定内水、近海捕捞业管理条例,规范内水和近海捕捞渔业权。

(2)清理和修改地方性有关法规和规章,明确本行政区渔业水域的属性。现有的有关渔业的地方性法规和规章,大都是根据修改之前的《农业法》、《渔业法》、《水法》和《土地管理法》等制定的。其中有关渔业水域的权属和经营方式的规定,与修改之后的这些法律规定相比,有的规定不够明确、具体;有的规定与现行规定不尽一致。为实施这些修改后的法律,应当及时地对现有的有关渔业的地方性法规和规章进行清理,并根据修改后的法律规定,结合本行政区域的实际,明确本行政区渔业水域的属性。

(3)制定和完善鼓励渔民开发利用渔业水域积极性的政策,积极发展淡水渔业《渔业法》规定,国家鼓励全民所有制单位、集体所有制单位和个人充分利用适用于养殖的水域、滩涂,发展养殖业。从调查情况看,渔业水域中的养殖水域尚有一定的发展潜力,特别是内陆渔业水域,在一些地区的开发利用率较低。在那些渔业发展较好地区,一条重要经验就是政府对渔业发展采取鼓励和扶持政策。建议国务院和国家渔业行政主管部门,根据内陆地区渔业发展需要,制定和完善鼓励渔民开发利用渔业水域积极性的政策,积极发展淡水渔业。

(4)严格执行养殖证制度,无证的不得从事养殖生产。《渔业法》实施接近

20年了,有些地区才开始执行养殖证制度;有的地区虽然执行了这一制度,但发放养殖证的面积远远低于已养面积。养殖证是持有人取得使用权或者经营权的合法证件,其权益受法律保护;而无证养殖,则不能得到法律保护。例如,黑龙江省密山市密山镇杨领秋承包的鱼池,经办证确权后,密山镇政府因修公园征用2公顷,按照国家规定,经双方协商后,一次性补偿杨领秋人民币8万元整。而密山镇的赵德奎,无证使用1.33公顷鱼池,被密山镇政府修公园征用,因其未办证确权,仅象征性地给予其鱼池修建费2万元。这说明,养殖证制度是促进渔业发展的重要保证。严格执行养殖证制度,实行无证的不得从事养殖生产的管理措施,有助于推动养殖生产,使养殖业得到健康、快速发展。

(5)制定渔业水域承包规定,建立承包经营制度。渔业是农业的组成部分。内陆水域、滩涂等渔业水域是土地的组成部分。《农业法》规定,国家实行农村土地承包经营制度,依法保障农村土地承包关系的长期稳定,保护农民对承包土地的使用权。《渔业法》规定,集体所有的或者全民所有由农业集体经济组织使用的水域、滩涂,可以由个人或者集体承包,从事养殖生产。

从调查情况看,各地在对渔业水域实行的承包经营方面,差别较大,在不少方面还是空白,没有形成比较完整的经营制度。建议:根据《土地承包法》,制定渔业水域承包经营实施办法,明确可以承包经营和不宜采取承包方式的水域、滩涂,并具体规定承包期限、费用,发包方和承包方的权利义务,土地承包经营权的保护和流转等。

(6)改革渔业税收制度,进一步减轻渔民负担。国务院在《关于全面推进农村税费改革试点的意见》中指出,按照党的十六大以及中央经济工作会议和中央农村工作会议精神,国务院决定,2003年在进一步总结经验、完善政策的基础上,全面推进农村税费改革试点工作。各地区应结合实际,逐步缩小农业特产税征收范围,降低税率,为最终取消这一税种创造条件。目前,不少地区仍然收取渔业特产税,而且各地征税的标准也不统一。根据国务院的指示精神,建议国家渔业行政主管部门积极配合有关部门,争取在2003年底以前,取消渔业特产税,减轻渔民负担。

论中国物权法中的渔业权制度[①]

渔业权属关系,是完善中国渔业法律制度的一个核心问题。渔业权属关系是否明确,直接关系到渔民的切身利益,关系到渔业生产能否稳定、持续发展。一些国家和地区的实践经验证明,从法律上建立和实施渔业权制度,是确保国家对渔业实施有效管理的基石和核心。目前,我国正在拟订"物权法"。在"物权法"中建立渔业权制度,明晰渔业资源权属关系,对巩固和发展渔业生产,优化渔业资源配置,发展生态渔业,实现渔业的可持续发展等,具有重要意义。

一、渔业权的性质

渔业权是指单位、个人或者其他组织,依照法律规定取得的,在中华人民共和国内水、滩涂和海域,从事养殖和捕捞水生动、植物等渔业生产活动的权利。

目前,我国学者对渔业权的性质尚无统一见解。有的认为渔业权是一种准物权。有的认为渔业权是一种区别于民法物权的特别物权,是由渔业法予以特别规范、赋予特别名称和专门内容的资源物权。有的认为渔业养殖权是农地使用权的具体实现方式,属于用益物权体系,渔业捕捞权则应划归为自然资源使用权体系。有的还认为,渔业养殖权和捕捞权都属于用益物权等。

台湾地区渔业法规定:"渔业权视为物权,准用民法关于不动产之规定。"日本渔业法规定:"渔业权相当于物权,准用土地有关的规定。"台湾学者认为,渔业权原本就不是"物权",所以才规定其"视为物权"或"相当于物权"。渔业权并非单纯支配水域及水产动植物的权利,而是保护水产动植物的养殖权或者捕捞权;当对其造成或者可能造成妨碍时,准用民法的物上请求权规定为之救济。至于"不动产"或"土地"的规定,主要是因为渔业权可以作为金融的担保而设定抵押权。

国内外学者对渔业权性质的不同见解,在于其性质究竟是属于物权还是

[①] 本文发表于《中国海洋大学学报》(社科版),2002年第4期,第55~58页,作者为胡增祥、解新英。

非物权。

物权是民事主体依法对特定的物进行管领支配并享受物之利益的排他性财产权利。所有权、经营权、使用权、地上权、永佃权、地役权、抵押权、质权、留置权等都是物权。从中国《渔业法》有关渔业权的规定来看,渔业权包括养殖权和捕捞权;渔业捕捞权又包括定置渔业权和在内水及国家管辖的其他海域以船舶经营的特定渔业权。养殖权是由使用国家规划用于养殖业的全民所有的水域、滩涂的单位和个人,向县级以上人民政府渔业行政主管部门提出申请,由本级人民政府核发养殖证,许可其使用该水域、滩涂从事养殖生产;捕捞权是由从事捕捞作业的单位和个人,向县级以上人民政府渔业行政主管部门提出申请,经批准发给捕捞许可证后从事捕捞生产。这一规定说明两个问题:第一,渔业权的取得,是以提出申请并经有关行政机关许可为要件;非经有关行政机关许可,不得从事渔业生产活动。第二,依照《渔业法》规定所取得的渔业权,属于对国有自然资源的使用权。

从《民法通则》的有关规定来看,"国家所有的森林、山岭、草原、荒地、滩涂、水面等自然资源,可以依法由全民所有制单位使用,也可以依法确定给集体所有制单位使用,国家保护它的使用、收益的权利;使用单位有管理、保护、合理利用的义务。"这一规定说明,渔业权是通过开发利用国有渔业资源而获得对水产品的所有权。它建立在滩涂、水面属于国家所有的基础上,是一种"对他人的所有物使用和收益的权利",具有用益物权的基本特征,将其定位为用益物权是适当的。养殖权和定置渔业权是以对国家所有的滩涂、水面占有为前提。在民法上,"占有"是指对物的实际控制。但对养殖和定置渔业所使用的滩涂、水面来说,虽其位置和范围可以通过勘测予以确定,但水体和生活于其中的生物资源则具有很大的流动性。尽管权利人不可能做到对所使用的滩涂、水面的完全占有,但这并不妨碍对其行使排他性的使用和收益的权利,也不影响将其定性为用益物权。

综上所述,在自然资源法上,自然资源属于国家所有,渔业权为自然资源使用权;在民法上,渔业权属于"对他人之所有物使用和收益的权利",为用益物权。我国《民法通则》虽然没有使用"物权"一词,但其第五章第一节对"财产所有权和与财产所有权有关的财产权"的规定,亦基本构成了我国民法中的物权制度,其中包括"对他人之所有物使用和收益的"渔业权。

二、现行渔业权制度存在的问题

渔业,是养殖、捕捞和加工水生经济动植物取得水产品的产业。狭义上的渔业是对捕捞业和养殖业的统称。广义上的渔业还包括水产品贮藏、运输和销售,渔具、渔机和渔船制造以及渔港建设等生产活动。初步统计,从1955年至2001年,我国制定渔业及其相关法律15部,行政法规33件,部门规章53件,地方性法规58件,政府规章63件。经过近半个世纪的渔业法制建设,我国基本形成了以宪法为根据,《农业法》为基础,《渔业法》为主体,渔业行政法规、地方性法规和规章以及相关法律、法规中关于或者适用于渔业的规定和标准为补充,并与有关国际公约相协调的渔业法律体系。为保护、增殖、开发和利用渔业资源,保护渔业生态环境,维护渔业生产者的合法权益,促进渔业的可持续发展提供了比较有力的法律保障。但是,现行立法中有关渔业权的法律制度主要还存在以下问题。

1. 渔业资源的权属关系不够明晰

我国在自然资源立法中,一般都明确规定自然资源属于国家所有。《水法》、《野生动物保护法》、《森林法》、《矿产资源法》、《海域使用管理法》、《土地管理法》等,分别规定水资源、野生动物资源、森林资源、矿产资源、海域、城市市区的土地属于国家所有。而《渔业法》既未明确"全民所有的水域、滩涂"的空间范围,也未规定由哪一个部门代表国家行使国有渔业资源的所有权。因此,在实践中有的地区误认为与之相毗邻的养殖水域、滩涂属于本行政区所有,擅自占用或者出租、出让、转让,实行掠夺式开发。这种状况对《渔业法》的有效实施和执法管理带来不少困难。

2. 养殖证制度规定得不够完善

养殖证制度是我国渔业生产的一项基本法律制度。《渔业法》规定了养殖证的申领程序、申请受理机关和发证机关,确定了核发养殖证的优先原则等,但没有明确规定对全民所有的养殖水域、滩涂实行有偿使用制度、履行政府登记、使用权依法可以转让、使用权人应当享有的权利和必须履行的义务,以及养殖证的有效期限等。

3. 捕捞限额和许可制度存在一定缺陷

《渔业法》规定,"国家根据捕捞量低于渔业资源增长量的原则,确定渔业资源的总可捕捞量,实行捕捞限额制度"。"捕捞限额总量的分配应当体现公平、公正的原则,分配办法和分配结果必须向社会公开,并接受监督"。"国家对捕捞业实行捕捞许可证制度"。但是,《渔业法》既没有明确授权由哪个部门代表国家对捕捞限额总量实施分配,也没有具体规定捕捞许可证的种类和申领程序,对发放捕捞许可证应当具备的条件,仅列举了渔业船舶检验证书和渔业船舶登记证书,其他条件则由国务院渔业行政主管部门规定。由于该法没有对发放捕捞许可证应当具备的条件作出全面的统一规定,实施中将难免发生异地办证、地方保护等不正常现象,甚至会造成捕捞许可证发放的失控,使捕捞限额制度落空。

4. 保障渔业生产者合法权益的规定不够明确、具体

"保障渔业生产者的合法权益"是制定《渔业法》的主要目的之一,但修改后的《渔业法》却删除了原法中关于"水面、滩涂的所有权和使用权受法律保护,任何单位和个人不得侵犯","国家建设使用确定给全民所有制的单位或者集体所有制的单位用于养殖的全民所有的水面、滩涂,由建设单位给予适当补偿"的原则规定。对于"保障渔业生产者的合法权益"问题,仅在其他实体条款中有所体现,这在一定程度上削弱了"保障渔业生产者的合法权益"的力度,不利于提高渔业生产者的积极性。

5. 未对渔业水域利用规划编制权限和程序作出规定

水域是多种自然资源的载体,具有多方面的功能。特别是江河、湖泊和近岸海域往往成为围垦与渔业、水利与渔业、水利与航运、港口与渔业以及盐业与农业等产业之间矛盾集中而又尖锐的地方。为了促进各种产业的协调发展和保护生态环境,必须对水域的开发利用进行全面规划、合理安排。1976年国际水法会议明确指出政策、法规和规划是水管理的三个基本要素,这说明规划在自然资源管理中的重要地位。为确保规划能够发挥其应有的作用,实现规划的科学化、民主化和法制化,我国在其他自然资源立法中都对规划的编制和法律地位作出了明确规定。例如《土地管理法》、《海域使用管理法》和《水法》等,分别对土地利用规划、海域功能区划、水资源规划的编制机关、原则、程序、内容和审批权限等分为专章或者通过若干专条作了全面规定。而《渔业法》既未设专章,也未列出专条具体规定水域规划编制工作,仅在个别条款中原则规定"各级人民政府应当把渔业生产纳入国民经济发展计划,采取措施,加强水域的统一规划和综合利用。""国家对水域利用进行统一规划,确定可以用于养殖业的水域和滩涂"。由于没有把编制水域规划作为一项重要管理措施予以具体规范,这就使《渔业法》规定的"国家规划确定用于养殖业的全民所有的水域、滩涂"有名无实,也使渔业行政主管部门对使用水域、滩涂养殖的申请,缺少审批依据,"充分利用适于养殖的水域、滩涂,发展养殖业"的方针难以得到落实,同时也给人民政府核发养殖证带来了困难。有资料显示,截至1999年底,全国31个省、自治区、直辖市及4个计划单列市共发放养殖证31.1万本,发证面积156.8万公顷,占养殖面积的25%。资料表明,全国的养殖发证率比较低。虽然造成这种状况的原因是多方面的,但这与《渔业法》对

编制水域规划的规定不明确、不落实有着直接关系。

三、渔业权在物权法中的设定

我国著名民商法学者孟勤国教授认为,现代社会的财产问题集中表现为财产归属和财产利用两大范畴。中国物权法应是解决财产归属和财产利用问题的法律规范的总和,由财产归属制度和财产利用制度构成的二元结构体系。这是现代社会财产所有与财产利用高度分离的必然选择,也是中国公有制财产的所有与利用天然分离的必然选择。财产利用的基础是非所有人占有他人财产,因此,大陆法系的占有概念可以被改造用于表述财产利用的事实,在此基础上,以占有权统一财产利用权利,从而形成以所有和所有权表述财产归属关系,以占有和占有权表述财产利用关系这样一个简单明了的物权法结构。笔者完全同意孟勤国教授的意见。按照这种思路,结合渔业权的性质和特点,建议在物权法中对渔业权明确规定以下内容。

(一)将渔业权作为用益物权单列一章加以规范

根据《民法通则》规定,渔业权属于"与财产所有权有关的财产权",是一种民事权利。这种渔业权建立在国家对滩涂、水面拥有所有权的基础上,通过开发利用全民所有的水域、滩涂和其他渔业资源,进而对获得的水产品享有物的所有权,其实质是一种"对他人的所有物使用和收益的权利"。鉴于渔业权的这一特点,在物权法中将渔业权作为用益物权单列一章加以规范,有利于对中国渔业权作出定性规定。

(二)科学地界定渔业权

为加强渔业资源保护,正确规范渔业权属关系,加大对渔业生产者特别是传统渔民合法权益的保护力度,促进渔业生产的可持续发展,在物权法中采用"渔业权"的概念和用语,并在现行渔业权法律制度的基础上,对渔业权作出科学界定是完全必要的。总结我国近20年实施渔业法的经验,并借鉴台湾地区渔业法和国外渔业法的立法技术,建议对中国渔业权界定为:渔业权是指单位、个人或者其他组织,依照法律规定取得的,在中华人民共和国内水和近海从事养殖和捕捞水生动、植物等渔业生产活动的权利,包括养殖权、定置渔业权、内水捕捞渔业权和近海捕捞渔业权。

(三)合理地设定渔业权适用的对象和范围

渔业权适用的对象包括渔业权的主体和客体。根据我国《民法通则》和《渔业法》规定,渔业权的主体为单位和个人。单位包括全民所有制单位、集体所有制单位、私营经济组织和涉外经济组织;个人包括单户、联户和个体经营者。

渔业权的客体为属于国家所有即全民所有的渔业资源,包括全民所有的水域、滩涂和属于国家所有的渔业经济动植物资源。

对于渔业权的适用范围,日本、韩国和台湾地区的渔业法规定适用于江河、湖泊和沿海的近岸海域。根据我国的国情和实践,在物权法中不能将渔业权和《渔业法》的适用范围等同起来,而把渔业权的适用范围规定得过宽。因为,按照中日、中韩、中越渔业协定的规定,在我国管辖的黄海、东海和南海的专属经济区中,有一部分海域被确定为"共同管理的渔区",实行协定规定的渔业管理制度。在"共同管理的渔区"显然不应设立渔业权。依据《渔业法》的有关规定,将渔业权的适用范围确定为内水和近海比较适当。

（四）明确规定确权的程序和争议的解决办法

不论是养殖权,还是捕捞权,都应当按照法定的程序予以确认。根据我国其他资源法的规定,确定渔业权应当首先明确渔业资源有偿使用原则、渔业权申请人的资质条件和成立的要件,并明确规定取得渔业权的方式,核准的优先顺序,继而明确规定渔业权的有效期限及其登记和流转方式、渔业权人合法权益的保护、渔业权的变更和终止、渔业权争议的解决办法等。

（五）明确规定渔业权人的基本权利和义务

科学合理地规定公民、法人和其他组织的权利和义务,是我国立法的一项重要原则,也是保障法律能够实施的基本条件之一。因此,物权法在明确规定渔业权的基础上,应当进一步具体规定渔业权人的基本权利和义务。综合渔业法的有关规定,我们认为,渔业权人应当享有下列基本权利:

（1）渔业权受法律保护,任何单位和个人不得侵占和破坏;

（2）养殖渔业权人按照养殖证确定的位置、范围、期限和其他条件,享有占有、使用该水域、滩涂从事养殖生产的权利;

（3）对养殖水产品和合法捕捞的水产品享有所有权、收益权和处分权;

（4）渔业权可以依法转让;

（5）当渔业权受到或者可能受到非法妨碍或者妨害时,有权请求排除妨碍、恢复原状或者请求赔偿、补偿的权利。

同时,渔业权人应当承担下列基本义务:

（1）养殖渔业权人应当依法缴纳使用养殖水域、滩涂资源费;捕捞渔业权人应当依法缴纳渔业资源增殖保护费;

(2)按照养殖证或者捕捞许可证规定的条件从事养殖生产或者捕捞作业活动;捕捞渔业权人在进行渔业生产时,必须携带捕捞许可证,无证不得从事捕捞作业活动;

(3)养殖渔业权人无正当理由不得使养殖水域、滩涂荒芜;

(4)养殖渔业权人负有保护和合理利用水面、滩涂的义务;

(5)养殖证或者捕捞许可证不得买卖、租借、涂改和非法转让。

中国是世界上渔业大国之一。渔业经济是中国国民经济的重要组成部分。稳定和持续发展中国渔业,不仅需要国家政策和科学技术的支持,而且需要制定与此相适应的法律法规作保障。如果"仅仅着眼于过量捕捞,等于仅仅着眼于疾病的症状,而无视疾病的原因"。笔者希望在不断完善中国渔业法律制度的同时,在"物权法"中具体规定渔业权制度。

谈我国海水养殖业的可持续发展[①]

海水养殖业，顾名思义，是一种通过人工手段，在海水介质中培育生产出鱼、虾、贝、藻等经济水产品的产业。在对海洋资源的开发和利用中，海水养殖业的大规模发展给人们带来了巨大的经济效益，但随着海水养殖的无序发展，也使海洋生态环境受到了严重的破坏。怎样才能够合理地开发和利用海洋，使海水养殖进入良性循环，得以持续的发展，这个问题已引起了许多学者和政府部门的高度重视，并正在寻找对策。本文仅就我国近海水产养殖业中存在的问题和其可持续发展的策略进行探讨。

一、我国水产养殖业的基本状况

在近半个世纪以来，我国的科技工作者和劳动人民在海水养殖业的发展中作出了重大的贡献，推动了海水养殖业在我国的兴起和发展。如20世纪50~60年代我国的海带、紫菜育苗与养殖技术研究的成功，使海带和紫菜养殖成为20世纪50~80年代我国海洋水产养殖的支柱产业，也使我国成为世界上最大的海藻养殖国，为国家创造了百亿元以上的经济效益，对海水养殖业在我国的发展有着划时代的意义。从20世纪60年代开始，我国又开展了大规模的对虾人工育苗与养殖技术研究，对虾养殖技术的成功与推广使我国成为世界上培育人工虾苗量最多，养殖面积最大、产量最高的国家。养殖对虾的直接产值累计已超过400亿元，是我国海水养殖业中又一大支柱产业。过去我国海水鱼类养殖因受多方面的影响，发展明显滞后，但自从改革开放以来，在市场经济的激励下，海水鱼类的养殖也逐步升温，大规模的集约化海水鱼类的养殖极大地促进了养殖业的发展。

经过几十年的发展，我国的海水养殖品种已经遍及鱼、虾、贝、藻、蟹。养殖区域也不断扩大，已开发利用93.8万公顷；海水养殖总产量不断增长，养殖产量从1954年8.8万吨，1987年的192.6万吨，发展到1998年的860万吨，居世界榜首。但是在近海养殖业的发展过程中，也出现了许多问题，有些已经影响了养殖业的健康发展。

[①] 本文发表于《现代渔业信息》，2001年第2期，第3~5页，作者是马爱军、马英杰。

二、我国海水养殖业中存在的主要问题

1. 海水养殖布局不合理

海水养殖布局不合理，致使局部海区开发过度，养殖量严重超出养殖容量，而有些海域的开发利用程度不够。我国海水养殖区主要集中在海湾、滩涂和浅海。内湾近岸海域养殖资源开发过度，但10～30米等深线以内浅海养殖资源利用不足；10米等深线浅海利用率不到10%；10～30米等深线以外海域开发利用率更低。我国滩涂面积为200万公顷，已利用面积80万公顷，利用率为40%，尚有很大利用空间。

2. 海水养殖与其他产业的矛盾日益增大

海水养殖与滨海旅游的空间利用矛盾也日趋突出。海水养殖多在海湾和海岛周围水域进行。这虽然为滨海旅游增添景观，却给旅游交通带来不便。大连、青岛、秦皇岛等既是著名旅游区，又是海水增养殖重点区。收获时，正值旅游旺季，盐渍海带、苗绳、扇贝笼、扇贝壳、牡蛎和贻贝壳上的附着生物腐败变质，造成环境污染，使游客兴致大减。而有时游船误入养殖区，使养殖业受到损失。一些养殖生产单位和个人，不按照国家的规定，占据了港口航道水域进行养殖，使港口码头无法正常生产，船只航行受阻，给港务部门和交通部门带来很大的损失。

3. 海水养殖给近岸海域环境带来了很大的压力

有些养殖场由于片面追求海水养殖的高产量、高产值，忽视了长远环境效益。放养过密的区域由于养殖动物产生的排泄物和分泌物大量沉积于养殖区底部，造成自身污染；部分饵料不能被利用而变成对水体有害的污染物；有些养殖区滥用抗生素、消毒剂、水质改良剂等，严重影响了水体的微生态环境，再加上大量的工业废水和生活污水不经处理排入近岸海域造成了养殖水体富营养化。富营养化引起了不良的生态变化，有害藻类和病原微生物大量繁殖，底栖区系的群落结构改变，生物多样性下降。有机废物的沉淀还可使底质耗氧量增加，底层水缺氧，严重危害海水养殖业的持续发展。

近海海域的富营养化日渐严重，使海湾及近岸海域赤潮频繁发生，这已经越来越突出地制约着近海养殖业的持续发展。仅渤海海域1989年发生的赤潮就使对虾养殖业蒙受损失达3亿元以上。赤潮生物大量消耗水体中的溶解氧或破坏养殖生物的呼吸系统，导致其窒息死亡；而可分泌氨、硫化氢和甲烷等有害物质危害生态环境并使生物中毒，并可产生毒素，随食物链引起人类中毒甚至死亡。

为减少养殖生物病害而施用的杀虫剂、抗生素等生物活性物质对生物体和环境的影响也是值得注意的一个方面。杀虫剂等可在生物体内富集,对生物体产生慢性致毒效应。过量的抗生素、消毒剂等随废水排入环境后,可使水质下降,有的沉淀于底质,可改变底栖生物区系。

4. 养殖活动干扰和破坏了野生生物的自然环境

养殖活动可干扰邻近重要经济动物的繁殖场和索饵场,养殖活动本身可吸引捕食种类,如养殖的双壳类可滤食浮游植物和有机碎屑,与其他草食性浮游生物展开竞争,从而降低海湾的自然生产力。沿岸湿地是最具活力的生态系统之一,对保持生态系统完整性的邻近水域的生产力有重要作用,而养殖活动对红树林、珊瑚礁等自然生态系统的破坏已引发了不可忽视的恶果,动摇了海洋生物资源赖以生存的基础,使部分种群消退甚至灭绝。

5. 养殖生物的种质退化严重

养殖生物种质退化正日益威胁着我国的海水养殖业。例如曾一度蓬勃发展的海湾扇贝养殖业,是原先从美国引进少量种苗培植发展而来,随着一代又一代的人工繁殖,在缺乏野生原种基因库补充的情况下,种质资源迅速退化,生长缓慢,贝柱变小,群体抗逆性差,导致夏秋间大批死亡。再如,福建人工养殖的大黄鱼、万状黄姑鱼等存在人工繁殖苗种因近亲交配,遗传单调,致使种质退化,鱼体变小、性成熟提早、病害频发等问题。养殖生物的种质退化问题,影响了我国养殖业的进一步发展。

6. 养殖生物的病害问题日益严重

我国从海南岛到山东沿岸,凡是集约化养殖高密度区域,在高温季节必定病害频发,并且年复一年呈加剧趋势。例如,1999 年仅威海杨家湾网箱养殖牙鲆,6~7 月份发生暴发性病害,有的单位仅高温期就相继死亡几十万尾大规格商品鱼种,经济损失惨重。再者,由于在对虾养殖的过程中忽视了虾塘环境的科学规划和养殖过程对病害的综合防治,致使各种对虾疾病的大流行,使对虾养殖产业备受打击,短时间内难以恢复。

7. 海水鱼类养殖业的高速发展,对野生鱼类资源构成威胁

近 20 年来,我国海水鱼类的养殖业迅速发展,养殖品种包括鲈鱼、真鲷、黑鲷、红鱼、鲆鲽等。养殖鱼类的饵料大多来自我国天然的海生低值鱼类和进口的鱼粉。所以海鱼养殖业的高速发展已对野生鱼类资源构成威胁。因为生产 1 千克的养殖鱼,需消耗掉 4 千克重的野生鱼。如果任由这种趋势发展下去不加以限制,到 2010 年,野生鱼类资源将被消耗殆尽。海水养殖业也会因缺乏鱼食而陷入困境。这一不利局面,从长远看,不仅影响我国海产品养殖业

的发展,还将破坏海洋食物链的构成。因为随着养殖业的飞速发展和过量捕捞,小型鱼类的减少将影响到大型鱼类、海兽和海鸟的摄食方式,从而破坏整个海洋食物链。世界野生动物基金会指出,解决这一矛盾的根本办法是开发新的鱼食来源,如用渔船捕捞过程中倒掉的残渣或是用蔬菜蛋白、大豆及麸子代替鱼粉或鱼油做鱼食。荷兰一家食品集团宣布,它决定开发一个蔬菜蛋白和鱼粉各占一半作为鱼食的鲑鱼养殖场,这一做法无疑为解决这一难题开了一个好头。

三、可持续发展我国海水养殖业的对策

(1)首先提高养殖业户及公众的环境保护意识和可持续发展观念。公众参与应贯穿于海水养殖业的环境管理中,有必要用宣传、教育等手段提高从政府主管部门到每一个从事养殖业的人员的环境保护意识和可持续发展观念,使人人能自觉地保护海洋环境,合理利用海洋资源。在宣传、教育方面,大专院校和科研院所有着知识密集的优势,而各种传媒有着宣传、普及的责任。

(2)制定科学合理的海水养殖业发展规划。在我国海水养殖业作为一项近海开发利用活动,其发展规划应充分考虑全局利益和长远利益,兼顾生态、环境、社会和经济效益,并纳入所在区域的海岸带综合管理规划。海水养殖业的发展规划应包括对养殖场选址的调查和评估。要认真调查研究养殖区域的环境容量,以此选择与环境条件相适应的养殖生物和切实可行的养殖方法,科学合理地利用海洋自然资源。

(3)提高海水养殖的科学技术水平,发展生态养殖。应当重点加强养殖各个环节的基础科学研究,重视包括养殖生物的遗传学、生理学和生态学、毒理学、赤潮发生机理、饵料组成、投喂方式及效率、环境监测和管理以及污染防治等的研究,用科学理论指导实践,最大限度地开发利用自然资源。建立多品种生态养殖模式,减小对环境的负面影响,提高对近海生态系统的综合利用。应该引进并推广先进的养殖技术,通过对多种不同生态位的养殖对象进行合理搭配,如藻—贝、藻—鱼或鱼—贝—藻等多种配套方式,把养殖结构调整到最佳水平,以取得产业可持续发展的最佳效益。

(4)完善现有法规体系及标准体系。完善的法规体系与合格标准体系是对近海养殖业依法管理的必要措施。迄今,中国已颁布和实施《渔业法》及其实施细则、《海洋环境保护法》及六个单项条例、《水污染防治法》及其实施细则、《海水水质标准》、《渔业水质标准》、《污水综合排放标准》等海水养殖业有关的法律法规,它们无疑对我国海水养殖业的环境管理发挥了重要的作用。

但有些法规条例已不能适应市场经济及养殖业本身发展的需要,而且,养殖活动中的许多成功经验也有待于用法律的方式加以总结。因此,迫切需要针对养殖活动及养殖环境的多样性制定一些建设性的法律和法规,如近海养殖业环境管理条例、养殖水域环境质量标准、养殖水域废水排放标准、水产品安全质量办法、水产养殖操作规范、化学药品安全使用管理办法、养殖药品使用规定以及物种引进和迁移的有关规定等。

(5)对养殖场科学选址和环境影响评价是实施养殖业环境管理的重要环节,尤其是大规模的养殖活动更要注重科学选址和环境影响。选址前,要认真调查研究养殖区域内物理、化学、底质和生物特性、水域的环境容量,以此选择与环境条件相适应的养殖生物和切实可行的养殖方法,采取预防污染和减少负面影响的措施;同时应该对养殖活动和周围环境的相互关系、社会影响和经济损益等进行评价和论证,以供主管部门审批。

(6)人们已经逐渐认识到海洋生态环境的好坏直接关系到水产养殖业能否持续健康发展。1992年联合国环境与发展大会通过的"21世纪议程"已确定要防止、减少和控制海洋环境退化,以求保持和加强其生态支持和生产力为目标。"中国环境保护21世纪议程"中,也明确了要控制海洋污染发展和保持大面积海域海洋环境质量的良好状态,维护海洋生态系统的良性循环。为水产养殖发展提供一个良好的生态环境条件,将是渔业科学研究的重要内容。

论新的海洋制度下我国海洋捕捞渔业的发展对策[①]

专属经济区是在领海外并邻接领海,具有特定法律制度的区域,其宽度自领海基线量起不超过200海里。在该区域内,沿海国享有以勘探和开发、养护和管理自然资源为目的主权权利,以及对于人工岛屿、设施和结构的建造和使用,海洋科学研究、海洋环境的保护和保全的管辖权。其他国家则享有航行飞越、铺设海底电缆和管道等自由。无论从地理位置或法律性质上说,专属经济区都是介于领海和公海之间的第三种海域。

到1998年为止,在151个沿海国中,宣布建立专属经济区的国家达到106个。大多数国家在宣布建立200海里专属经济区后,采取了制定和颁布200海里专属经济区的有关规章,同外国签署有关200海里专属经济区资源利用的协定,对外国渔船发放捕鱼许可证和开展国际合作等措施,以保证国家对200海里专属经济区的主权权利和管辖权的行使,也有不少国家或区域正在建立一种对外国入渔活动统一或协调管理的区域性合作制度。专属经济区制度,使200海里传统的自由捕鱼让位于沿海国的管辖区域,对沿海国、远洋渔业国和公海捕鱼国的渔业经济产生了巨大的冲击。

一、我国海洋捕捞渔业的发展状况

在十一届三中全会后,我国的水产业获得了高速发展。近20年来,我国水产品的年均增长率达到10.5%,超过世界年均增长率6.8%的发展速度。2000年捕捞产量1 699万吨,位居世界首位。

我国海洋水产资源得到了高速发展和充分利用。近海渔业资源的高度利用已到了极限,远洋渔业和资源增殖刚刚起步。1998年全国海洋水产品总量达到2 356万吨,其中海洋捕捞量为1 496万吨,比1978年(365万吨左右)增长了4.09倍,成为世界海洋渔业大国。20世纪60年代前,近海捕捞量约在200万吨左右,捕捞对象是大型底层种类和近底层种类,如大小黄鱼、带鱼、鲆鲽类、鳕鱼和乌贼鱼等;70年代中期,捕捞量达到300多万吨,在捕获物中,上

[①] 本方发表于《现代渔业信息》,2003年第1期,第5~8页,作者为马英杰。

述经济种类有所减少,而小型中上层鱼类增多;80年代中期,海洋捕量平均以20%的速度增加,而捕捞对象以鳀鱼、黄鲫等小型中上层鱼类为主,它们已占总量的60%以上,黄海、东海鳀鱼的总生物量已达到300万~400万吨。与10年前相比,1992~1993年,渤海的无脊椎动物减少了39%,鱼类产卵群体的平均体重只有10年前的30%,鲈鱼、鳓鱼、真鲷、牙鲆、半滑舌鳎、对虾、梭子蟹等重要经济渔业资源的生物量只有10年前的29%,而鳀鱼、稜鳀等低值种类却增加了2.4倍。1998年的调查表明,渤海渔业资源生物量已下降到1992年的11%。东海区大小黄鱼、乌贼、马面鲀资源发生了很大变化[①]。而带鱼、鲐鲹类及虾类资源虽相对稳定,但群体组成趋向低龄化、小型化。各海区由于捕捞过度和生态环境的恶化,出现了捕捞种群的交替现象,近海渔业资源开发利用已到了极限。为了拓宽海洋资源的捕捞生产,从1985年起,我国开始发展远洋渔业,尽管起步晚,技术装备比较落后,但发展速度较快,已先后开发了西非渔场、北太平洋渔场等三大洋渔场,1996年的产量为92.6万吨,占世界远洋渔业产量的10%左右,占我国海洋捕捞产量的7.4%,远洋渔业已成为我国海洋渔业的重要组成部分[②]。

二、《联合国海洋法公约》对我国传统捕鱼业的影响

在新的《联合国海洋法公约》(简称《公约》)体制下,国际海洋法制度发生了重大变革,领海、大陆架和专属经济区都归沿海国管辖,总面积达1.3亿平方千米,占海洋总面积的35.8%。我国1996年5月15日批准了该公约。根据《公约》的规定,我国可建立200海里专属经济区,我国可管辖海域将增加至300万平方千米。但是,我国海域相邻的国家、地区较多,情况比较复杂,社会政治制度不同,有些海区存在管辖权的争议,对我国的渔业资源和海洋权益产生极为不利的影响,也使我国的传统捕捞业面临新的挑战。

(1)新《中日渔业协定》中的暂定措施水域是我国大马力渔船的传统作业渔场,我国渔船每年在该区域捕捞作业5个多月。日本专属经济区也是我国渔船的传统作业渔场,该区域盛产鱿鱼、鲅鱼等经济种类,我国大马力渔船每年在该区的作业时间超过1个多月。《中日渔业协定》生效后,日方加大了对暂定措施水域的开发力度和捕捞强度,加强对共有资源的争夺,也加大了对专属经济区的监管力度,从而给我国海洋捕捞业造成很大的压力。

---

① 中国自然资源丛书编撰委员会编:《中国自然资源丛书(渔业卷)》,中国环境科学出版社1987年版,第197~285页。

② 沈汉祥等编:《远洋渔业》,海洋出版社1987年版,第33~166页。

(2)《中韩渔业协定》中的暂定措施水域不仅是黄海中北部和渤海湾各种鱼虾的越冬场所,而且是各种鱼类产卵洄游和越冬洄游的过路渔场,资源丰富、经济鱼种类多,是我国渔船的主要作业渔场。《中韩渔业协定》的签订使我国外海捕捞渔船进入韩国管辖水域、韩方一侧过渡水域作业的规模减少到原来的10%左右,这两块水域包括了大小黑山、济州岛等浙江传统的外海作业渔场。作业渔船受到限制,则会严重危及广大渔民的生产、生活和渔区经济的发展及社会稳定。

(3)中越《北部湾渔业合作协定》生效后,广东省主要是湛江市的传统作业渔场减少了3.2万平方千米,占传统作业渔场的50%。广东省常年在北部湾中心线以西生产的渔船(主要是湛江市)将被迫退出,每年减少产量32万吨(其中湛江占22万吨),渔业经济损失17亿元,后勤损失10亿元。原来在北部湾中心线以西生产的渔船将全部压回线东生产,渔业资源争夺将进一步加剧、恶化,近海资源状况将变得更加严峻;渔船作业密度加大,作业纠纷、生产安全及涉外事故等问题会增多,加大了渔业管理的难度。

综合分析中日、中韩、中越渔业协定生效后对我国海洋与水产业造成的冲击,主要有四个方面:一是导致广大渔民的心理不平衡。我国沿海海洋捕捞业历史悠久,从事捕捞生产的人们世世代代以捕捞业为主,一旦作业场所受限和失去这项赖以生存的产业,迫使部分渔民转产、转业、寻找新的出路,必然导致他们的心理不平衡。二是整体经济失调。若按1/3的渔船可进入中日、中韩暂定措施水域作业,每年的捕捞产量将减产50%以上,渔民收入将大大减少。三是产业结构失衡。按捕捞产量减产50%计算,很多冷藏加工厂将被迫关闭转产,每年至少收入会大大减少。并且还有很多鱼油、鱼粉、水产品食品加工、流通领域等企业将面临原料短缺、效益下降,从而导致停产、倒闭等问题。渔船网具制造及港口服务等相关产业也将受到巨大的损失,对我国工农业生产和国民经济的健康发展产生极为不利的影响。四是造成社会不稳定。据初步统计,3个渔业协定生效后,每年全国约有大量渔船陆续从部分外海传统渔场撤出,有30多万海洋捕捞渔民和近百万渔业人口的生产、生活受到不同程度的影响,对社会稳定和再就业增加了巨大压力。同时,由于大批渔船从外海传统渔场退出,对我国近海渔业资源的压力加大,对现有保护近海渔业资源的制度会带来一定的冲击[①]。

---

① 相建海主编:《中国海情》,开明出版社2002年版,第271~306页。

三、对我国远洋渔业的影响

远洋渔业是到相距较远的别国专属经济区或公海从事渔业经济活动。自1985年3月第一次派船赴西非捕鱼作业开始,我国相继在太平洋、印度洋、大西洋开辟了作业渔场,先后有数千艘渔船分别在在斯里兰卡、摩洛哥、莫桑比克、印度尼西亚、俄罗斯等30多个国家和地区的管辖海域作业。"九五"期间,我国远洋渔业稳步发展,结构调整开始起步,产业素质有了较大提高。目前已经发展到60多家远洋渔业企业,1 600多艘远洋渔船,年产量80多万吨,总产值5.6亿美元。

2000年我国远洋渔业国外经营总收入达7.4亿美元,比1999年增长了42.3%。从我国远洋渔业的发展历程来看,效益还是较好的,有着光明的前景。原因有以下方面。

1. 对我国公海渔业的影响

公海渔业属于远洋渔业的一种,其作业水域在公海。自从沿海国家相继实施200海里专属经济区制度,扩大各国渔业的管辖范围后,一些远洋船队被迫从专属经济区转向公海作业,公海渔业得到了进一步的发展。同发达国家相比,我国劳动力资源丰富,劳务费用低,占有较明显的优势,在国际上具有一定的竞争力。

2. 对我国在其他国家专属经济区内的渔业的影响

发达国家过去经营的远洋渔业多属于大洋性渔业,他们凭借强大的工业实力,建立庞大的船队,在别国海域进行掠夺性捕捞。公约签署后,沿海国加强了对各自专属经济区的管理,发达国家的远洋渔业因各种费用的激增而难以持续发展,他们不得不退出原先的捕捞区域。而我国先期派出的渔船多是过洋性渔船,捕捞区域多是经过别国允许进入的海区,因此受专属经济区渔业管理政策的影响较小。一些拥有丰富资源的西非、拉美、中西太平洋等发展中国家,近海资源丰富而无力开发,在寻找合作伙伴。长期以来,发达国家、特别是少数海洋霸权国家,以不平等态度对待发展中国家,所以大多数发展中国家对他们存有戒心,不太欢迎与他们合作。我国也是发展中国家,在长期的国际政治斗争中,与他们具有共同的观点和心态,彼此平等相待,容易合作,国外的这种渔业环境为我们提供了一个发展远洋渔业的机遇。

但是,《公约》生效后的有关法律制度,也对我国远洋渔业产生了一些负面影响。如南太平洋岛国以及西非海域沿岸的一些国家,在渔业方面的管理措施更加严格,对外国入渔的条件更加苛刻。他们制定了"地域性注册制度"和报告制度,新增加了入渔许可证制度、征收入渔费、渔具贮放、派驻观察员、船舶标志、指定代理、安装卫星传送器、禁止海上过渔、提交公海捕鱼数据等条款。这些苛刻的条款对我国的远洋渔业生产的发展起到了较大的限制作用。此外,由于《公约》条款繁多,各国的理解和执行情况又有很大差别,如果缺乏对某些国家准许入渔条件的理解也会遭受损失。

四、对策与建议

1. 调整渔业结构

从宏观上讲,各级渔业主管部门要高度重视专属经济区制度和渔业协定生效带来的影响和问题,及时调整渔业生产布局,压缩捕捞强度,指导和扶助渔民转产、转业,解决好渔民生产和生活中遇到的困难及问题,确保渔区社会、经济稳定。在具体工作中,应尽快做好以下工作:一是做好新协定的宣传教育工作,使广大渔民理解专属经济区制度是国际渔业管理的必然趋势,了解新协定的主要内容,并自觉遵守有关协定有关规定和管理措施,配合政府做好有关协定的实施工作。二是在政策上给予优惠扶持。在调整渔业生产布局工作中,最棘手的是增加农民的收入。从 2000 年开始,沿海的一些省份已经开始对渔民转产转业给予资金上的扶持。

2. 发展远洋渔业

大洋渔业是开放型、创汇型渔业,科技含量高、经济效益高,最能反映渔业经济的实力和水平。另外,随着近海捕捞受渔业资源衰退的影响,特别是《联合国海洋法公约》的实施,各国都对保护本国渔业资源采取了严格的措施,入渔条件日益苛刻,过洋渔业极易受到入渔国的各种限制,因此,大洋渔业已成为当今国际远洋渔业发展的潮流。新海洋法规的实施,结束了公海捕鱼的自由时代。我国作为世界远洋渔业大国,如果不发展大洋渔址或发展较慢就有被淘汰的可能。借助世界传统远洋渔业强国的衰退和远洋渔业格局调整的机遇,加快发展我国的大洋渔业,是时代和形势提出的要求。我们应该瞄准过洋性和大洋性资源,建设国外渔业生产基地,发展远洋渔业,走出国门,寻找新的经济增长点。要在稳定过洋性捕捞的同时,加快发展大洋性渔业,提升我远洋渔船在公海生产的比重,并抓好由拖网作业为主,向拖、钓、围等多种作业方式协调发展的转变。同时加快远洋渔业产业化体系建设,改变目前单一捕捞生产的结构,形成产供销结合、前后方配套的完整产业链。今后远洋渔业要注重综合配套体系的建设,完善远洋渔业的整体功能,提高远洋渔业的综合经济效益和发展水平。

10多年来大洋渔业的发展证明,大洋渔业也是加强国际渔业合作,建立世界渔业互补格局的最佳途径。从我国渔业产业发展的长远战略看,远洋捕捞是最有带动和拉动力的一环。以我国渔业发展最强的荣成市为例,在2001年的188亿元总收入中,以捕捞为龙头的产业链收入占到70%左右。海洋捕捞不仅提供了50%以上的水产量,还带动了水产品加工、渔船修造、绳网塑料加工、渔需物资供应、水产品贸易等相关产业的发展。

但在发展远洋渔业的同时还应注意,远洋渔业是技术与资金密集型产业,发展一定要量力而行,注意适度规模。

3. 发展海洋增养殖业

通过发展海洋增养殖业,可以"堤外损失,堤内补"。海水养殖主要是要进一步优化养殖结构,改进养殖方式,提高技术水平。有条件的地方,可适度发展技术型、资金密集型的工厂化养殖,发挥其占地少,无污染,节约资源,机械化、自动化程度和产量高,养殖周期短,效益好等特点。要从改善生态环境和养殖基础条件入手,运用工程的、技术的和科学管理的综合措施,保持水域大环境的稳定和小环境的优良,最终实现减少病害的发生,达到稳产、高产和优质、高效的目的。经济不发达的地区要将渔业发展作为调整农业产业结构、增加农民收入并引导农民脱贫致富的重要途径,积极发展稻田养鱼和各种形式的生态渔业等。

当前调整水产养殖结构,要特别注意良种问题。要利用现代生物技术,做好新品种的培育和提纯复壮工作;要有针对性地从国外引进一些优良品种;同时要注意抓好优良品种的市场调查、病害防治、技术推广等服务工作;开发具有龙头作用、产业化程度较高的名特优新品种,加快产业化进程。此外,各地还可根据当地区域优势,因地制宜发展特色水产养殖业。

深水网箱是目前国内外先进的海水养鱼方式,与传统网箱相比,具有养殖鱼类生长快、品质优、病害少、成活率高、环境污染小、经济效益明显等许多优点,有着良好的开发前景。

4. 发展休闲渔业

休闲渔业,在发达国家早已形成了一种产业,但在我国还是新兴产业。所谓休闲渔业,是利用海洋和淡水渔业资源、陆上渔村村舍、渔业公共设施、渔业生产器具、渔产品,结合当地的生产环境和人文环境而规划设计相关活动和休闲空间,提供给民众体验渔业活动并达到休闲、娱乐功能的一种产业。换句话说,休闲渔业就是利用人们的休闲时间、空间来充实渔业的内容,从而拓宽了渔业发展的空间。发展集渔业与游钓、休闲、旅游观光为一体的休闲渔业,可以安排众多的转产转业渔船、渔民就业,这是一条不可忽视的重要出路。

发展休闲渔业,更要坚持循序渐进,统一规划,当前要着重做好五方面工作。一是必须加大宣传力度,要通过各种媒介,运用种种方式,大力宣传水产品在人民生活中的重要地位,特别要面向大中城市的居民,宣传鱼文化;二是必须发挥区位优势,要有地方特色,因为广大的沿海地区,其人文景观都不一样;三是要有趣味性,防止单一化,要尽量采取钓鱼、赏鱼、吃鱼和普及科技相结合,集知识、娱乐、休闲一体化;四是必须解决投入机制问题,要广泛动员、吸引投资商开发上档次的休闲渔业,更要教育渔民,引导渔民把手中的资金投向休闲渔业项目;五是必须搞好规划,要纳入各级政府渔业发展、渔业城镇建设的总体规模当中,要遵循规划导向、项目带动、政策激励、有序发展的原则,努力使我国的休闲渔业朝着健康、稳定和持续的方向发展。

5. 控制海洋捕捞强度

调整海洋渔业结构,除了要继续积极稳妥地发展海水养殖外,一个很重要的方面就是要严格控制海洋捕捞强度、压缩捕捞作业规模、减少捕捞量。如进一步加强和完善伏季休渔制度;严格控制新增海洋捕捞渔船,除远洋渔业专用作业渔船外,一律停止审批新建捕捞渔船,对"三无"渔船进行全面清理,并坚决杜绝新增"三无"渔船,禁止以任何形式引进渔船在我国专属经济区从事捕捞作业;逐步建立超年限渔船强制报废制度;要区别渔区、半渔半农区和农区,实行分类指导,严格控制非专业渔业劳动力从事海洋捕捞作业;要依法完善渔业许可证制度,严格执行有关海洋捕捞作业的各项法规。

结合渔民转产转业,2002年农业部将要出台渔船报废制度和减船计划,每年减少几千条船,使捕捞强度从实质上得到控制。农业部已经宣布:国家2002年开始对渔民转产转业实行补贴政策,以进一步控制捕捞强度,实现渔业可持续发展目标。

6. 建立健全相应的渔业法律体系

要继续做好渔业法规的制定、修改和完善工作,在此基础上,建立健全与世界新海洋制度相适应的渔业法律体系。当前,要抓紧制定有关外国人入渔和我国渔民到周边国家入渔的具体管理规定,规范相关专属经济区内各种作业活动。要提高渔业执法的装备和管理水平,建设一支统一、高效、廉洁的渔业综合执法队伍,为保护渔业资源和生态环境,实现渔业产业结构调整目标提供法律保障。

论中国渔业法律制度[①]

为促进和保障本国渔业发展,世界各国都把渔业管理作为国家的一项职能,运用法律、行政、经济、技术、宣传教育等多种手段,对宏观渔业经济运行和微观渔业生产活动进行协调、控制和监督管理。中国渔业历史悠久,是世界上主要渔业国家之一。中华人民共和国成立后,经过几十年的法制建设,现已形成了中国的渔业法律体系。其法律制度包括养殖、捕捞、渔业资源和生态环境保护、水产苗种生产经营、水生野生动物保护、渔船渔港管理等制度。本文仅重点分析研究养殖、捕捞、渔业资源和生态环境保护制度。研究渔业法律制度,有利于进一步健全和完善渔业法制建设,促进和保障中国渔业健康、可持续发展。

一、养殖证制度

养殖证制度是被实践证明行之有效的渔业管理制度,是贯彻党中央、国务院有关农业和农村经济政策的一项重要法律制度。其主要内容包括以下几方面。

(1)国家鼓励单位和个人充分利用适于养殖的水域、滩涂发展养殖业。单位和个人使用国家规划确定用于养殖业的全民所有的水域、滩涂的,使用者应当向县级以上地方人民政府渔业行政主管部门提出申请,由本级人民政府核发养殖证。核发养殖证应当贯彻优先发放原则,首先安排当地没有土地资源的渔民,特别是那些捕捞转产的渔民使用全民所有的水域、滩涂,从事养殖生产。

(2)养殖使用权受法律保护。《中华人民共和国民法通则》规定,国家所有的森林、山岭、草原、荒地、滩涂、水面等自然资源,可以依法由全民所有制单位使用也可以依法确定由集体所有制单位使用,国家保护它的使用、收益的权利。公民、集体依法对集体所有的或者国家所有由集体使用的森林、山岭、草原、荒地、滩涂、水面的承包经营权受法律保护。我国《渔业法》规定,凡偷捕、抢夺他人养殖的水产品的,或者破坏他人养殖水体、养殖设施的,责令改正,并

[①] 本文发表于《海洋经济》2003年第3期,第48~52页,作者为胡增祥、解新英。

处2万元以下的罚款;造成他人损失的,依法承担赔偿责任;构成犯罪的,依法追究刑事责任。当事人因使用国家规划确定用于养殖业的水域、滩涂从事养殖生产发生争议的,按照有关法律规定的程序处理。在争议解决以前,任何一方不得破坏养殖生产。国家建设征用集体所有的水域、滩涂,按照《中华人民共和国土地管理法》有关征地的规定办理。

(3)开发"三荒"从事养殖的享有减免农业特产税和征用补偿权。1997年《国务院批转农业部关于进一步加快渔业发展意见的通知》规定:为加快水产养殖业的发展,对在新开发的"三荒"上从事水产养殖的单位和个人,以及进行水产原(良)种、新品种培育试验的科研机构(含国家重点水产原(良)种场、良种示范基地和水产育、引种中心),继续按有关规定减免农业特产税。各级财政用于支持水产养殖业发展的资金应继续保留,并建议随着生产的发展适当有所增加。位于城市郊区的水产养殖基地,应作为城市副食品生产基地的组成部分,严格限制征用;确需征用的,征用单位除按征地补偿标准补偿外,还应参照征用菜地的办法缴纳开发基金,用于养殖池塘的建设和渔业开发。

(4)集体所有的或者全民所有由农业集体经济组织使用的水域、滩涂,可以由个人或者集体承包,从事养殖生产。我国《海域使用法》规定,海域使用权可以依法转让、依法继承。

(5)《中华人民共和国民法通则》规定,国家所有的森林、山岭、草原、荒地、滩涂、水面等自然资源,使用单位有管理、保护、合理利用的义务。《渔业法》规定,领取养殖使用证的单位和个人,无正当理由不得使养殖水域、滩涂荒芜。从事养殖生产不得使用含有毒有害物质的饵料、饲料。科学确定养殖密度,合理投饵、施肥、使用药物,不得造成水域的环境污染。

二、渔业捕捞许可证制度

国家对捕捞业实行捕捞许可证制度。渔业捕捞许可证是国家批准从事捕捞生产的证书。这项制度以国家"鼓励、扶持远洋捕捞业的发展,并根据渔业资源的可捕捞量,安排内水和近海捕捞力量"的方针为指导,以渔业资源的可捕捞量为依据,以捕捞渔船为主要调整对象,以坚持发证条件和控制发证数量为手段,以追究法律责任为保障。其基本内容是:

(1)国家对渔业捕捞许可证的审批发放,实行统一领导、分级管理。

(2)发放捕捞许可证的对象包括:①在中国内水、近海和"共同管理的渔区"之外的中国管辖的其他海域从事捕捞生产的;②到"共同管理的渔区"从事捕捞生产的;③到公海从事捕捞生产的。

(3)渔业捕捞许可证分为海洋捕捞许可证(近海、外海捕捞许可证)、内陆水域捕捞许可证、专项(特许)捕捞许可证三种。外海、近海、内陆水域捕捞许可证的有效期为5年,每年进行一次年审。专项(特许)捕捞许可证按审批时限使用。临时捕捞许可证有效期限1年,需延期的由各省、自治区、直辖市主管部门审批,但连续延期不得超过3年。

(4)申领渔业捕捞许可证应具备下列条件:①有渔业船舶检验证书;②有渔业船舶登记证书;③符合国务院渔业行政主管部门规定的其他条件。

有下列情形之一的,不得发放捕捞许可证:①使用破坏渔业资源、被明令禁止使用的渔具或者捕捞方法的;②未按国家规定办理批准手续,制造、更新改造、购置或者进口捕捞渔船的;③未按国家规定领取渔业船舶证书、航行登记簿、职务船员证书、船舶户口簿、渔民证等证件的。

(5)国务院渔业行政主管部门批准发放海洋大型拖网、围网作业以及到"共同管理的渔区"或者到公海从事捕捞作业的捕捞许可证。其他作业的捕捞许可证,由县级以上地方人民政府渔业行政主管部门批准发放。

批准发放渔业捕捞许可证不得超过国家下达的船网工具控制指标。

(6)捕捞许可证不得买卖、出租和以其他形式转让,不得涂改、伪造、变造。

(7)从事捕捞作业的单位和个人,必须按照捕捞许可证关于作业类型、场所、时限、渔具数量和捕捞限额的规定进行作业,并遵守国家有关保护渔业资源的规定。大中型渔船应当填写渔捞日志。

(8)到他国管辖海域从事捕捞作业的,应当经国务院渔业行政主管部门批准,并遵守中华人民共和国缔结的或者参加的有关条约、协定和有关国家的法律。

三、渔业捕捞限额制度

捕捞限额是指在一定时间和一定水域内,对捕捞鱼类资源确定的数量限度。捕捞限额制度是当今世界主要渔业国家普遍实行的一种比较先进的管理制度,也是1982年《联合国海洋法公约》及有关渔业协定规定的法律制度。其主要内容是:

(1)国家根据捕捞量低于渔业资源增长量的原则,确定渔业资源的总可捕捞量,实行捕捞限额制度。

(2)国务院渔业行政主管部门负责组织渔业资源的调查和评估,为实行捕捞限额制度提供科学依据。

(3)中华人民共和国内海、领海、专属经济区和其他管辖海域的捕捞限额总量由国务院渔业行政主管部门确定,报国务院批准后逐级分解下达。

（4）国家确定的重要江河、湖泊的捕捞限额总量由有关省、自治区、直辖市人民政府确定或者协商确定,逐级分解下达。

（5）捕捞限额总量的分配应当体现公平、公正的原则,分配办法和分配结果必须向社会公开,并接受监督。

（6）国务院渔业行政主管部门和省、自治区、直辖市人民政府渔业行政主管部门负责对捕捞限额制度的实施情况进行监督检查,对超过上级下达的捕捞限额指标的,要在次年指标中予以核减。

四、渔业资源增殖和保护制度

保护渔业资源和渔业水域生态环境,是《渔业法》规定的一项重要任务,也是实现渔业可持续发展的基础。其基本内容是：

（1）县级以上的人民政府渔业行政主管部门应当对其管理的渔业水域统一规划,采取措施,增殖渔业资源。县级以上人民政府渔业行政主管部门可以向受益的单位和个人征收渔业资源增殖保护费,专门用于渔业资源增殖和保护。

（2）国家保护水产种质资源及其生存环境,并在具有较高经济价值和遗传育种价值的水产种质资源的主要生长繁育区域建立水产种质资源保护区。未经国务院渔业行政主管部门批准,任何单位或者个人不得在水产种质资源保护区内从事捕捞活动。

（3）禁止使用炸鱼、毒鱼、电鱼等破坏渔业资源的方法进行捕捞。禁止在禁渔区、禁渔期进行捕捞。禁止制造、销售、使用禁用的渔具。禁止使用小于最小网目尺寸的网具进行捕捞。捕捞的渔获物中幼鱼不得超过规定的比例。在禁渔区或者禁渔期内禁止销售非法捕捞的渔获物。

（4）禁止捕捞有重要经济价值的水生动物苗种。因养殖或者其他特殊需要,捕捞有重要经济价值的苗种或者禁捕的怀卵亲体的,必须经国务院渔业行政主管部门或者省、自治区、直辖市人民政府渔业行政主管部门批准,在指定的区域和时间内,按照限额捕捞。在水生动物苗种重点区引水用水时,应当采取措施,保护苗种。

（5）禁止围湖造田。沿海滩涂未经县级以上人民政府批准,不得围垦;重要的苗种基地和养殖场所不得围垦。

（6）在鱼、虾、蟹洄游通道建闸、筑坝,对渔业资源有严重影响的,建设单位应当建造过鱼设施或者采取其他补救措施。

(7)用于渔业并兼有调蓄、灌溉等功能的水体,有关主管部门应当确定渔业生产所需的最低水位线。

(8)国家对白鳍豚等珍贵、濒危水生野生动物实行重点保护,防止其灭绝。禁止捕杀、伤害国家重点保护的水生野生动物。因科学研究、驯养繁殖、展览或者其他情况,需要捕捞国家重点保护的水生野生动物的,依照《中华人民共和国野生动物保护法》的规定执行。

(9)各级人民政府应当采取措施,保护和改善渔业水域的生态环境,防治污染。造成渔业水域生态环境破坏或者渔业污染事故的,依照《中华人民共和国海洋环境保护法》和《中华人民共和国水污染防治法》的规定追究法律责任。

五、存在的主要问题和建议

初步统计,从1955年至2001年,我国制定渔业及其相关法律、法规和规章及其他规范性文件500多件,其中渔业及其相关法律15部,行政法规33件,部门规章53件,地方性法规58件,政府规章63件。经过近半个世纪的渔业法制建设,我国基本形成了以宪法为根据,我国《农业法》为基础,我国《渔业法》为主体,渔业法规和规章以及相关法律、法规中关于或者适用于渔业的规定和标准为补充,并与有关国际公约相协调的渔业法律体系。为保护、增殖、开发、利用渔业资源,保护渔业生态环境,维护渔业生产者的合法权益,促进渔业的可持续发展提供了比较有力的法律保障。但是,现行渔业法律制度还存在一些问题,主要的是:

(1)渔业法没有明确渔业资源的所有权。我国在自然资源立法中,一般都明确规定自然资源属于国家所有。而《渔业法》却未明确渔业资源的所有权。

(2)养殖证制度规定得不够完善。《渔业法》规定了养殖证的申领程序、申请受理机关和发证机关,确定了核发养殖证的优先原则等,但没有明确规定养殖证的有效期限,对全民所有的养殖水域、滩涂没有规定有偿使用制度和政府登记制度等。

(3)捕捞许可证制度存在一定缺陷。《渔业法》规定国家对捕捞业实行捕捞许可证制度。但是,没有具体规定捕捞许可证的种类、申领程序。虽然规定了发放捕捞许可证的条件,但不够严格和全面。

(4)保障渔业生产者合法权益的规定不够具体。"保障渔业生产者的合法权益"是制定《渔业法》的基本宗旨之一。对如此重要的问题,该法规定的比较原则,仅在个别条款中有所体现,而没有规定权益受到侵害时可以采取的具体措施。

(5)未对渔业水域利用规划编制权限和程序作出规定。1976年国际水法会议明确指出,政策、法规、规划是水管理的三个基本要素,充分表明了规划在自然资源管理中具有的重要地位。为确保规划能够发挥其应有的作用,我国在其他自然资源立法中都对规划的编制及其法律地位作出了规定。而《渔业法》既没有规定编制水域规划的权限,也未明确其法律地位和实施的保障措施。

鉴于存在的上述问题,提出以下健全和完善渔业法律制度的建议。

1. 在我国"民法典"和"物权法"中设定渔业权

根据我国《民法通则》规定,渔业权属于"与财产所有权有关的财产权",是一种民事权利。它是建立在国家对滩涂、水域拥有所有权的基础上,单位和个人通过开发利用全民所有的水域、滩涂和其他渔业资源,进而对获得的水产品享有物的所有权,其实质是一种"对他人的所有物使用和收益的权利"。目前,我国正在拟订"民法典"和"物权法"。若在两法中设定渔业权,并对渔业权作出定性规定,从而形成具有中国特色的渔业权制度,将对我国渔业的稳定和健康发展产生深远影响。

2. 尽快制定养殖业管理法规或规章

自《渔业法》确定以养殖为主的渔业发展方针以来,推动了养殖业的迅速发展,到1999年,全国水产养殖面积达到629万公顷,产量2 396万吨,分别比1985年增长了59%和58%,使我国成为世界主要渔业国家中唯一养殖产量超过捕捞产量的国家。为进一步巩固和发展养殖业,应当制定我国养殖业专项法规或规章,全面、具体地规定发展养殖业的政策、原则和制度,科学、合理地规定养殖权人的权利和义务。

3. 制定捕捞业管理法规或规章

当前,由于过度捕捞而出现渔业资源衰退的现象尚未得到有效遏制。要解决捕捞业中"船多鱼少"的矛盾,需要全面贯彻落实《渔业法》规定的"捕捞限额制度"和"捕捞许可证制度",严格依法行政、依法治鱼。实行限额捕捞,是我国渔业管理制度的一项重大突破。它涉及重大的科学技术和政策问题,需要通过制定捕捞业管理法规或规章,具体规定渔业资源的调查和评估,确定捕捞限额的方法、分配方式和具体实施步骤等。实行捕捞许可证制度,也需要通过制定该法规或规章,具体规范对"三无"渔船的管理措施,控制船网工具的指标等。

4. 制定渔业水域规划办法

渔业水域规划是渔业行政主管部门对渔业实行监督管理的重要手段,也是具体配置渔业权的基础。渔业水域规划的内容应当包括:渔业水域及重要渔业水域的界定;编制渔业水域功能区划的原则;区划分类;区划的步骤和方法;区划方案的编制和审批;调整渔业功能区的权限和程序;县级以上地方人民政府渔业水域的管辖范围;相邻行政区渔业水域的管理界限的确定;区划的监督管理制度等。

5. 制定渔船渔港管理办法

近年来,由于管理力度不够,捕捞渔船发展失控,渔船数量激增。至1999年底统计,全国机动渔船达47万艘,总功率1 218万千瓦。加强对现有渔船和建造、购置、进口新渔船的监督管理势在必行。同时,我国和其他批准《联合国海洋法公约》的沿海国家,大都实行了专属经济区制度,我国与周边国家还相继签订了渔业协定。加强对外国人和外国渔船的管理,直接关系到我国的声望和国家的权益。此外,我国渔港数量多,权属不清,管理薄弱,设施陈旧、落后,远远不能适应到港渔船的需要。虽然《渔业法》对渔港建设作出了专条规定,与原法相比有所进步,但仍需充实和细化。在全国九届人大常委会第十八次会议分组审议《渔业法》修改草案时曾提出,"目前渔港管理和建设不适应渔业发展的需要,渔港建设亟须加大力度。渔港的管理在《渔业法》里写了一条,内容很不够。渔港要立法不是一两年能解决的。对此,国务院可先制定渔港管理的法规或者由渔业部门先制定规章,有了管理和规范的经验,再立法就容易了。"有关部门应当抓住时机,将渔船渔港管理一并考虑,尽快拟订一项管理办法,按照立法程序审议通过、公布实施。